本书受"杭州师范大学社会建设与社会治理研究中心"资助

积极公民身份
与社会建设

ACTIVE CITIZENSHIP and
THE CONSTRUCTION
of SOCIETY

王小章　冯　婷／著

社会科学文献出版社
SOCIAL SCIENCES ACADEMIC PRESS (CHINA)

目　录

导　言

只有当现实的个人把抽象的公民复归于自身，并且作为个人，在自己的经验生活、自己的个体劳动、自己的个体关系中间，成为类存在物的时候，只有当人认识到自身"固有的力量"是社会力量，并把这种力量组织起来因而不再把社会力量以政治力量的形式同自己分离的时候，只有到了那个时候，人的解放才能完成。①

人通过社会力量而完成自身的解放，这是马克思向我们描绘的一种富有魅力的社会理想。每一种社会理想的提出，均具有现实针对性，均或隐或显地呼应着现实中朝向这种理想的实际努力或潜在倾向。有研究者以关于理想社会的思想为主线，考察了西方自古希腊一直至当代的重要的社会建设思想。通过分析，研究者认为，若从总体上来把握西方社会建设理念的内在演进逻辑，则由其演进历史所呈现之最为根本的嬗变，就是从"乌托邦"到"好社会"。②"乌托邦"式的社会建设理念在价值意念上突出了"理想"之维，在认识方式上抱持对社会的总体性认识方式，在行动意向上钟情于以建构式理性、浪漫主义的激情并按照"理想蓝图"来全盘重构现实社会。"好社会"的倡导者与此不同，他

① 马克思：《论犹太人问题》，载《马克思恩格斯文集》（第1卷），人民出版社，2009，第46页。

② 成伯清：《从乌托邦到好社会——西方现代社会建设理念的演变》，《江苏社会科学》2007年第6期。

们强调要立足于现实的经验基础（包括现实社会结构和人性特点）来憧憬可以实现的美好未来，他们认为，社会不是一个浑然总体，可以找到一个支点从根本来给予撬动，并开展出一个统一的替代性秩序，社会是由多种交叉重叠的互动网络构成的，它们各自具有不同的边界和发展节奏，其间相互的联系也松紧不一。"好社会"不可能是整齐划一的，最多只是多样性的统一（unity of diversity）。因此，对于"好社会"也不能一味地执着于追求终极的目标，企图通过对现实的整体性改造而一蹴而就、一劳永逸，相反必须立足于现实，着眼于有限的目标，有针对性地改造，并允许人们表现出创造性。"好社会"社会建设思想突出了目标的有限性、认识的经验性、实践的现实可行性。概而言之，社会建设理念之从"乌托邦"到"好社会"的演变，实乃从执着于对理想的浪漫憧憬到兼顾价值的可欲性和现实的可行性的转变。

如果说社会建设的目标是同时兼顾可欲和可行，即具有现实可能性的"好社会"，那么，这样的"好社会"应该具有怎样的基本面貌？鲍曼说："没有共同体的自由意味着疯狂，没有自由的共同体意味着奴役。"① 人类理想的社会生活状态当属"自由的共同体"的状态。而假如说，从人类社会的实际历史看，自由和共同体作为两种同等重要的价值，似乎不能完全兼得，因而"自由的共同体"往往呈现为一种"乌托邦"——尽管这种"乌托邦"对于人类进步来说永远具有重要价值因而不可缺少——那么，从兼顾"可欲"与"可行"的角度说，如何兼顾、平衡、协调社会整合、社会团结（共同体的追求）和（个人）自由和尊严，无疑是"好社会"的题中应有之义，也是社会建设的基本出发点——在我

---

① 齐格蒙·鲍曼：《生活在碎片之中——论后现代道德》，郁建兴等译，学林出版社，2002，第 142 页。

们看来实际上也就是和谐社会所要致力的价值。当然，"好社会"的可欲性和可行性，社会建设具体目标的现实可能性，与具体社会的现实情形紧密相连，因此，在具体的历史语境中提出的"好社会"，在具体的社会脉络中展开的社会建设，都必然带着具体的社会历史规定性，换言之，都建基在对社会和时代的诊断之上。正是基于对当代西方个体化的、原子化的社会中"共同体的失落"所导致的种种问题的诊断，当今西方那些"好社会"的倡导者，特别强调在对"好社会"的追求中，在今日西方社会的社会建设中，要特别注意培育和提升社会资本，要通过重塑"共同体精神"，让人获得意义感和归属感。但是，我们必须清楚，这些"好社会"的倡导者之所以特别强调社会资本，强调共同体的重塑，乃是出于对置身于其中的社会和时代的诊断，出于具体的现实语境，而不是因为在自由和共同体这两种价值中做出了舍此（自由）取彼（共同体）的选择。这一点，即使社群主义（也可译为"共同体主义"）对于自由主义的批判也同样如此。社群主义之所以批评自由主义，只是因为自近代以来在西方社会长期占据主导地位的那种自由主义过于强调个人的自由权利，甚至单方面地强调了个人的自由权利，而忽视了这种自由权利本身是在一个"共同体"中的权利，更没有看到真正属人的自由、属人的意义本身也需要通过共同体来实现，这种自由主义所造成的社会的个体化、原子化，所带来的社群感（共同体精神）的失落，不仅对"社会"来说是一种威胁，对于"自由"来说，同样是不美好的。换言之，社群主义并不忽视自由，而只是鉴于西方社会之特定的语境而有针对性地强调共同体精神的培育罢了。① 实际上，针对具体社会、

① 王小章：《中古城市与近代公民权的起源：韦伯城市社会学的遗产》，《社会学研究》2007 年第 3 期，第 116～118 页。

具体时代中的具体问题而提出切实而有限的目标，并围绕这个目标在各相关层面上展开切实而有效的改良实践，而不是企图通过总体性的社会重建而一劳永逸地实现"人间天国"，正是"好社会"的观念，或者说是当今的社会建设思想和实践不同于"乌托邦"之所在。

假如说，社会建设的目标是一个兼顾可欲和可行的、具有现实可能性的"好社会"或者说和谐社会，而这个和谐社会需要同时兼顾、平衡、协调社会整合、社会团结（共同体的追求）与（个体的）自由和尊严，那么，我们必须首先对自由和共同体这两种价值的关系在理论上做出一种澄清和说明，从而为"兼顾、平衡、协调"这两种价值提供理论的铺垫。上面指出，社群主义批评自近代以来在西方社会长期占据主导地位的那种自由主义，即过于强调个人的自由权利，而忽视了这种自由权利本身是在一个"共同体"中的权利，更没有看到真正属人的自由本身也需要通过共同体来实现。事实上，当西方社会走出中世纪迈向现代社会伊始，政治和社会理论家们对自由和共同体及其相互关系的思考就开始脱离以亚里士多德为代表的古典政治哲学传统，即认为从人的内在本质可以自然地引申出共同体，也只有在共同体中才能实现人的本质、人的自由的思想传统。从马基雅维利到霍布斯等自然法思想家，再到近代许多自由主义理论家，在关涉自由与共同体问题的思索中，尽管每个思想家各自的价值取向互有不同，但基本上都倾向于认为，作为个体的人的自然本性既没有趋社会性，也无须在共同体中来实现自由，而共同体也无法从个人的内在本质中自然地引出自由，而只有通过约束、克服个体的自然本性来维持自由。自由和共同体，是彼此对立的两极，而不是互为前提的双方。换言之，那些思想者从根本上把人看作就其自然本性而言彼此孤立的纯粹个体性存在，把人"自然"的行为过程理解为无须通过"社会"的个体单独行为过程，而社会则完全是从外部强加于上的"他者"。①按照此种观点，则不仅"自由的共同体"纯属空想，纯属虚幻的"乌托邦"，而且一切想兼顾、平衡、协调社会整合、社会团结（共同体的追求）与（个体的）自由、尊严这两种价值的社会建设努力也都至多只能取得一个此消彼长、此长彼消的"零和"结果，而不可能有任何真正积极的、正面的收获和实质性的进步。

因此，要为兼顾、协调自由和共同体这两种价值的社会建设取得积极的、正面的成果提供理论上的可能性，必须走出上述这种认识模式，必须对人、人的自由和社会及其相互关系重新做出理解。要言之，人在本质上并不仅仅是一个孤立的纯粹个体性存在，社会性是人的一种本质属性，而社会也不是，至少不完全是从外部强加于个体身上、纯粹拘束自由的"他者"，相反，它是，至少一定程度上是社会成员得以实现自由的必要条件和途径。自由和共同体是可以互相支持的力量，而不是纯粹对立的双方。

在重新理解和界定人、人的自由和社会的关系方面，如果从近现代社会思想和理论中去寻找资源，大体上，我们可以找到"强""弱"两种表述。强表述可以以马克思为代表。马克思吸取黑格尔将人的本质即自由看作一个自我创造、自我实现的过程的观点，在"应然"的意义上将人看作一种自由自觉的实践者，他又吸取黑格尔的观点，根据历史运动的内在趋势而将人的这种（应然）本质看作一种潜在的发展倾向，看作需要在历史过程中展开、实现的现实可能性，而不是看作单个的孤立个体固有、既成的静态的东西。而与处于特定历史发展阶段的生产力水平相适应的全部社会关系或者"交往形式"（其基础是生产关系），也即所谓的"社会"，则正是人的自由本质得以历史性地展开和实现所不

---

① 王小章：《从"自由或共同体"到"自由的共同体"——马克思的现代性批判与重构》，中国人民大学出版社，2014，第4~9页。

能脱离的形式和条件。因此，从根本上讲，在马克思看来，对于人来说，社会并不是从外部强加于他的"他者"，而是内生于人的本质属性的，社会的存在和人的实践互为因果：正是在实践中形成了社会，正是在社会中实践才得以展开。作为实践所必需的形式，从"应然"的角度讲，一个好的社会，它应该是人的潜能在既有的历史条件（生产力发展水平）所许可的范围内得到充分发展的条件，自由即人的全面发展的条件。社会的最高成果应该是："建立在个人全面发展和他们共同的社会生产能力成为他们的社会财富这一基础上的自由个性。"① 就此而言，社会（共同体）和自由乃是互为前提、互为因果的双方。一方面，社会是实践的产物；另一方面，社会又是人们自由实践即全面发展所必需的条件或形式，"只有在共同体中，个人才能获得全面发展其才能的手段，也就是说，只有在共同体中才可能有个人自由。"同时，也正因为社会是人们自由实践所必需的条件或形式，"个人在自己的联合中并通过这种联合获得自己的自由"②，因而，社会就表现为自由个体"自愿的联合力量"，而不是从外部强加于个体的他者。

作为论证自由和共同体是可以相互支持的力量的一种"强表述"，马克思的理论在一定意义上乃为"自由的共同体"之可能性提供了一种论证。③ 而从托克维尔、涂尔干一直到今天的社群主义者，以及其他讨论社会资本的有关理论，包括前面提到的"好社会"的论者，则为自由和共同体的相互支持提供了一种相对较弱的表述。自由和共同体，即使不完全是互为前提、互为条件的，至少也不是彼此对立、彼此矛盾的双方。纯粹的个体性不是人性

---

① 马克思：《1857-1858 年经济学手稿》（上），载《马克思恩格斯全集》（第 46 卷上），人民出版社，1979，第 104 页。
② 马克思、恩格斯：《德意志意识形态》，载《马克思恩格斯文集》（第 1 卷），人民出版社，1995，第 119 页。
③ 王小章：《从"自由或共同体"到"自由的共同体"——马克思的现代性批判与重构》，中国人民大学出版社，2014。

的全部，社会性是人性的一种基本属性；除了可能使人与人之间分离开来的利益，还存在着使人与人联合起来、团结起来的利益。概括地说，这种"弱表述"大致包含以下几个基本观点。① 第一，美好的生活是一种具有自主性的生活，一个人的幸福首先来自他对自己命运的支配感。但是，自主性不意味着一个人拥有漫无目的地耗费自己的生命或从事缺德或违法行为的自由，而体现在自我选择、自我决定、自我支配中的自主性与有价值的目标密切相关，而这种价值目标的形成与社会（共同体）分不开。尽管某些自由主义理论家不一定同意，但事实却是：社会先于个体而存在，我们一出生就生活在一个有着既定文化规范和价值观的社会中，在成长的过程中，我们的行为方式以及自主性特征无不带着这些文化规范和价值观的烙印。即使是我们的自我意识和自我认同，也是在与社会中其他人的相互交往的过程中逐渐形成的。人与其说是理性的载体，不如说是历史地形成和继承下来的社会（共同体）的产物。倘若一个人将自己与社会所共享的活动割裂开来，将自己与社会共同体割裂开来，他在自身之外将无法找到任何有价值的东西。只强调个体之间那种以理性为基础的冷漠关系，将人的行为仅仅看作一系列交换关系或契约关系的堆积，而漠视了我们与他人、与共同体之间的情感联系，正是自由主义的根本弊端。第二，人类幸福或者说美好生活的另一个要素和条件是社会的多元性。美好生活的概念，不应该仅仅依凭个人的自主性，而且还必须包含思想观念、选择机会的多样性、多元性，实际上，这本身也是个人实现其真正有价值的自主性的条件。假如可供选择的生活机会、方式非常有限，那么就很难想象个人会有多大的自主性。多元性意味着：人们享有广泛的社会交往和关系，拥有

① 保罗·霍普：《个人主义时代之共同体重建》，沈毅译，浙江大学出版社，2010，第132~146页。

能够发挥其创造性的各种机会。而这种交往、关系、机会以各种形态的共同体（社群）的存在为前提，同时，也需要从社区、志愿结社一直到作为政治共同体的国家等各种不同形式、不同层面且与个人以及相互之间有着各种不同关系的共同体（社群）来提供保障。第三，共同体不仅与作为美好生活之基本要素的自主性、多元性密切相关，而且本身就是人类的一种需要，或者说，作为对于人类之归属感、安全感、合群性这些深层需求的一种满足，共同体本身是美好生活的必需要素。总之，按照这种弱表述，尽管我们不能完全实现"自由的共同体"，但至少可以追求这样一个"好社会"："好社会中的人们视彼此为目的而不只是工具，人们在其中不是被利用和操纵而是显现足够的尊重和尊严。它是一个社会世界，其中的人们像共同体中的成员一样对待彼此——一个更广大的家庭——而不只是看作雇员、商人、消费者或即使是市民伙伴。以哲学家马丁·布伯的术语来说，虽然好社会认可工具性的'我与他'关系是不可避免的并具有重要地位，但是这种社会培育出了可能的、结合的'我与你'关系。"①

无论是"强表述"还是"弱表述"，如上所述，都是旨在论证个人自由和共同体是可以，至少在一定程度上是可以互相支持的力量，而不是纯粹对立的双方。而从我们的论题来说，也就是为以兼顾、平衡、协调进而贯通社会整合、社会团结（共同体的追求）与个体的自由与尊严这两种价值的"好社会"的社会建设，提供了一种理论的铺垫。但是，社会建设不仅要有"可欲"的追求目标或者说价值指向，还需要有"可行可依可凭"的行进路径，否则，就依然还只是沉湎于纯粹乌托邦式的憧憬。正是在这里，我们开头所引的马克思的话就不仅仅为我们指出了人在社会的力

---

① 阿米泰·爱兹尼：《通往好社会的道路》，载郑莉、仝雅莉编选《和谐社会的探求：西方社会建设理论文选》，浙江大学出版社，2010，第279~280页。

量中获得真正的解放这一社会建设的根本价值目标或者说愿景，还隐隐地暗示了我们社会建设的行进路径：虽然我们无法确切地预期，社会力量分裂异化为与人对立的政治（国家）力量的状况何时才能够彻底终结，象征着人作为"类存在物"之普遍性的"抽象的"公民身份何时才能够完全地复归于"现实的个人"，但是，社会建设应该并必须立足于现实——包括现实的社会结构、社会制度、社会心态——而推动这种复归，推动抽象的公民身份走向现实社会，走向每个人的现实社会生活。

第一章　流离的个体与趋于
涣散的社会

恰如"导言"所言，每一种社会理想的提出，均具有现实的针对性。对于建基于"我与你"关系之上的"好社会"的追求与向往，恰恰源于对现实生活中"我与他"的关系向人类生活的每一个角落无孔不入地渗入的深切感受。如果社会建设的目标是要兼顾、平衡、协调进而贯通社会整合、社会团结和个体的自由与尊严这两方面价值，从而重构个体与社会的关系，那么，我们恰恰需要认清进入现代以来个体与社会关系的裂变，认清现代世界中这种关系所面临的问题甚至危机，正是这种问题或危机，构成了社会建设最基本的现实语境。

一　现代个体的诞生及共同体的解体

"如果社会学想用一种简明的方式表达现代与中世纪的对立，它可以作如下尝试。中世纪的人被束缚在一个居住区或者一处地产上，从属于封建同盟或者法人团体；他的个性与真实的利益群体或社交的利益圈融合在一起，这些利益群体的特征又体现在直接构成这些群体的人们身上。现代摧毁了这种统一性。现代一方面使个性本身独立，给予它一种无与伦比的内在和外在的活动自由。另一方面，它又赋予实际的生活内容一种无可比拟的可观性：在技术上、在各种组织中、在企业和职业内，事物自身的规律越来越取得统治地位，并摆脱了个别人身的色彩。"① 齐美尔在《现代文化中的金钱》一文中以这一段开宗明义的话，言简意赅地刻画了从中世纪进入现代后，个人与社会关系的裂变，刻画了作为独立自由之现代个体从中世纪共同体或者社群中的脱胎诞生及其在现实生活中与他人、与外界社会之客观事理化而非精神情感性的关系。

　　无论在观念中还是在现实生活中，作为"分离自在的独立个体"的人都是现代世界的产物。在古代世界，个体并非以孤立自足的形态存在，人们也不以孤立的方式来理解个体，而是将个体理解为"嵌入"各种有序的关系中的：与他人的关系、与社会群体的关系、与自然世界和宇宙整体的关系。在这样一种文化视域下，所谓自我，首先处在整体的关系结构中，个体"嵌入"一个比自己更大的整体秩序中，并根据自己在其中占据的位置，来获得自我的认同、行为规范、价值感和生活的意义。只是在现代性的转变中，才出现了"个体本位的文化"（individual based culture），个体才被理解为分离自在、独立自由的个体，并且，无论在发生逻辑上还是在伦理观念上，"个体本位的文化"都被置于优先于社会的地位。② 这一点，实际上从"individual"（个体）、"personality"（人格）这些词的词义的变迁中就可以略知一二。按照雷蒙·威廉斯的考察，在 17 世纪以前，individual 一直主要被理解为整体的一分子，并且，"个别或独特"作为整体之共同性的一种偏离，被认为是一种自负、异常的表现，因而往往带有贬义。Individual 本身作为与众不同的整体也即单一自足的个人的意涵，是从 17 世纪，特别是自 18 世纪后期以来逐步演变形成的。同样，personality 之意涵从原先之相对重视普遍的特质转变为突出个人特殊或独特的特

---

① 齐美尔：《金钱、性别、现代生活风格》，刘小枫编，顾仁明译，学林出版社，2000，第 1 页。

② 刘擎：《没有幻觉的个人自主性》，《书城》2011 年 10 月号。

质，也主要是 18 世纪以来发生的事。威廉斯认为，"individuality"（个体性）的现代意涵，与中世纪社会、经济与宗教制度的瓦解有关。"在反封建制度的大规模运动中，有一种新的诉求，特别强调个人必须超越其在严密的层级社会中的角色或功能。新教教义也有相关的诉求，强调人与上帝的直接关系，而不是由教会中介的那种关系。"① 正是社会、经济、文化的这种变迁，带来了原本"嵌于"更大的整体秩序之中，或者说植根于传统共同体之中的个体，从这种传统秩序或共同体中的"脱嵌"。

按照社群主义者查尔斯·泰勒（Charles Taylor）的考察，"个体"从前现代的整体秩序中脱离出来，将自身首先看作"分离自在之独立个体"的"脱嵌"过程包含着并行交织的两个方面：一是"人类中心主义的转向"（anthropocentric shift），这一转变将人类作为整体从宇宙秩序中"脱嵌"出来；二是"个人主义转向"（individualistic shift），这一过程使个人"内在自我"被发现并被赋予独特的价值，使得个人从有机共同体中"脱嵌"出来，获得了具有个人主义取向的自我理解。经过这两个并行交织的进程，到了 17 世纪末 18 世纪初，西方开始形成一种新的道德秩序。这种新的道德秩序的核心观念，就是认为"个人先于社会""一个人可以外在于社会而成为一个完全胜任的人类主体"，认为预先存在着作为权利承担者的个人，所有关于社会的思考都应当始于个人，政治制度、社会组织的目的和功能就是平等地维护所有个人的权利。② 泰勒所主要关注的是关于"个体"的现代"个人主义"观念、关于现代社会的"想象"的历史生成，或者说，是这一"脱嵌"过程的文化观念侧面，并且他所着力分析的推动这一"脱嵌"

---

① 雷蒙·威廉斯：《关键词：文化和社会的词汇》，刘建基译，三联书店，2005，第 234 页。

② Taylor, C., *Modern Social Imaginaries*, Duke University Press, 2004, pp. 19 – 22；参见刘擎《没有幻觉的个人自主性》，《书城》2011 年 10 月号。

进程的力量也主要是宗教、哲学、科学等文化力量。但毋庸置疑的是，这种"个人主义"现代观念的生成，与现实世界中"个人"和外部整体秩序，特别是与置身于其中的社会之现实关系自近代以来的变化以及现实的"个体化"不可能没有联系，尽管经过现实的"个体化"过程而从传统秩序、传统共同体中"脱嵌"出来的个体，和现代"个人主义"所期许的作为权利承担者并且独立自主的个体并不完全一致。

一些经典的社会理论家，如托克维尔、马克思等，更多地关注和揭示了现代性的转变中这个现实的个体化过程，揭示了个体如何从传统整体秩序、传统共同体中分裂流离出来从而成为"自由独立而孤立疏离"的个体的社会政治过程。在托克维尔看来，这个过程是近代以来社会民主化也即身份平等化的结果。托克维尔指出，自中世纪晚期以来的一个重大的客观历史趋势，就是民主的社会状态，也就是身份平等在全世界范围内无可阻挡地到来："身份平等的逐渐发展，是事所必至，天意使然。这种发展具有的主要特征是：它是普遍的和持久的，它每时每刻都能摆脱人力的阻挠，所有的事和所有的人都在帮助它前进。"[①]"今天，举世的人都被一种无名的力量所驱使，人们可能控制或减缓它，但不能战胜它，它时而轻轻地，时而猛烈地推动人们去摧毁贵族制度。"[②]平等化终结了世袭的封建贵族等级制度，造成了社会成员的不断流动，从而也终结了建立在封建等级制度之上的静态、稳定的传统共同体。由此造成的一个后果就是社会的个体化，甚至是原子化。因为，没有恒久的阶级，就没有团体精神，没有世袭的产业，也就没有地方的关系或者外向的目标受到家庭情感的尊崇，于是，由于没有有效可靠的中介，社会成员便易于陷入一种彼此隔绝或

---

① 托克维尔：《论美国的民主》（上卷），董果良译，商务印书馆，1991，第7页。
② 托克维尔：《旧制度与大革命》，冯棠译，商务印书馆，1992，第34页。

者说"原子化"的状态之中，并相应地产生以自己为中心的个人主义情感。① 不过，与上述泰勒所考察的现代"个人主义"观念所期许的作为"一个完全胜任的人类主体"的个体不同，托克维尔注意到，这个在社会民主化带动下从传统秩序和共同体中流离出来的个体从根本上是孤立渺小而软弱无力的。一方面，平等化缩小了人与人之间的差别，使得人人都变得相似，变得万人同面，而"随着身份在一个国家实现平等，个人便显得日益弱小，而社会却显得日益强大。或者说，每个公民都变得与其他一切公民相同，消失在人群之中，除了人民本身的高大宏伟的形象之外，什么也见不到了"②。另一方面，当平等化缩小了人与人之间的差别之后，社会成员作为个体就陷于一种孤立无援的软弱之中："在平等时代，人人都没有援助他人的义务，人人也没有要求他人支援的权利，所以每个人都既是独立的又是软弱无援的……他们的软弱无力有时使他们感到需要他人的支援，但他们却不能指望任何人给予他们援助，因为大家都是软弱的和冷漠的。"③

如果说，在托克维尔看来，传统封建秩序和地方性共同体的解体，以及相应的个人成为孤立软弱的原子化个体，主要是身份平等化这一客观历史大趋势的结果，那么，更多的人，如黑格尔、马克思等，则更多地关注市场力量或资本主义在造成人与人之间关系的疏离敌对，造成社会的个体化、原子化方面的作用。资本主义市场的扩散一方面确实具有在各个市场行动者之间形成普遍性联系的作用，但是，这种联系的普遍性是每一个具有相互冲突的私人利益、因而互怀敌意的单独个体之间竞争的普遍性，是互视对方为工具而不是互以对方为目的的普遍性，因而，由此导致

---

① 托克维尔：《论美国的民主》（下卷），董果良译，商务印书馆，1991，第 625～627 页；托克维尔：《旧制度与大革命》，冯棠译，商务印书馆，1992，第 34、134 页。

② 托克维尔：《论美国的民主》（下卷），董果良译，商务印书馆，1991，第 841 页。

③ 托克维尔：《论美国的民主》（下卷），董果良译，商务印书馆，1991，第 845 页。

的，一方面是一个个囿于一己之私利的孤立个体，另一方面则是充满敌意的分裂涣散的社会。黑格尔认为，市民社会——实际上就是现代资本主义市场社会——乃"是个人私利的战场，是一切人反对一切人的战场"[①]。黑格尔指出了市民社会的两条基本原则，即"特殊性原则"和"普遍性原则"。特殊性原则即指，市民社会的个体单元，是一个以满足自己的欲望为目的的自利主义者，他并不关心别人的欲望是否得到满足。而所谓普遍性原则，虽然意指市民生活中个体之间的关联性，但是由于每一个特殊个体的需要、欲望或自然意志是市民社会的基础，它们的满足是市民社会中成员的最终目的，因此，成员之间关联性的建立无非就是彼此是满足这些欲望及需求的不可或缺的工具。在这两个原则的主宰之下，自利的、有着无限欲望的个体秉承其自然的意志，利用其自然禀赋和各自后天的条件追求个人利益、发展各自的特殊性的结果，必然导致市民社会内部的分化与疏离，并导致贫富悬殊和一个经济上的"贱民阶层"的产生。[②] 在黑格尔之后，马克思以其创立的历史唯物主义为方法论基础，颠倒了黑格尔关于市民社会和政治国家的关系，但同样指出，现代资本主义催生的是一个个孤立的、彼此疏离的个体，是充满敌意的、涣散的社会。马克思指出，我们越往前追溯历史，个人就越表现为从属于一个较大的整体，最初是十分自然地在家庭和扩大成为氏族的家庭中，后来是在各种形式的公社中，只有到了 18 世纪这个自由竞争的市民社会（资产阶级社会）中，单个的人才摆脱那种使他成为仅仅是狭隘群体之附属物的自然联系。[③] 但由此而导致的，是建立在资本主义私有制基础上的不受约束的自由竞争的普遍化，从而带来了社

---

① 黑格尔：《法哲学原理》，商务印书馆，1961，第 309 页。
② 王小章：《经典社会理论与现代性》，社会科学文献出版社，2006，第 24~25 页。
③ 马克思：《1857-1858 年经济学手稿》，载《马克思恩格斯全集》（第 46 卷上），人民出版社，1979，第 18~19 页。

会的两极分化，富裕中的贫困，造就了一个个囿于一己之私利的个体和分裂对抗、充满敌意的社会。而完成了国家和市民社会之分离的资产阶级政治革命以及由此而来的所谓政治解放，无非就是"市民社会从政治中的解放"，实际上也就是对既有市民社会的承认和肯定。在《论犹太人问题》中，马克思在一一点评平等、自由、安全、财产这些资产阶级政治国家所肯定的权利后，指出："任何一种所谓的人权都没有超出利己的人，没有超出作为市民社会成员的人，即没有超出封闭于自身、封闭于自身的私人利益和自己的私人任意行为、脱离共同体的个体。"①

除了托克维尔、黑格尔、马克思，在分析、揭示现代社会转型导致传统共同体的解体，导致"自由独立而孤立疏离"的个体方面，自然也不能不提到诸如齐美尔、韦伯、滕尼斯、涂尔干这些社会理论家。虽然他们的价值关怀和分析角度各有不同，但都不同程度地揭示了经济、社会、文化的现代大转型，特别是现代资本主义市场的扩张渗透，必然导致社会集体目标感的缺失（齐美尔、韦伯）②，导致传统共同体的解体以及个人与个人、个人与社会关系的疏离，从而带来一个"人人为己，人人都处于同一切其他人的紧张状况之中，他们的活动和权力的领域相互之间有严格的界限，任何人都抗拒着他人的触动和进入，触动和进入立即引起敌意"的社会③；一个地方集团一步步走向穷途末路，"国家与个人之间的距离变得越来越远，两者之间的关系也越来越流于表面，越来越时断时续，国家已经无法切入到个人的意识深处，

---

① 马克思：《论犹太人问题》，载《马克思恩格斯文集》（第1卷），人民出版社，2009，第42页；同样，在《国民经济学批判大纲》中，恩格斯也观察指出，资本主义私有制之下的全面竞争使得"每一个人都隔离在他自己的粗陋的孤立状态中"，处在与其他人的全面敌意状态中［《马克思恩格斯文集》（第1卷），人民出版社，2009，第72～73页］。

② 杰瑞·穆勒：《大师与市场：西方思想如何看待资本主义》，佘晓成、芦画泽译，社会科学文献出版社，2016，第319页。

③ 斐迪南·滕尼斯：《共同体与社会》，林荣远译，商务印书馆，1999，第95页。

无法把他们结合在一起"①；总之，是一个由一个个孤立疏离、软弱无援、互怀敌意的原子化个体构成的，缺乏集体目标和共同精神，唯有靠国家强力才能勉强维持的社会。

二　新一波个体化与"风险社会"

在为贝克夫妇的《个体化》所写的序言中，鲍曼（Z. Bauman）说："把社会成员铸造成个体，这是现代社会的特征。但是这种铸造并非一蹴而就，而是一项日复不休的活动……社会和个体双方都不会长时间保持不变。因此，'个体化'的含义始终在变，不断呈现出新的形态。"② 因此，我们不妨将前述黑格尔、托克维尔、马克思等所揭示的发生在现代社会转型早期的传统共同体的解体，以及相应的孤立疏离之原子式现代个体的诞生，称作现代社会的第一波个体化，以对应20世纪晚期以来所发生的，由贝克（U. Beck）、鲍曼、吉登斯（A. Giddens）、拉什（S. Lash）等所揭示和描绘的新一波个体化。

无论是将其视作黑格尔所说的"国家"之"普遍性"的体现，还是卡尔·波兰尼所说的"社会的自我保护"的产物，抑或作为"总资本家"的资产阶级国家维护、拯救资本主义社会之努力的结果，总之，紧随着第一波个体化，特别是从19世纪后半叶开始，一个反向的运动也开始了它的进程。工会和其他各种社会组织纷纷建立发展起来，并取得合法地位，相应地，工人运动和其他社会运动纷纷兴起并日益趋于成熟；国家展开了一系列涉及工人最低工资、社会保障、福利和救助、公用事业、公共医疗卫生、工

---

① 涂尔干：《社会分工论》，渠东译，三联书店，2000，"第二版序言"，第40页。
② 鲍曼：《序二：个体地结合起来》（该序原为收入《个体化社会》的论文《自由与保障：动荡中结盟的未完故事》的一部分，参见鲍曼《个体化社会》，范祥涛译，上海三联书店，2002），乌尔里希·贝克、伊丽莎白·贝克－格恩斯海姆：《个体化》，李荣山等译，北京大学出版社，2011，第21页。

作环境等社会问题的社会立法，市场和资本受到了适度规制，到20世纪中叶，许多发达资本主义国家建立起了福利国家基本体制；与此同时，各种公益基金会和慈善组织纷纷建立，资本的面目也不复像资本主义发展早期那样显得狰狞残酷。总之，现代资本主义社会的运行整体趋于平稳，个体在新的结构体制之下得到了来自国家和社会（社团、社区）应有的保护，社会也没有彻底涣散解体，而是保持了其基本的活力。

但是，现代社会的这种运行格局从20世纪80年代以来在新一波个体化的进程中受到了巨大的冲击。自20世纪七八十年代始，俗称"从摇篮到坟墓"的福利国家体制受到了来自左右两个方面的批评与诟病。来自左翼的批评把这种福利体制看作资本主义国家招安工人、诱使工人放弃反抗既有秩序的一种手段。而来自右翼的批评则集中抨击这种福利体制的无效率：福利国家体制既伤害了市场效率，同时本身在提供福利服务、满足公民需求方面也低效不敏。以"撒切尔主义""里根经济学"的面目出现的新自由主义所推动的市场化、私有化正是基于右翼对福利国家体制做出的批评：国家从公共事业、福利服务领域撤退，公共事业、福利分配纷纷私有化、市场化。在鲍曼（也包括吉登斯）看来，新一波个体化首先就是国家的这种撤退的直接结果。鲍曼指出：国家在过去建构并提供的用以抵御个体失败和厄运的防卫体系不断收缩，渐渐瓦解，同时，集体性的自我防御体系，如贸易联盟及其他用于集体谈判的工具也逐渐在市场竞争（这种竞争腐蚀了弱者的团体凝聚力）的压力下变得无力。由此，一方面，个体不得不自食其力来寻求、找到并实践社会性问题的个体化解决方法，还要尽力通过孤单个体的行为来验证这些措施是否有效，但每个个体所拥有的工具和资源远远不足以完成此项工作；另一方面，由于每个个体都独立无依，"在这样一个世界里，海面上没有剩下几块礁石，哪些挣扎求生的个体不知该把他们获救的希望寄托于何处，也不知当他们失败时向何处寻求依靠。人与人之间的联系因为松散而令我们感到自在，但也正因为如此，它也十分不可靠。团结一体对于人们来说是件难以完成的任务，同样，它的好处以及它的道德意义也难以为人们所理解"①。

与鲍曼将新一波个体化看作国家从过去为个体提供防护保障这种职能上撤退的直接结果不同，贝克认为，"个体化"作为一种结构概念，发生在福利国家的总模式中，是作为福利国家的后果而出现的。现代社会存在着一种"个体化推动力"，现代社会制度，特别是福利国家制度的设计大都以"个人"为执行单位，在医疗保险、养老保险、失业救济等权益以及相应的工作要求、法律责任、社会道德、教育培训等各个方面，不论是制度设计还是意识形态层次，皆朝着以"个人"为基本单位的方向发展。于是，"在西方福利国家，自反性现代化消解了工业社会的传统参数：阶级文化意识，性别和家庭角色。它消解了这些工业社会中的社会和政治的组织和制度所依赖和参照的集体意识的形式……在一个相对较高的物质生活标准和发达的社会保障体系的基础上，人们已经被解除了阶级义务，而不得不求助于他们自己对个人劳动市场生涯的规划"②。也就是说，通过各种直接针对个体的权益，同时又相应地激励和要求个体必须为自己做出努力、必须不断地规划自己、设计自己，福利国家体制强制性地将个体的生涯从阶级、阶层以及家庭、邻里、性别等之中抽离了出来，强制性地要求个体将自己建构成个体。由此，新一波个体化意味着个体不仅从诸如家庭、血缘、地缘关系等传统共同体中脱离出来，而且也从阶级阶层结构、性别结构、就业体系等的关系中摆脱出来，这是一

①　鲍曼：《流动的时代：生活于充满不确定性的年代》，谷蕾、武媛媛译，江苏人民出版社，2012，第 2～3、18～19、30～31 页。

②　贝克：《风险社会》，何博闻译，译林出版社，2004，第 106 页［引文中"自反性"（reflexive）原译"反思性"］。

种"制度化的个人主义",它"迫使人们为了自身物质生存的目的而将自己作为生活规划和指导的核心。人们逐渐开始在不同主张间——包括有关人们要认同于哪一个群体或亚文化的问题——作出选择。事实上,我们也要选择并改变自己的社会认同,并接受由此而来的风险。"① 也就是说,新一波个体化不仅意味着诸如阶级、社会地位、性别角色、家庭、邻里关系等既有社会形式的解体,而且意味着个人的生涯将由以往的"标准生命史"转变为"选项生命史"。在传统社会以及"第一现代社会",大多数的社会生活是早已"被给定的",在各个特定的时空点上,我们会进入学校、谋职就业、结婚成家、生儿育女、晋职加薪、退休养老等。这种由社会所先行设定的、对个人社会行动加以强烈规范与限制的生命历程,即"标准生命史"。但是,新的个体化进程终结了这种"标准生命史",开启了"选项生命史":"个体化意味着每一个人的生涯都从预定的命数中解脱出来,并为人们自己所掌握,容许并依赖于决定。根本不受决定影响的生活机会的几率正在减少,而开放的并必须个人化地建构的生活几率正在增加。从而,生活境况和进程的个体化意味着……社会预定的生涯转化成为自我生产并将不断生产的生涯。有关教育、职业、工作、居住地、配偶、孩子的数量等等的决定,以及所有暗含的次属决定,不再是可能,而是必须被做出。"②

"选项生命史"的命题将贝克的"个体化"概念与"风险社会"的概念紧密地联系在一起,或者说,要真正真切地理解新一波个体化之下每一个个体在自己的生涯中时时被强制性地要求必须做出各种选择,对于这些个体意味着什么,必须联系贝克(以及吉登斯等)所说的"风险社会"才有可能。通常,选择权被认

---

① 贝克:《风险社会》,何博闻译,译林出版社,2004,第107页。
② 贝克:《风险社会》,何博闻译,译林出版社,2004,第165~166页。

为意味着自主权，选择权的获得意味着"自由"的增长。但问题是，真正的自由选择是依赖于对于选择之结果的可预见性的，而选择之结果的可预见性取决于秩序的存在，取决于选择所依据和参照的规则、条件的明确性和稳定性，但是今天，这些明确、稳定的规则、条件正在变得日益缺乏。原因在于，贝克、吉登斯等指出，现代化的持续发展已经导致当今社会进入了"风险社会"，在现代性的这个阶段，工业化社会道路上所产生的威胁开始占据主导地位，社会、政治、经济和个人的风险越来越多地脱离工业社会中的监督制度和保护制度。"风险社会"之首要的也是根本性的特性，是"自反性"（reflexivity），正是人类自身那些试图以理性建构的人为普遍秩序来消除不确定性、模糊性、偶然性的努力，造就了并且还在继续造就着巨大的不确定性和风险。① 在其合著的《自反省现代化——现代社会秩序中的政治、传统和美学》的"前言"中，贝克、吉登斯、拉什指出："今天的社会世界和自然世界充满了自反性的人类知识，但这并不可能使我们成为自己命运的主人。正好相反：未来日益有别于过去，而且在某些基本方面变得十分具有威胁性。作为一个物种，我们的生存已不再有保证，即使是短期内也是如此，而且这是我们人类集体的自己的所作所为的后果。现在'风险'的概念成为现代文明的中心，这是因为我们的思维大多只能建立在'似乎'的基础上。在我们——无论个人还是集体——生活的很多方面，我们必须经常建构潜在的未来，但我们知道这种建构实际上可能妨碍这些未来的出现。新的不可预测领域的出现往往是由企图控制这些领域的努力所造成的。"② "不确定性以自律的现代化之胜利的不可控制的（副）作用的形式

① 王小章：《风险时代的社会建设》，《浙江社会科学》2010年第3期。
② 乌尔里希·贝克、安东尼·吉登斯、斯科特·拉什：《自反省现代化——现代社会秩序中的政治、传统和美学》，赵文书译，商务印书馆，2001，第2页。

回归了。"① 也就是说，正是在这样一个"未来日益有别于过去"、我们的思维决策"只能建立在'似乎'的基础上"的不确定性的时代，或者说，正是伴随着这样一个时代，个体生涯被迫进入了"选项生命史"。"标准化人生成了'选择性人生'、'自反性人生'或'自主性人生'……（但）自主人生总是一种'风险人生'，当然也是一种'有危险的人生'，一种始终面临（部分是明显的、部分是潜藏的）危险的状态……自主的人生可能转眼就变成破裂的人生。从前那些注定的、不容置疑的、强制性的纽带，被'另行通知'（until further notice）这条原则所取代。"② 到此，尽管贝克与鲍曼、吉登斯等在关于新一波个体化的动力、直接原因方面的看法略有不同，但是，他们在对于从阶级、社会地位、性别角色、家庭、邻里关系以及福利体制等之中脱离出来而不得不独自面对"风险社会"中各种风险的个体之命运的认识上，则走到了一起："环境总是如此变化多端，没有定势。但解决由此而产生的各种困境之责却落到了个体头上——个体被期望成为'自由选择者'，而且应该为自己的选择负全责。个体抉择所面对的风险是由一些超出个体理解及行为能力的力量所致，但是个体却要为任何的风险失误买单。"③ "个体化已经来临并将持续下去；无论是谁，如果要通过思考找出一些方法，来应对个体化给我们生活方式所带来的影响，都必须首先承认这个事实。个体化给越来越多的男女众生带来了前所未有的尝试自由（freedom of experimenting），但是……它也给男女众生安排了应对个体化后果这个前所未有的任

---

① 贝克：《何谓工业社会的自我消解和自我威胁》，载乌尔里希·贝克、安东尼·吉登斯、斯科特·拉什《自反性现代化——现代社会秩序中的政治、传统和美学》，赵文书译，商务印书馆，2001，第232页。

② 乌尔里希·贝克、伊丽莎白·贝克-格恩斯海姆：《个体化》，李荣山等译，北京大学出版社，2011，第3页。

③ 鲍曼：《流动的时代——生活于充满不确定性的年代》，谷蕾、武媛媛译，江苏人民出版社，2012，第4页。

务。在自决权和对左右着这种自决是否可行的社会环境进行掌控的能力之间，有一道鸿沟，这道鸿沟似乎是'第二现代性'的主要矛盾。"①

三　转型中国的个体与社会

作为表现在社会结构层面（个体从各种传统共同体及阶级、性别、职业等各种既有社会形式中脱嵌）、制度层面（各种社会制度和政策越来越直接以个人为执行单位）和文化心理层面（以个体为本位的个人主义心理和价值取向）的社会变迁趋势，社会的个体化是伴随着社会现代化进程的一个世界性的潮流，身处全球化时代的转型中国自然也不可能例外。而且值得注意的是，中国社会的个体化进程，在很大程度上将西方发达社会中的第一波个体化同与全球风险社会的来临紧密联系在一起的新一波个体化合并在了一起，因而，它对个体和社会两个方面所带来的挑战更为严峻。

如果用最简单的方式来表达，那么，我们大体上可以这样来概括描述改革开放近四十年来中国社会的转型变迁：以市场化为目标的经济体制转轨带动了整体社会结构、社会关系和社会心理从农业的、农村的、静态的、封闭的、熟人的社会，向非农的、城市的、流动的、开放的、陌生人的社会转型和嬗变，而这种转型和嬗变，反过来又进一步推动或者说倒逼着中国经济、社会、政治等各项制度的改革、调整和全面转型。而中国社会的个体化进程，就发生在或者说伴随着这一转型的过程。跟现代世界各国所呈现出来的社会个体化一样，中国社会的个体化同样既表现在

---

① 鲍曼：《个体地结合起来》，载乌尔里希·贝克、伊丽莎白·贝克－格恩斯海姆：《个体化》，李荣山等译，北京大学出版社，2011，第27页。

社会结构和制度安排上，也表现在文化价值观念和心理上。结构上，在农村，首先是以家庭联产承包责任制为标志的农村改革将一个个家庭从以前所谓"三级所有，队为基础"的人民公社组织结构中脱离了出来；接着，家庭联产承包责任制的实行使得农村中原先存在的大量隐性剩余劳动力日益明显地暴露出来，与此同时，政府在政策上也日益给这些剩余劳动力外出谋出路松绑，于是，为数众多的外出打工者进一步从家庭和其他传统共同体中流离出来；不仅如此，这些外出打工者所呈现出的高度流动性——既体现在打工地的不固定上，也体现在工作本身的经常变换上——也使他们不再在实质性的意义上从属于任何阶级或阶层结构。在城市，随着 20 世纪 90 年代中后期企业改制而导致的"单位制""寿终正寝"，大量原先既受"单位制"的束缚也享受"单位制"保护的职工纷纷脱离"单位制"组织结构而被抛入市场，无论是情愿还是不情愿，他们都不能不独自去把握和面对这个"市场社会"，而且是全球化时代里的市场社会的各种机会和风险。与社会结构的这种个体化的趋势相对应，国家的社会管理和各种新出台的社会政策，也都越来越直接以个体而不是以家庭或其他共同体为执行对象。这方面一个标志性的事件，就是 1986 年我国第一代个人身份证的发放使用，从此以后，在每个人的日常社会生活中，一人一张的个人身份证越来越多地取代了一户一本的户口本的功能。与社会结构和制度安排的个体化同步，在社会心理和价值观念上，原先的"集体主义"日益让位于"个体本位"的价值取向，也即个人的权益或要求越来越取代集体的利益或事务而成为人们的首要关切。这种让位和取代甚至还体现在已引起我国社会学界、人类学界、政治学界等普遍关注的所谓的"宗族复活"现象中。调查表明，与传统上通常表现出来的宗族支配和控制个人不同，在今天所谓的"宗族复活"现象中，经常出现的情况恰恰相反，是个体利用宗族，即具有特定利益诉求的个体为了实现自己的利益而借助于宗族的力量达成自己的目的。① 就像人类学者阎云翔说的那样："对祖宗和亲属群体集体利益的重视转变成对个体——她或他的身份和利益——的重视。在以祖宗为中心的亲属关系习俗中，村民们必须使他们的个人利益服从先辈和集体的利益，这是通过祖先崇拜和世俗生活实践而制定的宗教和道德义务。与此形成鲜明对比的是，在当代生活中，同祖同宗的观念只有在对村民们追求经济或政治活动中的个体利益有实际功用时才被唤起；这里面没有一点宗教因素，村民们是再利用而不是献身于祖先或宗族集体。"②

中国社会的这一个体化进程，如上所述，在很大程度上将西方发达社会中的第一波个体化与新一波个体化合并在了一起。我们缺乏发达国家在应对第一波个体化的过程中形成和积累的制度安排、实践经验，因而它给个体和社会两个方面所带来的挑战更为严峻。也就是说，中国社会的个体化，不仅发生在风险社会的背景下，而且也发生在对个体的各种制度性保护有待建立和完善的背景下。在西方发达国家，经过几个世纪的发展，也即伴随着第一波个体化，已基本形成了一套包括基本公民权利（civil rights）、政治权利（political rights）、社会权利（social rights）等在内的相对完整、彼此支持的基本权利体系，并以民主和法治为基本特征、以基本驯服了专横任意权力的政治体制和程序作为保障。虽然自20 世纪 80 年代在"撒切尔主义""里根经济学"下国家从公共事业、福利服务领域撤退，"社会权利"下的一些具体待遇因此受到冲击，但这个权利体系的基本结构并没有被否认。特别是基本公民权利（civil rights，包括受法律保护的财产权、自由权、人身安全权、法律面前人人平等和可靠的适用法律裁定程序等）和政治

---

① 冯婷：《宗族与农民的政治参与——对浙中祝村的经验研究》，《浙江学刊》2010 年第 6 期。

② 阎云翔：《中国社会的个体化》，陆洋等译，上海译文出版社，2012，第 14 页。

权利（包括选举和被选举权、结社自由、舆论自由、集会和抗议的权利等），它们一方面限制防范了权力的任意扩张和滥用，同时也相对明确了哪些东西、哪些领域是属于公民个人而不容剥夺、不容干预的；另一方面，政治参与权的保障，则使公民在与自身相关的一系列公共问题、公共事务上有了一定程度的自主权和自我控制感。但我国的情况显然还与此不同。到目前为止，相对完整且互为奥援的公民权利体系还远远未臻完善。而且，自开始以市场化为基本导向的改革以来，"国家还从以前的社会主义福利体系中抽身而出，用许多方式（如'教育产业化''医疗市场化''市场保险'等——笔者注）摆脱提供公共产品的责任"。[①] 在这样一种背景下，在两步并作一步的个体化进程下，个体被迫最大限度地独自应对市场（而且是缺乏必要规制的市场）的各种风险与分化排斥作用（而且是被全球化作进一步加剧的分化排斥作用）[②]，全球风险社会之各种风险的社会成员，特别是底层生活成员，就显得更加脆弱，更加危机重重。

但个体的脆弱还只是我们的个体化所带来的问题的一个方面，问题的另一方面是，与制度层面的权利保障缺失相对应，在个体化的文化心理价值取向层面，正如有学者指出的那样，由于在我国社会的个体化进程中，没有很好地培育起在西方社会的个体化进程中曾着力强调和建构的那种自主、自由、平等、自立、责任等精神，因而导致的是"自私、不合群、功利主义、毫不考虑别人的权利和利益"的"无公德的个体"的产生："西方的个人主义在上个世纪之交传入中国社会时，仅仅被理解为功利主义或简单的自私自利。对个人主义的这种不全面或失衡的理解不仅让个体

① 阎云翔：《中国社会的个体化》，陆洋等译，上海译文出版社，2012，第343页。
② 关于市场对于社会成员的分化排斥作用，以及这种作用如何在全球化时代变本加厉，参见王小章《社会转型与民政转型：走向"现代大民政"》，《新华文摘》2014年第4期。

变得自我中心毫无公德，也扩大了个体化的负面影响，例如残酷的竞争和社会信任的下降。"①

于是，中国社会的个体化进程，一方面，带来了异常脆弱的个体；另一方面，也造就了一些"无公德的个体"。前者势必加剧个人生活的种种危机，后者则必然导致社会的涣散，个体与社会的日益疏离。

①　阎云翔：《中国社会的个体化》，陆洋等译，上海译文出版社，2012，第 21 ~ 22、344 页。

第二章 公民身份:一种重塑个体与社会的制度

针对上一章所说的新一波个体化,鲍曼指出,个体化的另一面是"公民身份的腐蚀和逐渐瓦解",并进一步认为:"倘若个体是公民的头号敌人,倘若个体化给公民身份和基于公民身份的政治招来麻烦,那是因为作为单个人的个体所关心的事情和他们的当务之急占据着公共空间,并宣称自己是公共空间唯一合法的占据者,把其他东西都从公共话语中挤出去了。'公'被'私'给殖民化了。"① 鲍曼的这一观点在某种程度上提示我们,是否可以通过重塑、强化和激活公民身份的制度和实践,来化解和克服个体化所造成的个体的脆弱以及社会的涣散?而一旦我们从这一角度去看,就可以发现,现代公民身份在很大程度上正是一种平衡协调个体自由和社会团结,重塑个体与社会关系的制度安排和实践。而自近代以来不同时代与社会的公民身份制度和实践,以及各种不同取向的公民身份理论,在一定意义上恰恰可以理解为人们基于对个体、社会、国家及其相互关系,或者说,"公""私"关系之状况及其变化的诊断,以及对其做出的调适性的回应:当个体面临压抑和萎缩时,自由主义公民身份观念往往受到重视,而当社会或国家公共生活面临式微和凋敝时,共和主义、社群主义公

---

① 鲍曼:《个体地结合起来》,载乌尔里希·贝克、伊丽莎白·贝克-格恩斯海姆:《个体化》,李荣山等译,北京大学出版社,2011,第27页;鲍曼:《个体化社会》,范祥涛译,上海三联书店,2002,第49页。

民身份观念便开始抬头。

一 现代公民身份及其起源和发展

在近代政治和社会生活中，公民身份（citizenship）[①] 无疑是一个非常核心的概念，它既表达出公民个体与政治共同体（国家）、统治者的关系状态，也折射出统治者与政治共同体（国家）的关系状态，还反映出个体的公民身份与其整体人格（personhood）之间的关系以及公民的权利与义务的关系状态。在近代历史上，公民身份也是一个多变的概念。在实践中，西方各国的公民身份一直在宪法、制度、人口和国际关系变化的过程中发生改变。而理论上的变化就更大了：从新古典共和主义之"公民"理想，到主权理论的"属民"概念，再到革命立宪的"人权"和"公民权"，乃至康德"世界公民"的观念，公民身份概念的内涵一直处于流变之中。即使到今天，自由主义、共和主义、社群主义等不同的理论取向对于这一概念的理解也依然各有不同。不过，撇开这些歧义，我们无疑也可以看到包含在近代以来各种公民身份理论和实践中的共同意涵。第一，都将公民身份看作个人在某一政治共同体中的成员资格。自现代以来，这个政治共同体通常

---

① "公民身份"均对应英语 citizenship。Citizenship 可以译为"公民身份""公民资格""公民权"，也有人翻译为"公民权责"（关于 citizenship 一词的汉语表述，可参见肖滨、郭忠华、郭台辉《现代政治中的公民身份》，上海人民出版社，2010，第三章）。本书作者之一（王小章）在翻译《公民权研究手册》（浙江人民出版社，2007）时，基本上译为"公民权"，当然也不乏根据具体语境灵活处理的地方。之所以这样处理，除了已有不少学者这样翻译之外，还因为，在一个特定的共同体中享有一种成员资格本身常常被看作共同体赋予特定个体的一种承认和肯定。但在此书中，为了强调公民身份作为一种重塑个体与社会及其关系的制度，必然也必须要求权利与责任的对等，因此，为避免读者误以为笔者重权轻责，故主要采用"公民身份"这个用语，同时指出，与"公民身份"联系在一起的，是彼此对等的"权利"和"责任"。当然，在一些具体的语境中，也自有灵活处理的地方。

主要指民族国家，但也常常被用来指各种跨民族国家和次民族国家层次的政治体。在后者的情况下，像美国的州、我国的省乃至县都可归入其中。① 第二，与这一资格相联系，个体具有某些基本的权利和相应的义务。义务是因为权利，而权利需要由义务来支撑。在总体上，公民权利和公民义务之间必须保持平衡，这种平衡是个体安全、自由、独立与社会有序运行、和谐繁荣的条件。不过，这种平衡是在公民总体水平上的平衡，是立法和制度设置的事，而不是公民个体水平上的直接平衡，不是个体行为选择的事。② 对于个体而言，公民权利的享有"既不取决于出身和社会地位，也不取决于某些特定的行为举止方式。凡是涉及应得权利的地方，诸如'谁不劳动，他也就不应该接受社会救济'、'不纳税者不得参加选举'或者'谁若违法，他就无权要求援用法律手段'之类的说法都是不可接受的。"③ 第三，这些权利和相应的义务既反映也规范着上述公民、政治共同体（国家）、统治者三者之间的基本关系以及个体的公民身份与其整体人格之间的基本关系：统治者不再是政治共同体（国家）的化身，彼此不再是"朕即国家"式的浑然不分，而是相互分离的；无论是对于政治共同体（国家），还是对于统治者，公民都不再是完全隶从的关系（即使是霍布斯主权理论下的"属民"概念，也肯定个人享有私域自主；即使是黑格尔之"国家"中的"普遍性"，也包容了个人在"市民社会"中发展了的"特殊性"）；与这种非隶从的关系相联系，公民身份不再等于公民个体的整体人格，个人在公民身

---

① 自 20 世纪以来，人们越来越多地在另一种含义上使用"公民"一词，即以此意指归属于任何人类结合体的人们，从而，非政治性的公民身份日益成为这个词的一种新的但同样有效的含义（参见罗密斯·M. 史密斯《现代公民权》，恩斯·伊辛、布赖恩·特纳主编《公民权研究手册》，王小章译，浙江人民出版社，2007，第 143 页）。

② 参见王小章《公民权视野下的社会保障》，《社会保障制度》2007 年第 8 期。

③ 拉尔夫·达仁道夫：《现代社会冲突》，林荣远译，中国社会科学出版社，2000，第 46 页。

份之外还有个人身份，而在这种个人身份之下或多或少不受干涉的独立自由则是法律肯定和保护的一项公民权利（甚至可以说是最基本的公民权利）。

显然，这样一种公民身份观念，不仅在中国和其他东方国家不存在，而且，只要我们稍微熟悉一点诸如贡斯当的《古代人的自由和现代人的自由》等文献，就会发现，它与西方古代（包括古希腊、罗马）的公民身份概念也相当不同。那么，这样一种具有独特意涵的现代公民身份概念是从哪里产生的？实际上，"citizenship"这个词本身即向我们指明了追溯的方向：尽管今天通常把与公民身份对应的政治共同体看作国家，但是，就其起源而论，现代公民身份与城市（city）有着不解之缘，"公民"乃是由"市民"成长发展而来的。而如果我们仔细关注一下韦伯关于城市的研究，就会发现，孕育、形塑了别具个性的现代公民身份之雏形的，正是西方中世纪晚期的工商业城市。

按照韦伯的考察分析，与东方城市和西方古代城市相比，欧洲中世纪晚期的工商业城市具有一系列特征，正是这些特征使其成为现代公民身份的策源地，从而形塑了现代公民身份的基本性格。与东方城市相比，西方城市的一个突出特点是，它是一个作为一系列权利之担纲者的"特别的市民身份团体"。这个"市民身份团体"具有一系列特征，而就其对现代公民身份的影响而言，最值得注意的是：第一，由于基督教等因素的作用，西方城市很早就摆脱了一直系缚着东方城市的巫术及泛灵论的种姓与宗族的限制，以及随之而来的禁忌，从而，市民是以与所有其他个体平等的个人身份直接加入城市共同体的，而非通过宗族或作为后者的成员而获得加入城市共同体的资格的，宗族以及个人作为氏宗族成员的身份对城市共同体而言，没有任何实际意义。这一点十分重要，它在很大程度上是确立了现代公民身份之个人本位性特征的前提。现代公民身份观念的一个基本精神："在此，个体的社会生活不再像在其他场合那样，被按照他所拥有的特定职业和家庭地位，联系其各个不同的物质和社会处境来认识，而纯粹地仅仅被作为一个公民来看待。"① 第二，由于西方特殊的军事制度，即长期以来一直维持着军队自行装备原则，而不是像东方那样由君主或领主提供武器，从而，西方城市一开始就是一个由有能力在经济上自行武装、自行训练的人所结合成的团体。相对于城市之上的更高的政治势力，这个团体具有很强的自主性。第三，西方城市笼罩在一个"法的天空"（firmament of law）之下。西方城市在法律上具有"法人团体"的地位，作为法人团体，它的一系列自主权利，无论是通过"特许状"的形式从君主或领主那里取得，还是通过"革命式的篡夺"而获得，都具有法律形式上的肯定。并且，这个团体与其成员（市民）之间的关系同样受到法律的约束。正是借助于法律的形式，"纯粹私人且暂时性结合的誓约团体，转化成了一个永久性的政治团体"②。

不过，"近代资本主义与近代国家都不是在古代城市的基础上成长起来的；而中古城市的发展……却是这两者之所以成立的最具决定性的一个因素。尽管古代城市与中古城市的发展有种种的相似性，但我们必须要分别出其间相当深刻的差异"③。就对现代公民身份形态的影响而言，这两者之间的差异中最需要注意的就是古代城市的政治性格和中世纪晚期工商业城市的经济性格。古代城邦是个"战士行会"，市民是"政治人"，而中世纪城市的市民是"经济人"。作为"战士行会"之成员的"政治人"，其基本的义务是政治参与，其最重要的品德是纪律；而作为行会支配下

---

① Weber, M., *Political Writings*, Cambridge: Cambridge University Press, 1994, p. 103.

② 韦伯：《韦伯作品集·非正当性的支配——城市的类型学》，康乐、简惠美译，广西师范大学出版社，2005，第 66~67 页。

③ 韦伯：《韦伯作品集·非正当性的支配——城市的类型学》，康乐、简惠美译，广西师范大学出版社，2005，第 158 页。

的经济（职业）共同体之成员的"经济人"，其基本义务是纳税，而其最基本的性格则是自由。也就是说，正是在中古城市中首先出现的这些"经济人"市民身上，诞生了不同于"古代人的自由"的"近代人的自由"。对于古代城邦"市民"而言，参与城邦政治生活是其作为人的生活之全部，至少是主体部分的话（这也就是亚里士多德说"人是政治动物"的原因），那么，对于中世纪晚期工商业城市的市民而言，参与政治、参与公共生活已不再是其"属人"的生活的全部，而只是一个方面，并且是从其作为"经济人"的个人利益关怀中派生出来的一个方面（也即，各个"经济人"市民之共同的或相互关联的利益关怀构成了公共的关怀）。换言之，在中世纪晚期的工商业城市中，市民在政治社会中的身份资格、在公共领域中的所作所为尽管也是其人格的一个重要方面，但已不再涵盖其整体人格之全部。而这又预示出，在中古城市中，已隐隐显示出了作为现代民主政治，也即现代公民身份理念之基本前提之一的政治社会和"市民社会"相分离的潜在倾向。

个人的本位地位、城市共同体的相对自主自治、法治文化及其制度体系、政治社会和市民社会或者说市民的公共身份和个人身份的相对分离，所有这些，再加上政教分离的传统，可以说是中世纪晚期工商业城市的基本特征。正是这些特征，为现代公民身份的发生提供了前提条件，并从根本上形塑了现代公民身份的基本特征。①

如果说，中世纪晚期的工商业城市孕育了现代公民身份的基本雏形，那么，随后的一系列发展，特别是英国、美国、法国等国的资产阶级政治革命，则为这种既有别于古代公民身份，也有别于中世纪封建领主之属民的现代公民身份举行了"加冕礼"，给

---

① 关于中世纪晚期工商业城市与现代公民身份起源之更详细的分析考察，参见王小章《中古城市与近代公民权的起源：韦伯城市社会学的遗产》，《社会学研究》2007 年第 3 期。

予了正式的承认。在随后的发展中，尽管不可避免地存在一系列的曲折回复，但总体上，公民身份的内涵（即相应的权利和义务）和外延（即覆盖的人群）都处在不断的拓展中。就外延而言，尽管其中充斥着种种排斥和争取承认的斗争，但总体上，在资产阶级政治革命、工人运动，以及 20 世纪的民权运动、妇女运动等的压力下，公民身份日益覆盖到越来越多的人身上，等级身份、财产，以及种族、民族、性别、宗教等因素逐渐不再影响公民身份的获得。与外延的扩展相伴随，公民身份的内涵也不断得到丰富和深化。对此，许多学者都曾以不同的方式做过分析叙述。而其中影响最大、在很大程度上可以说为半个多世纪以来的公民身份研究提供了一个基础性范式的，无疑要数英国社会学家马歇尔（T. H. Marshall）那兼具规范性和经验性的分析模式。联系几个世纪以来英国社会中公民身份的历史发展，马歇尔把以公民身份为基础的公民权利划分为"基本公民权利"或"民事权利"（civil rights）、政治权利（political rights）和社会权利（social rights），并指出，18 世纪肯定了"民事权利"，主要包括受法律保护的自由权利、人身安全权、法律面前人人平等权，等等，它意味着等级制度在法律上的寿终正寝，意味着人身依附等束缚在法律上的解除。19 世纪获得承认的是政治权利，包括选举权和被选举权，结社自由、言论自由、集会和抗议的权利等。而 20 世纪发展起来的则是"社会权利"，这是一种"对实际收入的普遍权利，这种实际收入不按有关人员的市场价值来衡量"。从消极的角度说，社会权利的发展是为了应对并最大限度地降低社会成员在面临那些存在于现代社会中的问题时所遭遇的风险，如贫困、严重的不平等以及与此相关联的健康和社会排斥问题等；而从积极的角度说，它们意指一系列积极的应享权利，即将下面这些方面看作个体终生的权利：获得足以维持生计的收入（失业补偿、低收入补偿、养老金、残疾人救济金等）、拥有工作、获得健康服务、拥有能够满足基本需要的住房、享受基本的义务教育等。当然，与这些权利相对应，马歇尔指出："承担义务是极端重要的"，并指出，公民必须承担纳税、缴纳保险金、接受教育、服兵役等强制性义务，也应履行其他增进共同体福利的义务。①

确实，马歇尔的上述模式在今天看来显得不够精细和灵活，从而受到了不少批评，而他以英国社会为基础的历史叙事所具有的普遍性也不可避免地受到了很多质疑。② 但是，无可置疑的是，马歇尔道出了历史发展的基本趋势，而如果我们稍稍深入地考察分析一下，就能发现，这个历史发展的基本趋势实际上又是合乎逻辑的，因此可以说体现了黑格尔、马克思所说的"历史与逻辑的一致"。基本公民权利所肯定的核心事实上是消极意义上的身份平等和自由。这是现代（资本主义）自由市场所必需的。因为只有在人们能够作为平等的市场参与者进入市场的情况下，市场才能发挥作用。但是，基本公民权利的显而易见的弱点在于，体现它们的法律本身可能是片面的。"法律虽然应该作为游戏规则而发挥作用，但是，有时游戏规则对一方比对另一方更为有利。"③ 只要不是一切公民都有机会把他们的利益、意见纳入制定法律的过程，法治国家就会放过一些严重的应得权利的差异。正是在此，选举权和被选举权、结社自由、舆论自由等政治权利成了对基本公民权利的一种必要的补充，或者说为捍卫后者的真实有效性提供了一种必要的前提条件。但是，政治权利作为基本公民权利的条件尽管是必要的，却并不是充分的，原因是："公民的基本权利

① 马歇尔：《公民身份与社会阶级》，载 T. H. 马歇尔、安东尼·吉登斯等著《公民身份与社会阶级》，郭忠华、刘训练编，凤凰出版传媒集团，2008，第 55 ~ 56 页。
② 布赖恩·特纳：《公民身份理论的当代问题》，载布赖恩·特纳编《公民身份与社会理论》，郭忠华、蒋红军译，吉林出版集团有限责任公司，2007，第 10 ~ 11 页。
③ 拉尔夫·达仁道夫：《现代社会冲突》，林荣远译，中国社会科学出版社，2000，第 54 页。

不仅受到享有特权者的政治权力的限制，而且也受到很多人在经济上的软弱乏力的限制，尽管法律和宪法承诺他们享有公民的基本权利。"① 与此同时，政治权利本身也不是自足的。如果缺乏负担打官司的费用的经济能力，人们就无法在法院中有效地捍卫自己的权利甚至名誉；如果陷于深重的贫困之中，人们就可能出卖自己的选票；如果缺乏必要的教育，人们就无法有效地行使自己的政治权利；如果缺乏必须通过必要培训而掌握的一些基本技能，人们就不可能拥有使其自由权利得以有效使用的能力（如缔约谈判能力）；如果妇女不能拥有获得工作的权利，她们就很难摆脱父权夫权的控制而真正拥有自己的独立意志，而即使获得了工作权利，但如果没有根据其身为女性的一系列特殊需要而赋予特殊权利的话，她们也同样不可能在以男性为标准的世界中真正和男人平起平坐。"只要不是每一个人的生活都不受基本的贫穷和恐惧的困扰，宪法权利就依旧是一项空洞的许诺，甚至更糟糕，它们会变成为厚颜无耻的借口，用来掩盖享受特权者的事实。"② 正是在这里，社会权利作为基本公民权利和政治权利的又一个必要的补充和前提而出现和发展起来了。

需要指出的是，社会权利和基本公民权利、政治权利的关系并不是单向的。也就是说，并不仅仅只是前者支持后者，并不仅仅只是社会权利"保障"公民有效地行使、实现自由权利、政治权利。同样也存在相反的影响或者说支持。正如有人指出的那样，无论从历史发展的角度看，还是从规范性的角度看，公民社会权利都是处在特定的背景脉络之中的，都是与"基础性的法律和政治权利之以往的历史、制度化状况以及当今的实践紧密相连的……

① 拉尔夫·达仁道夫：《现代社会冲突》，林荣远译，中国社会科学出版社，2000，第 55 页。
② 拉尔夫·达仁道夫：《现代社会冲突》，林荣远译，中国社会科学出版社，2000，第 55 页。

公民权是一种复合的、联系于特定脉络关系的身份，表达的是现代社会（即马歇尔所认为的'民主－福利－资本主义'复合体）中个人自主和社会公正、平等与包容的观念。"① 换言之，作为与有别于"臣民"的"公民身份"相联系的基本公民权利、政治权利和社会权利是一个有机的整体，任何一种权利都不能脱离其他权利的发展、剥离特定的脉络关联而孤立地作为"公民权利"而得到健康发展。以社会权利而论，作为一项公民的"权利"，它的存在在理论上已经预设了基本民事公民权和政治公民权的存在。确实，纯粹从技术的角度看，社会权利也许可以脱离基本公民权利和政治权利而孤立地从其自身出发得到发展和施行。事实上，在 20 世纪，一些社会中的统治者就曾这样剥离特定的脉络关联而孤立地发展社会权利，其目的正是要"诱买"公民对于基本公民权利和政治权利，进而对于完整的公民权的要求。但是，问题是，一旦剥离了基本的自由权利、政治表达和政治参与的权利等，社会权利作为"公民权利"的性质就会发生变化。也即，它很容易由一项现代公民所稳定地拥有的"应享权利"蜕变为系于统治者的仁慈恩德的施舍，从而再度建基在统治者的"善良"意志之上，而非"公民权利"的理念之上。考诸 20 世纪的历史，在许多发达国家中，正是由于公民先期拥有了基本的公民权利和各种政治表达、政治参与的权利，他们才得以通过各种正式的政治渠道或社会运动而兴起和推动"争取应享权利的革命"（revolution of rising entitlements），并进而推动担负着社会保障、社会福利等公共财政开支的"公共家庭"越来越扩张。②

---

① 莫里斯·罗奇：《社会公民权：社会变迁的基础》，载恩靳·伊辛、布赖恩·特纳主编《公民权研究手册》，王小章译，浙江人民出版社，2007，第 98 页。
② "争取应享权利的革命""公共家庭"语见丹尼尔·贝尔《资本主义文化矛盾》，赵一凡等译，三联书店，1989，第六章。

二 现代公民身份以个体为本位谋求个体与 社会的平衡发展

从以上对于现代公民身份的起源以及发展的叙述分析中可以看出，无论在观念上还是在现实实践中，现代公民身份的一个基本的、总体倾向性的特征是承认和肯定个体的本位性，而社会性的结合以及相应的制度安排，从根本上讲是为了保障和促进个体的安全、自由、独立和发展。这当然是自由主义理论的基本观点，但实际上，承认和肯定"人是从'个体为整体而存在'发展而成为'整体为个体而存在'"[①] 这一基本历史趋势，同样也是马克思的基本认识和立场。在《德意志意识形态》中，马克思和恩格斯指出："全部人类历史的第一个前提无疑是有生命的个人的存在。"[②]在《1857 - 1858 年经济学手稿》中，马克思又进一步指出，人类历史基本上呈现为这样一种发展进程或者说"逻辑"："人的依赖关系（起初完全是自然发生的），是最初的社会形态，在这种形态下，人的生产能力只能是在狭窄的范围内和孤立的地点上发展着。以物的依赖性为基础的人的独立性（即个体的独立依赖于他对物也即对财产的占有——笔者注），是第二大形态，在这种形态下，才形成普遍的社会物质变换，全面的关系，多方面的需求以及全面的能力的体系。建立在个人全面发展和他们共同的社会生产能力成为他们的社会财富这一基础上的自由个性，是第三个阶段。第二个阶段为第三个阶段创造条件。因此，家长制的，古代的（以及封建的）状态随着商业、奢侈、货币、交换价值的发展而没

---

① 李泽厚：《历史本体论》，三联书店，2002，第 67 页。
② 马克思、恩格斯：《德意志意识形态》，载《马克思恩格斯文集》（第 1 卷），人民出版社，2009，第 519 页。

落下去，现代社会则随着这些东西而一道发展起来。"① 换言之，历史的进程，虽然其间不乏各种顿挫回旋，但总体上呈现为从个体只是"一定的狭隘人群的附属物"、只是"共同体的财产"② 的"人的依赖关系"的状况，迈向通过资产阶级"政治革命"而全面确立和肯定"以物的依赖性为基础的人的独立性"的现代资产阶级社会，进而迈向"建立在个人全面发展和他们共同的社会生产能力成为他们的社会财富这一基础上的自由个性"、迈向"各个人在自己的联合中并通过这种联合获得自己的自由"③ 的社会状况的进程。而现代公民身份对于个体本位性的承认和肯定，可以说正标志着人类从个体只是"一定的狭隘人群的附属物"、只是"共同体的财产"的状况，迈入了"以物的依赖性为基础的人的独立性"的时代。

承认和肯定个体的本位性并不意味着忽视或贬低社会联合、社会团结的重要性。在马克思看来，社会性本身就是人的本质属性，并且，只有在社会（共同体）中，个人才能获得全面发展其才能的手段，只有在社会（共同体）中，个人才可能有自由，"建立在个人全面发展和他们共同的社会生产能力成为他们的社会财富这一基础上的自由个性"，是社会的最高成就。④ 当然，在此，我们还是回到现代公民身份这一在马克思看来属于他上面所说的人类历史发展三阶段之第二阶段的范畴上来。现代公民身份承认、肯定个体本位性，这固然意味着肯定个人权利的优先性，但如上所述，权利是需要由义务来支撑的。现代公民身份观念确实首先

---

① 马克思：《1857－1858 年经济学手稿》，载《马克思恩格斯全集》（第46卷上），人民出版社，1979，第104页。

② 马克思：《1857－1858 年经济学手稿》，载《马克思恩格斯全集》（第46卷上），人民出版社，1979，第18、496页。

③ 马克思、恩格斯：《德意志意识形态》，载《马克思恩格斯文集》（第1卷），人民出版社，2009，第571页。

④ 参见王小章《从自由或共同体到自由的共同体——马克思的现代性批判与重构》，中国人民大学出版社，2014，第32～35页。

肯定公民是权利的主体，而将保障公民的各项权利看作诸如国家等社会结合的职责。但是，国家在理论上只是公民总体的代表，因此，将责任赋予国家，也就是赋予总体意义上的公民。说国家有责任提供权利保障，无非是说它们必须"取之于民，用之于民"，必须作为总体公民利用其掌握的资源为全体公民提供各种基本的保护和服务，而这种资源本身，归根结底必然来源于其治下的公民自身。也就是说国家提供保障的能力，来源于全体公民的义务。鲍曼曾认为，自由和保障是人类生存状况中既相互矛盾又相互补充的两个方面，而现代性的政治史可以解释为对于这两者之间恰当平衡的不懈寻求："缺乏自由导致人们不能自我决断，抵制打击，'站稳脚跟，赢得尊重'。缺乏保障则导致人们没有勇气去想象出切合实际的理由来抵制打击，也没有勇气在一种更有利于人类的需求和渴望的社会中团结协作起来……目前的情况是，需要更多地集中注意力寻求（自由和保障）共存中的保障这一面。"① 但就国家提供保障的能力来源于全体公民的义务而言，鲍曼所谓的寻求自由和保障的平衡，无非也就是说现代性的政治史是寻求权利与义务的恰当平衡的历史，而所谓目前需要更多地关注保障这一面，无非也等于说，鉴于目前西方社会中两者失衡的实际现状，必须更多地关注公民义务这一方。总之，权利与义务必须平衡，虽然这种平衡不是在个体层面上，但是立法必须保障整体层面上的平衡，也正是这种平衡，维护着个体的安全、快乐、自由、发展与社会的整合、团结、秩序、生机之间的平衡。

所有探讨公民身份的学者都在肯定公民权利的同时强调义务的重要性。前面指出，马歇尔认为，公民必须承担纳税、缴纳保险金、接受教育、服兵役等强制性义务，也应履行其他增进共同体福利的义务。实际上，当我们在前面指出，基本公民权利、政

---

① 鲍曼：《个体化社会》，范祥涛译，上海三联书店，2002，第58页。

治权利和社会权利是一个有机的整体，当任何一种权利都不能脱离其他权利的发展时，即已隐含着在总体上公民对某种权利（如社会权利）的享有须以他们对某种责任（如政治参与）的承担来作为支持保障。在《公民与文明社会：自由主义政体、传统政体和社会民主政体下的权利与义务框架》中，美国肯塔基大学社会学教授雅诺斯基（Thomas Janoski）则更加具体地分析陈述了四类公民义务，即法律义务、政治义务、社会义务以及参与义务，以对应平衡于法律权利、政治权利、社会权利以及他在马歇尔的分类基础上所增添的参与权利。① "法律义务"包括：人际义务（尊重他人的自由权、财产权，尊重合同法、结社法、平等对待法）、组织责任（促进普遍福利、尊重个人权利）、强制及实施方面的义务（为法律系统出力、协助治安、尊重并配合警察确保法律权利）；"政治义务"包括：人际义务（投票和参与政治、熟悉并合理行使公民权、尊重民主）、组织责任（在政治活动中与其他群体合作、遵守政治方面的法规）、强制及实施方面的义务（为民主制度的保护及运作出力、服兵役、向破坏公民权利的政府抗议或将其推翻）；"社会义务"包括：健康及防病责任（接受适当的卫生保健、供养和睦家庭、保持环境安全清洁）、创造机会的义务（受教育以尽己之所能、工作以造福社会、容忍社会多样性）、经济义务（接受失业救济者应当找工作、尊重他人的社会权利及转账需要）、强制及实施方面的义务（为社会权利出力、志愿参加政府和社团发起的服务以帮助不幸者）；"参与义务"包括：劳动力市场义务（接受服务者有责任积极找工作、雇主有责任与政府和工会合作以提供就业计划）、企业/行政机构义务（确保本单位内的公平与效率、保护企业竞争信息、尊重参与过程中的所有群

---

① 参与权利从逻辑上可以看作是政治权利向经济或者说市场领域的渗入，而从内容上看，参与权利事实上可以看作社会权利的扩充，从而，参与义务也可以看作社会义务的扩充。

体)、资本参与义务(保护和促进经济、通过储蓄为资本基金出力)、强制及实施方面的义务(为相关计划项目出力、投资国民实业)。[①]

当然,强调权利与义务必须在整体上相互平衡,并不意味着在现实社会生活、社会运行中确实能始终保持平衡,否则,如何保持两者的平衡也不会一再地引起学者们的关注和讨论了。在此需要特别指出的是,在以个体为本位的现代公民身份诞生以来的实践和发展中,自由主义观念一直占据着主导地位(这当然是可以理解的,现代公民身份本身脱胎于自由竞争的市场社会,这个市场社会得以正常运行的基本前提,就是每一个行为主体必须是自我支配的自由个体)。自由主义立足于个人主义,在政治架构和制度安排上尤其关注强调每一个人所固有的自由权,即不受国家或社会干预的消极权利或自由。公民的权利以契约的形式仅仅与最必需的强制性义务相联系,其他义务要么不被关注,要么是非强制性的,或含混不清的、模糊的。此外,在自由主义观念下,像政治参与这类义务从一方面看是义务,但更主要、更经常地被看作权利。从义务的角度看,公民应该参与,而从权利的角度看,公民可以不参与。再加上公民对于尽义务之效能感的微弱,也即,用马歇尔的话来说,由于国家共同体实在太庞大、太遥远,"一个人的努力对于整个社会的正常运转所产生的影响实在是太微小了,

---

① 托马斯·雅诺斯基:《公民与文明社会:自由主义政体、传统政体和社会民主政体下的权利与义务框架》,柯雄译,辽宁教育出版社,2000,第 70~71、40 页。从另一个角度看,雅诺斯基将公民义务分为以下五类:第一,支持性义务,包括纳税、为保险基金出钱以及从事有效的工作;第二,关怀性义务,包括关怀他人和自己、尊重他人的权利、关怀儿童、维持家庭和睦、尊重自己(接受教育、就业、接受适当的医疗照顾等);第三,服务性义务,包括有效地发挥各种服务的作用并实际参加服务,如选民登记工作、老人健康照顾、为公共利益提供各种无偿或志愿服务等;第四,保护性服务,包括服兵役、协助警察维持治安、参加社会活动以保护民主制度等(托马斯·雅诺斯基:《公民与文明社会:自由主义政体、传统政体和社会民主政体下的权利与义务框架》,柯雄译,辽宁教育出版社,2000,第 69 页)。

以至于他很难相信自己如果逃避或者所见义务，就会造成很大的危害。"① 于是，在自由主义主导的现代公民身份实践中，也就时不时地会出现义务弱于权利从而不能与权利平衡的时候。但问题是，如上所述，权利是需要义务来支撑的，当义务弱于权利从而不能与权利平衡的时候，公民权利本身必然随之面临危机。因为第一，国家、政府对于公民的保护、保障能力来源于公民义务，义务的淡化必然导致国家、政府之保护、保障能力的弱化；第二，公民义务的淡化必然带来公共生活的凋敝，社会资本的流失，带来社会的萎缩和涣散，这在导致公民个体失去有生机、有活力的社会的支持和保护的同时，也使当局脱离了来自社会的力量对它的制约，从而更方便地建立起它对于公民个体和社会的控制与统治。换言之，公民义务的淡化、弱化往往导致社会的涣散与凋敝，导致国家对公民的保护能力的弱化和潜在的压制性的强化，总之，导致个体的安全、快乐、自由与社会的团结、秩序、生机的双双受损。也正因此，尽管在现代公民身份的实践和发展中，自由主义的思想观念和制度安排长久地占据统治地位，但是其他公民身份思想，作为自由主义的伴奏或副调，一直不绝如缕。今天，长期占据统治地位的自由主义对于个体权利，特别是不受约束的自由权利的突出关注与强调已在西方社会的制度安排和实践中导致了社会的原子化、凝聚力的弱化，导致了社群感（共同体意识）的失落，进而反过来又进一步导致了个体自主、自治的有意义的生活的危机，共和主义、社群主义的声音重又抬头。共和主义的公民权观念强调公民美德，"真正的"或"正确的"公民权要求对于公共利益的责任承诺和对于公共事务的积极参与。公民身份既联系着权利，也承诺了责任。"每一个公民都担任着公职"，即公

---

① 马歇尔：《公民身份与社会阶级》，载 T. H. 马歇尔、安东尼·吉登斯等《公民身份与社会阶级》，郭忠华、刘训练编，凤凰出版传媒集团，2008，第56页。

民是一个具有公共责任的职位，如果公民不负责任地行动，他（她）就是辜负了公众的信任，如果他（她）忠实地履行其职责，他（她）就向世人展示了其公民美德。一个好公民是一个具有公共精神的人，一个积极参与公共事务、主动承担公民责任的人。①社群主义关心如何让社会发挥有效和公正的功能，认为好社会的建立，靠的是相互支持和集体行动。传统的社群主义观念让人联想到一种宽厚的封建关系：个人权利固然存在，但相比于对整体的义务，是次要的，后者占据强有力的主导地位。天主教的传统社群观念最接近这种社群主义观念。而现在的社群主义尽管强调的重点仍在社会及相互的义务，基本目标是要建立强大的社群，基础是共同身份、相互负责、自治、参与和整合，但在较大程度上也强调公民个人权利。②

需要指出的是，联系西方社会今天的具体语境，社群主义、共和主义公民权观念的抬头和复兴是可以理解的，但是，如果将社群主义、共和主义在西方特定语境中对于自由主义的公民身份观念和实践之片面强调个体自由权利的批判照猫画虎地搬到我们这里，就会造成怀特海所说的"错置具体感"的错误，因为在权利与义务，进而在个体的安全、快乐、自由与社会的团结、秩序、生机的平衡上，我们今天所面临的问题和危机与西方社会是既有相同也有不同之处的。我们固然有"无公德的个体"的问题，也有社会涣散和原子化的问题，但更为突出的还是权利缺失或权利缺乏保障的问题。并且，我们所面临的"无公德的个体"、社会涣散和原子化等问题，在很大程度上是与权利缺失相联系的：没有对权利的充分肯定、承认和认真维护，在市场化已经普遍唤醒了

---

① 里查德·达格：《共和主义公民权》，恩靳·伊辛、布赖恩·特纳主编《公民权研究手册》，王小章译，浙江人民出版社，2007，第 202～204 页。

② 托马斯·雅诺斯基：《公民与文明社会：自由主义政体、传统政体和社会民主政体下的权利与义务框架》，柯雄译，辽宁教育出版社，2000，第 23～25 页。

自我利益意识的今天，公共精神、公共责任就没有可以接受的逻辑前提，没有自由结社权的切实保障，社会的个体化就容易滑向社会的原子化。由此可见，如何在现代公民身份的基础上，或者说，如何通过平衡与公民身份相联系的权利与义务，来努力取得个体的安全、快乐、自由、发展与社会的整合、团结、秩序、生机之间的平衡，必须根据具体社会、具体时代的具体状况，做出切实的、富有针对性的应对。而由此也表明，这种平衡，只能体现在历史的动态之中。

三　马克思与现代公民身份制度：
批判、肯定与超越

"现代国家承认人权和古代国家承认奴隶制具有同样的意义。"① "所谓的人权……无非是市民社会的成员的权利，就是说，无非是利己的人的权利，同其他人并同共同体分离开来的人的权利。"② 而"公民身份、政治共同体甚至都被那些谋求政治解放的人贬低为维护这些所谓人权的一种手段；因此，citoyen［公民］被宣布为利己的 homme［人］的奴仆；人作为社会存在物所处的领域被降到人作为单个存在物所处的领域之下；最后，不是身为 citoyen［公民］的人，而是身为 bourgeois［市民社会的成员］的人，被视为本来意义上的人，真正的人"③。这是马克思对现代资产阶级政治国家下之人权或公民权的最为人熟知的评判。根据这种评判，我们很容易得出结论，对于这种公民权，马克思是持批

---

① 马克思、恩格斯：《神圣家族》，载《马克思恩格斯文集》（第 1 卷），人民出版社，2009，第 312 页。

② 马克思：《论犹太人问题》，载《马克思恩格斯文集》（第 1 卷），人民出版社，2009，第 40 页。

③ 马克思：《论犹太人问题》，载《马克思恩格斯文集》（第 1 卷），人民出版社，2009，第 43 页。

判否定贬斥的态度的。事实上，一直以来，大多数人也都是这么认为的。但是，马克思对于现代资产阶级国家下之公民权的态度真的就那么简单明了吗？这对于以马克思主义为指导思想的我们来说，是值得再认真考察分析一下的。实际上，就在《论犹太人问题》中，马克思在批评现代资产阶级国家一方面把人归结为市民社会的成员，归结为利己的独立的个体；另一方面把人归结为公民，归结为法人，从而导致公民和现实的个人分离的同时，又指出，要最终实现人的解放，必须让"现实的个人把抽象的公民复归于自身，并且作为个人，在自己的经验生活、自己的个体劳动、自己的个体关系中间，成为类存在物"①，这至少提示我们，马克思批判现代资产阶级国家下之公民权，并不是要终结公民权，而是要改造公民权，不是要"公民"消亡，而是要公民在现实生活的土壤中扎根重生。

（一）作为政治解放的公民权

首先需要说明，在马克思依据《人权和公民权宣言》而使用人权和公民权利的概念时，他是从比较狭义的角度将公民权利（*droits du citoyen*）看作人权的一部分的："这种人权（即《人权和公民权宣言》所宣布的、北美人和法国人所享有的人权——笔者注）一部分是政治权利，只是与别人共同行使的权利。这种权利的内容就是参加共同体，确切地说，就是参加政治共同体，参加国家。这些权利属于政治自由的范畴，属于公民权利的范畴。"也就是说，马克思将公民权利等同于公民的政治权利。而人权的另一部分，即"与 *droits du citoyen*［公民权］不同的 *droits de l'homme*［人权］"，则如上所述，是属于与政治共同体（国家）相对的市

---

① 马克思：《论犹太人问题》，载《马克思恩格斯文集》（第 1 卷），人民出版社，2009，第 46 页。

民社会之成员的权利，具体如被《人权和公民权宣言》宣布为"自然的和不可剥夺的权利"的平等、自由、安全、财产等。① 依据《人权和公民权宣言》的解释，马克思对这些权利的具体所指做了进一步的说明：自由是可以做任何不损害他人的事情的权利，这一人权的实际应用就是私有财产这一人权；私有财产这一人权是任意地、同他人无关地、不受社会影响地享用和处理自己财产的权利，这一权利是自私自利的权利；平等是上述自由的平等；安全是社会为了维护自己每个成员的人身、权利和财产而给予的保障。② 明眼人一眼即可看出，马克思在此所评说的这些作为与政治共同体（国家）相对的市民社会成员的权利，实际上也就是我们前面所说的现代社会中的个人在公民身份之外的私人身份之下所拥有的权利。而就这些权利受到现代国家的法律肯定和保护而言，它们与旨在维护它们的"政治权利"一样，都属于与公民身份资格相联系的公民权利（citizenship rights）。

对于这样一种公民权利或者说权利体系（包括马克思所说的公民权利和作为市民社会成员的权利），马克思究竟是怎么看的？要真切完整地认识把握这个问题，必须联系马克思关于人的本质及其历史发展的观点。

从应然的意义上，马克思把人看作自由自觉的实践者，自由自觉的活动是人的类本质③；但与此同时，他吸取黑格尔的观点，根据历史运动的内在趋势而将人的这种（应然）本质看作一种潜在的发展倾向，看作需要在历史过程中展开、实现的现实可能性，而不是看作单个的孤立个体固有、既成的静态的东西。消极的、

① 马克思：《论犹太人问题》，载《马克思恩格斯文集》（第1卷），人民出版社，2009，第40页。

② 马克思：《论犹太人问题》，载《马克思恩格斯文集》（第1卷），人民出版社，2009，第40~42页。

③ 马克思：《1844年经济学哲学手稿》，载《马克思恩格斯文集》（第1卷），人民出版社，2009，第162页。

形式意义上的自由可以理解为一种"自然权利",但积极的、实质性的、作为人的潜能的充分实现、人的全面发展的自由则是需要在历史发展的进程中不断趋近的目标。"全面发展的个人……不是自然的产物,而是历史的产物。"① 正是生产力以及相应的社会关系形态的历史发展为人的自由实践、人的全面发展、人的类本质的实际的、现实的实现拓展了广度和挖掘了深度(正是在此意义上,在"应然"意义上作为自由自觉的实践者的人才在"实然"的意义上,也即"在其现实性上",成为"一切社会关系的总和")。② 而当以此观点来审视人类社会的历史发展时,历史在马克思的眼中就呈现出我们在上一节中已经指出的那样一种发展进程或者说"逻辑",即虽然其间不乏各种顿挫回旋,但总体上呈现为从个体只是"一定的狭隘人群的附属物"、只是"共同体的财产"③ 的"人的依赖关系"的状况,迈向通过资产阶级"政治革命"而全面确立和肯定"以物的依赖性为基础的人的独立性"的现代资产阶级社会,进而迈向"建立在个人全面发展和他们共同的社会生产能力成为他们的社会财富这一基础上的自由个性"、迈向"各个人在自己的联合中并通过这种联合获得自己的自由"④ 的社会状况的进程。

当以这样一种人类历史发展观来审视资产阶级政治国家所确立的公民权利体系时,马克思首先承认这些权利是资产阶级政治革命的成果,是"政治解放"的表征。在这一点上,马克思与青年黑格尔主义者鲍威尔并没有分歧。在《论犹太人问题》中,马

---

① 马克思:《1857-1858 年经济学手稿》,载《马克思恩格斯全集》(第 46 卷上),人民出版社,1979,第 108 页。

② 王小章:《从"自由或共同体"到"自由的共同体"——马克思的现代性批判与重构》,中国人民大学出版社,2014,第 26~35 页。

③ 马克思:《1857-1858 年经济学手稿》,载《马克思恩格斯全集》(第 46 卷上),人民出版社,1979,第 18、496 页。

④ 马克思、恩格斯:《德意志意识形态》,载《马克思恩格斯文集》(第 1 卷),人民出版社,2009,第 571 页。

克思批判鲍威尔的，并不是后者将公民身份、公民权利的获得视作政治解放，而是后者将政治解放等同于人的解放，将人作为公民的解放，即将公民身份和相应权利的获得看作人的解放的完成。这是马克思不能苟同的："鲍威尔的错误在于，他批判的只是'基督教国家'，而不是'国家本身'，他没有探讨政治解放对人的解放的关系，因此，他提供的条件只能表明他毫无批判地把政治解放和普遍的人的解放混为一谈。"① 站在人的解放，即从"建立在个人全面发展和他们共同的社会生产能力成为他们的社会财富这一基础上的自由个性"的角度来看，政治解放的局限性无疑是明显的。这个局限性就在于，政治革命只是市民社会的革命，政治解放只是市民社会的解放。在封建主义制度之下，"旧的市民社会直接具有政治性质，就是说，市民生活的要素，例如，财产、家庭、劳动方式，已经以领主权、等级和同业公会的形式上升为国家生活的要素"②。在这种国家与市民社会混沌不分的情形下，市民社会被牢牢束缚在封建体制之下。资产阶级政治革命实现了市民社会与政治国家的分离，消灭了市民社会的政治性质，从而使市民社会从政治国家的束缚中解放出来，获得了自由。但资产阶级政治革命虽然实现了市民社会与国家的分离，解放了市民社会，但是却没有改变市民社会本身的内部关系，反而顺应市民社会（资产阶级社会）的要求——国家的产生建立于市民社会的根基上——而通过国家法律的方式正式承认和肯定了这种关系，特别是私有财产关系，至于资产阶级政治国家下的公民权利体系则是这种承认和肯定的正式表征："市民社会的成员，是政治国家的基

---

① 马克思：《论犹太人问题》，载《马克思恩格斯文集》（第 1 卷），人民出版社，2009，第 25~26 页。
② 马克思：《论犹太人问题》，载《马克思恩格斯文集》（第 1 卷），人民出版社，2009，第 44 页。

础、前提。他就是国家通过人权予以承认的人。"① 但是，市民社会本身的内部关系没有改变，由于私有财产"按其固有的方式发挥作用"，这个市民社会成员的现实生活必然受制于市民社会的财产关系，换言之，这个市民社会成员的"独立性"必然是以"物的依赖性为基础"的，从而，自由、独立等在实际上也就只能是有产者的特权，进而，这个市民社会成员也就必然是"利己的人"，资产阶级政治国家承认和肯定的那些权利也只能是利己主义的权利。在一一点评平等、自由、安全、财产这些权利后，马克思指出了它们在资产阶级社会（市民社会）中所具有的利己主义本质："任何一种所谓的人权都没有超出利己的人，没有超出作为市民社会成员的人，即没有超出封闭于自身、封闭于自己的私人利益和自己的私人任意行为、脱离共同体的个体。在这些权利中，人绝对不是类存在物，相反，类生活本身，即社会，显现为诸个体的外部框架，显现为他们原有的独立性的限制。把他们连接起来的唯一纽带是自然的必然性，是需要和私人利益，是对他们的财产和他们的利己的人身的保护。"②

但是，从实现人的类本质、从人的解放的高度揭示资产阶级国家所肯定的这些权利的实质和局限，揭示它们不过是孤立的、自我封闭的市民社会成员的自私自利的权利，这只是一个方面，另一方面，联系人类历史发展的"应然"与"必然"，马克思实际上又充分肯定了资产阶级国家或者说"现代政治"确认这些权利所具有的历史进步性。马克思憧憬人的自由、全面的发展，憧憬人的解放。但他深知："只有在现实的世界中并使用现实的手段才能实现真正的解放；没有蒸汽机和珍妮走锭精纺机就不能消灭奴

---

① 马克思：《论犹太人问题》，载《马克思恩格斯文集》（第1卷），人民出版社，2009，第45页。
② 马克思：《论犹太人问题》，载《马克思恩格斯文集》（第1卷），人民出版社，2009，第42页。

隶制；没有改良的农业就不能消灭农奴制；当人们还不能使自己的吃喝住穿在质和量方面得到充分保证的时候，人们根本不能获得解放。'解放'是一种历史活动，不是思想活动，'解放'是由历史的关系，是由工业状况、商业状况、农业状况、交往状况促成的。"① 解放需要现实的前提和条件，在工业的、商业的、农业的、社会交往的条件还不具备的时候，就不可能有真正的人的解放，这就是历史必然性。因此，考量一项实践、一个事件、一项制度是否具有历史进步性，是否有价值，不在于它是否一劳永逸地实现了、完成了人的解放（这种观点是非历史性的），而在于它是不是帮助、促进了人的解放所必需的这些条件。正是在此意义上，马克思热情地赞扬了资本主义及其担纲者所做出的历史贡献。也正是在此意义上，马克思充分肯定了资产阶级政治革命的历史意义，肯定了在政治革命、政治解放中得到确认的公民权利的巨大的历史进步性。

　　1648 年革命和 1789 年革命，并不是英国的革命和法国的革命，而是欧洲的革命。它们不是社会中某一阶级对旧政治制度的胜利；它们宣告了欧洲新社会的政治制度。资产阶级在这两次革命中获得了胜利；然而，当时资产阶级的胜利意味着新社会制度的胜利，资产阶级所有制对封建所有制的胜利，民族对地方主义的胜利，竞争对行会制度的胜利，遗产分割制对长子继承制的胜利，土地所有者支配土地对土地所有者隶属于土地的胜利，启蒙运动对迷信的胜利，家庭对宗族的胜利，勤劳对游手好闲的胜利，资产阶级权利对中世纪特权的胜利。1648 年革命是 17 世纪对 16 世纪的胜利，1789

---

① 马克思、恩格斯：《德意志意识形态》，载《马克思恩格斯文集》（第 1 卷），人民出版社，2009，第 527 页。

年革命是 18 世纪对 17 世纪的胜利。这两次革命不仅反映了发生革命的地区即英法两国的要求，而且在更大的程度上反映了当时整个世界的要求。①

质言之，资产阶级政治革命消灭了在 16 ~ 18 世纪时期中变成了工业发展的桎梏的一切封建财产关系，即封建领地、行会、垄断等，"把资产阶级社会从封建的桎梏中解放出来，并正式承认了这个社会"②。通过政治革命，资产阶级市民社会实现了"个人自由和市场自由"，用一种"建立在公民权之上的政治制度代替了它之前对一个绝对君主的服从"③。没有这种"自由"，没有对这种公民权利的肯定确认，各种生产要素就不可能自由流动，没有人身自由的劳动者也不可能从封建制度下"人的依赖关系"中解放出来而成为自由流动的劳动力商品，进而也就不可能有"为第三阶段"（即"建立在个人全面发展和他们共同的社会生产能力成为他们的社会财富这一基础上的自由个性"的阶段）"创造条件"的第二阶段，即资本主义的大发展。就此而言，政治解放即近代公民权的确立虽不是也不可能是人的解放的最终完成，却是迈向人的解放的无法逾越的且非常重要、非常关键的台阶。也正是在此意义上，马克思肯定：政治解放是"一大进步"，并且在"迄今为止的世界制度内，它是人的解放的最后形式"④。

（二）作为斗争武器的公民权

马克思不仅从人类历史发展进程的角度肯定了资产阶级政治

---

① 马克思：《资产阶级和反革命》，载《马克思恩格斯文集》（第 2 卷），人民出版社，2009，第 74 页。
② 马克思、恩格斯：《神圣家族》，载《马克思恩格斯文集》（第 1 卷），人民出版社，2009，第 324 页。
③ 傅勒：《马克思与法国大革命》，华东师范大学出版社，2016，第 35 ~ 36 页。
④ 马克思：《论犹太人问题》，载《马克思恩格斯文集》（第 1 卷），人民出版社，2009，第 32 页。

国家所确认的这些权利所具有的历史进步意义，同时还指出了这些权利的另一种价值，即这些权利，特别是狭义上的，也即马克思所说的"属于政治自由的范畴"的"公民权利"（droits du citoyen），可以被无产阶级及其政党在争取自身利益、推动人的解放的事业中用作斗争武器。

确实，如上所述，在现代资产阶级国家下，就其根本实质而言，这些属于政治自由范畴的"公民权利"（droits du citoyen）只是维护"人权"（droits de l'homme）的手段，而所谓人权，无非作为市民社会成员的利己的人的权利，这些权利之实际、现实的效用与私有财产紧密结合，因而在其普遍性的形式下潜藏的是有产者特权的实质。但是，由于政治革命完成了国家与市民社会的分离，尽管这种分离没有从根本上改变现代政治国家作为"总资本家"的资产阶级利益代理者的角色，但毕竟赋予了国家相对的超越性和独立性，从而，无产阶级及其政党也就可以利用政治国家所认可的合法公民权利来维护、争取自身的利益，进而推动人的解放。

马克思始终一方面坚决反对要无产阶级放弃政治斗争，放弃通过建立自己的革命专政来代替资产阶级专政，而充当资本主义社会忠顺奴仆、听任资产阶级剥削的"政治冷淡主义"①；另一方面，则坚持主张在反对资产阶级、争取自身和人类解放的斗争中，无产阶级必须利用"一切现实的斗争手段"，包括利用和争取资产阶级政治国家赋予和肯定的各种权利来服务于自身的目标。在《马克思和〈新莱茵报〉（1848－1849）》一文中，恩格斯说："当时德国工人应当首先争得那些为他们独立地组成阶级政党所必需的权利：新闻出版、结社和集会的自由——这些权利本来是资产

---

① 马克思：《政治冷淡主义》，载《马克思恩格斯文集》（第3卷），人民出版社，2009，第339～345页。

阶级为了它自己的统治必须争得的，但是它现在由于害怕竟不赞成工人们享有这些权利。"① 于是，马克思和恩格斯为工人阶级争取、捍卫和利用这些权利而活动。早在 1842 ~ 1843 年的《莱茵报》时期，马克思即为捍卫出版自由而抨击普鲁士的书报检查令，并热情赞颂出版自由："自由的出版物是人民精神的慧眼，是人民自我信任的体现，是把个人同国家和整个世界联系起来的有声的纽带；自由的出版物是变物质斗争为精神斗争，而且是把斗争的粗糙物质形式理想化的获得体现的文化。自由的出版物……是从真正的现实中不断涌现出而又以累增的精神财富汹涌澎湃地流回现实去的思想世界。"② 数年之后，马克思和恩格斯于 1848 年欧洲革命的浪潮中在科隆创办出版《新莱茵报》，这是他们自觉地在"民主派"的旗帜下积极灵活地利用新闻出版自由服务于无产阶级事业。③

在工人阶级反抗资产阶级、争取自身和人类解放的斗争中，必须形成和发展工人自身的组织。这些组织既是工人阶级斗争的手段，也推动着工人阶级由"自在的阶级"成长为"自为的阶级"，表征着工人阶级的阶级自觉。"社团以及由社团成长起来的工会，不仅作为组织工人阶级对资产阶级进行斗争的手段，是极其重要的……而且在普鲁士和整个德国，联合权除此而外还是警察统治和官僚制度的一个缺口，它可以摧毁奴仆规约和贵族对农村的控制；总之，这是使'臣民'变为享有充分权利的公民的一种手段。"④ 因此，像重视出版自由的权利一样，马克思同样非常

---

① 恩格斯：《马克思和〈新莱茵报〉(1848 - 1849)》，载《马克思恩格斯文集》(第 4 卷)，人民出版社，2009，第 5 页。
② 马克思：《关于出版自由和公布等级会议记录的辩论》，载《马克思恩格斯全集》(第 1 卷)，人民出版社，1956，第 74 ~ 75 页。原文为繁体字。
③ 恩格斯：《马克思和〈新莱茵报〉(1848 - 1849)》，载《马克思恩格斯文集》(第 4 卷)，人民出版社，2009，第 5 页。
④ 马克思：《马克思致约·巴·施韦泽》，载《马克思恩格斯全集》(第 31 卷下)，人民出版社，1972，第 450 页。

重视这种"联合权"也即结社权。在就国际工人协会的目标、活动等接受《世界报》记者兰多尔的采访时，马克思非常明确地解释为什么将"国际"的总部设在英国："理由很明显：结社权在这里（英国——笔者注）是已经得到承认的东西。""在英国，显示自己政治力量的途径对英国工人阶级是敞开的。"而在德国和法国，结社权要么困难重重，要么根本不存在。马克思还指出，国际工人协会的目标是"通过赢得政权来达到工人阶级的经济解放；利用这个政权来达到社会目的"，而"在和平的宣传鼓动能更快更可靠地达到目的的地方，举行起义就是发疯"①。

　　马克思同样重视选举权。在应法国工人党的请求而起草的《法国工人党纲领（草案）》的"导言"中，马克思指出，资本主义社会的发展必然导致生产资料集体占有形式的确立，这种集体所有制只有通过组成独立政党的无产阶级的革命活动才能实现，而无产阶级要建立这种组织并展开有效的革命活动，"就必须使用无产阶级所拥有的一切手段，包括借助于由向来是欺骗的工具演变为解放工具的普选权"。由此，马克思赞成法国工人党提出自己的最低纲领参加选举，并以此作为组织和斗争的手段。② 而作为马克思终生最亲密的战友和合作者，恩格斯无论是在马克思生前还是生后都同样非常重视利用选举作为工人政党斗争的工具与手段。1893 年，在与法国《费加罗报》记者的谈话中，恩格斯对于德国工人党在即将举行的选举中取得的成果充满信心："我深信，我们将比 1890 年多获得 70 万张选票，也可能多 100 万张。这样一来，我们总共得到的票数如果不是 250 万张，也将是 225 万张。""如果选举到 1895 年才举行，那么我们将会得到 350 万张选票。而全

① 马克思：《卡·马克思同〈世界报〉记者谈话的记录》，载《马克思恩格斯文集》（第 3 卷），人民出版社，2009，第 616、611 页。
② 马克思：《法国工人党纲领导言（草案）》，载《马克思恩格斯文集》（第 3 卷），人民出版社，2009，第 568 页。

德国的选民是 1000 万，其中参加投票的人数平均是 700 万。如果在总数 700 万选民中有 350 万选民拥护我们，德意志帝国就不能再像现在这个样子存在下去。"①

总之，就像恩格斯说的那样："政治自由、集会自由的权利和新闻出版自由是我们的武器；如果有人想从我们手里夺走这些武器，难道我们能够置之不理和放弃政治吗？有人说，进行任何政治行动都意味着承认现状。但是，既然这种现状为我们提供了反对它的手段，那么利用这些手段就是不承认现状。"②

（三）如果马克思看到公民权在 20 世纪的发展

当然，尽管马克思肯定无产阶级及其政党可以利用资产阶级国家所承认的公民权利服务于自己的事业，肯定这种公民权利所表征的政治解放是人类历史的一大进步，但如上所述，着眼于人的解放的高远目标，资产阶级政治国家所肯定的这些权利的局限是显而易见的。资产阶级政治国家通过"人权"（droits de l'homme）予以承认并以"公民权利"（droits du citoyen）予以维护的人，无非就是市民社会的成员，所谓人权，无非就是作为以市场为核心的市民社会成员的自私自利的权利，它的立足点是市民社会，而不是"人类社会或社会化的人类"，因此，市民社会的局限也就是当时资产阶级政治国家所肯定的权利的局限。这种局限的最明显、最突出之处在于，它只关注形式上的权利平等，而无视权利的真正实现所需要的现实社会条件。比如，要使自由这种权利真正落实到现实的人的现实行动中，这个人就必须具备一系列精神的（如教育）、物质的（如经济条件）等前提，缺乏这些前提条件，

① 恩格斯：《1893 年 5 月 11 日对〈费加罗报〉记者的谈话》，载《马克思恩格斯文集》（第 4 卷），人民出版社，2009，第 561、562 页。
② 恩格斯：《关于工人阶级的政治行动》，载《马克思恩格斯文集》（第 3 卷），人民出版社，2009，第 225 页。

自由对他而言就是空的，就是画饼。而在既存的市民社会结构中，这些条件在成员中的分布存在着结构性（阶级）的不平等。因而，资产阶级国家的权利体系实际上以形式上的权利平等，承认、肯定并维护了市民社会中实质上的不平等，这种不平等在结构上就表现为阶级分化、阶级对立。

马克思没有活到20世纪，因此，他所实际看到也是其批判所现实针对的，只能是基于19世纪之资本主义社会的现实、囿于19世纪之眼界的权利体系，他没有看到20世纪发达资本主义国家公民权利体系的发展。但是，我们不妨假设，假如马克思看到20世纪公民权利体系的发展，那么，从他的理论视角和立场出发，他会怎么看？前面提到，按照马歇尔的分析模式，18世纪肯定了公民基本权利（实际上相当于马克思所说的作为市民社会成员的自私自利之权利的"人权"），19世纪承认了政治权利（实际上相当于马克思所指的狭义的"公民权"），而20世纪发展起来的是"社会权利"，即一种"对实际收入的普遍权利，这种实际收入不按有关人员的市场价值来衡量"。因此，所谓马克思会如何看待20世纪公民权利体系的发展，实际上主要也就是马克思会如何看待社会权利的发展。在前面的分析叙述中，笔者曾指出，马歇尔的分析模式不仅道出了公民权利发展的基本历史趋势，而且这个发展的基本历史趋势实际上也是合乎逻辑的，因此可以说体现了黑格尔、马克思所说的"历史与逻辑的一致"。换言之，20世纪之所以需要发展出社会权利，是因为只关注"形式平等"的公民基本权利和"政治权利"而忽视这些权利之真正实现所需的现实条件和前提而具有不自足性，而作为一种"对实际收入的普遍权利"的"社会权利"，则为它们的实现提供了实质性的补充和支持。也就是说，社会权利与公民基本权利、政治权利最为关键的区别就在于，它所着眼和强调的不是形式平等，而是实质平等。就此而言，它在精神上与马克思在19世纪对于资产阶级国家之公民权利的批判是相通的。

　　事实上，早在 1875 年的《哥达纲领批判》（即《德国工人党纲领批注》）中，马克思即明确指出了如何克服只注重形式平等的权利体系之弊病的思想。针对纲领认为在劳动资料提高为社会公共财产之后，集体应该调节总劳动并"公平分配"劳动所得，劳动所得应当"不折不扣"和"按照平等的权利"属于社会一切成员的观点，马克思尖锐地指出："这个平等的权利总还是被限制在一个资产阶级的框框里。"[①] 首先，所谓平等，就在于以"同一尺度"来计量，于是，这种平等的权利对不同等的劳动来说是不平等的权利，因为它虽然不再承认阶级差别，但是它将劳动者不同等的个人天赋和工作能力作为"天然特权"加以默认，"所以就它的内容来讲，它像一切权利一样是一种不平等的权利"。其次，由于每个劳动者的具体生活状况不同，比如，一个劳动者已经结婚，另一个没有，一个子女较多，另一个较少，因此，即使在提供的劳动相等从而在生活消费基金中分得的份额相同的情况下，不同劳动者事实上的所得必然是不平等的，也就是说，必然导致贫富分化。而"要避免所有这些弊病"，马克思指出，"权利就不应当是平等的，而应当是不平等的"[②]。也就是说，为了彻底克服资产阶级权利也即作为市民社会成员的权利的局限，真正实质性地保障和实现每个社会成员的平等权利，社会就必须认真地面对社会成员之间所有先赋的和后天的条件以及实际需要的差别，并根据这些差别给予区别对待，而不能无视这些实质性的差别而只给予形式上平等的权利。当然，马克思承认"权利决不能超出社会的

---

① 马克思：《德国工人党纲领批注》，载《马克思恩格斯文集》（第 3 卷），人民出版社，2009，第 435 页。
② 马克思：《德国工人党纲领批注》，载《马克思恩格斯文集》（第 3 卷），人民出版社，2009，第 435 页。

经济结构以及由经济结构制约的社会的文化发展"①。要充分做到这一点，从而超出"资产阶级权利的狭隘眼界"，在当时，甚至在刚刚从资本主义社会中脱胎出来的共产主义社会的第一阶段，都是不现实的，只有到了社会生产力高度发展、集体财富的一切源泉都充分涌流的共产主义社会高级阶段才有可能。但是，如果我们暂时撇开马克思所指出的共产主义社会这一无比高远的目标，而仅仅从关注实质平等的角度，平和客观地去审视社会权利在 20 世纪的发展，那么，是否可以说，社会权利的发展在一定程度上正是马克思"权利不应当是平等的，而应当是不平等的"的思想，或者更直截了当地说，"按需分配"是在发达资本主义社会条件下之有限度的实践呢？甚至，换一个角度说，社会权利的发展本身，不无资产阶级国家从自身立场出发、从马克思的理论中获得的启发和教益呢？从这个角度出发，我们可以发现，社会权利的发展实际上在资本主义社会既有的两个分配原则，即按资本分配（利润或剩余价值，这在资本主义社会中当然是主导性的）和按劳分配（工资，这在马克思看来当然是具有欺骗性的，因为支付的只是劳动力的价格而非劳动的价值）之外，又附加了一定程度的按需分配的成分。

　　当然，这样说，并不意味着笔者认为马克思会无批判地肯定 20 世纪发达资本主义国家的社会权利实践。即使承认社会权利是"按需分配"原则在发达资本主义社会条件下之有限度的实践，毕竟那也只是"在资本主义条件下"的"有限度的实践"；即使承认社会权利的发展包含着资产阶级国家从自身立场出发、从马克思理论中获得的启发和教益，毕竟那也是从"资产阶级国家立场"出发而获取的教益。按照马克思的理论构想，要彻底克服资产阶

① 马克思：《德国工人党纲领批注》，载《马克思恩格斯文集》（第 3 卷），人民出版社，2009，第 435 页。

级国家之权利体系的形式上的权利平等，承认、肯定并维护市民社会中实质上的不平等的弊病，首先必须改变造成这种弊病的根本制度性原因，即经济基础，也即生产资料的资本主义私有制，以及从根本上维护这一经济基础的现代资产阶级国家。而现在的社会权利实践，恰恰是在维持既有的制度体系的前提下展开的。由此，在马克思的理论视野下，这种社会权利实践必然呈现出至少以下两个方面的弊病或局限。

第一，马克思曾经指出："私有制使我们变得如此愚蠢而片面，以致一个对象，只有当它为我们所拥有的时候，就是说，当它对我们来说作为资本而存在，或者它被我们直接占有，被我们吃、喝、穿、住等等的时候，简言之，在它被我们使用的时候，才是我们的。"[①] 也就是说，在资本主义私有制下，人要么为赚钱所驱使，要么是纯粹的消费者，而不是一个以自身潜能的充分全面的发展、以自我实现为取向的解放了的实践主体。而 20 世纪发达资本主义国家在没有从根本上变革既有财产制度的前提下进行的社会权利实践，并没有从根本上改变这一点。按照马克思的理论，"按需分配"应该是与"各尽所能"紧密相连的，并且，着眼于人的解放这一根本价值目标，按需分配所要推动的就是人本身的全面发展，人的真正自由的实践，换言之，应该推动人类向真正的"自由王国"迈进。[②] 但是，在 20 世纪乃至今天的西方发达国家中，社会权利（或者说社会权利旗帜下的"福利"）实际上只是人们的一种新的消费品，也就是说，它所体现并且助长的，是20 世纪以来愈演愈烈的消费主义文化，而不是以自由而全面的实践本身为价值取向的人的解放。

---

① 马克思：《1844 年经济学哲学手稿》，载《马克思恩格斯文集》（第 1 卷），人民出版社，2009，第 189 页。
② 王小章：《从"自由或共同体"到"自由的共同体"——马克思的现代性批判与重构》，中国人民大学出版社，2014，第 88～89 页。

第二，如前所述，按照马克思的理论逻辑，历史发展之第三阶段的社会形态，应该是"建立在个人全面发展和他们共同的社会生产能力成为他们的社会财富这一基础上的自由个性"，也即"自由人的联合体"的社会状态。在这种社会状态下，现代资本主义社会中政治国家和市民社会的分裂将不复存在。但这不是国家吞没社会，恰恰相反，"这是人民群众把国家政权重新收回"①，把它从统治社会、压制社会的力量变成社会本身的充满生气的力量，是国家权力让位于社会的力量。早在《论犹太人问题》中，马克思就指出："只有当人认识到自身'固有的力量'是社会的力量，并把这种力量组织起来而不再把社会力量以政治力量的形式同自身分离的时候，只有到了那个时候，人的解放才能完成。"② 也只有到那个时候，现实的个人才能实现把抽象的公民复归于自身，"公民"才能在现实社会的土壤中获得新生。就此而言，"按需分配"是社会的自我管理，显示的是社会的力量。但是，20 世纪发达资本主义国家的社会权利，恰恰是"福利国家"的实践，是在既有国家制度下，由国家权力实施并维护这种权力的实践。在"福利国家"体制下，公民确实有"权利"获得国家提供的福利保障来满足生活需求，但是，当公民向当局提出福利申请，证明自己符合当局提出的条件因而有资格获得所要求的福利待遇时，实际上就是在申明自己对既有国家权力秩序的承认。公民承认并依赖国家，国家通过提供福利、看护公民而强化自身的力量和权威，就像一个父亲通过照看自己的孩子而获得和巩固自己的权威一样。并且，就像托克维尔所预言的那样，国家这种"父权"不以教导人如何长大成人为目的，而是以把人永远看成孩子为目的。它要

---

① 马克思：《〈法兰西内战〉初稿》，载《马克思恩格斯文集》（第3卷），人民出版社，2009，第195页。
② 马克思《论犹太人问题》，载《马克思恩格斯文集》（第1卷），人民出版社，2009，第46页。

充当公民幸福的唯一代理人和仲裁人，使每个公民逐渐失去自我活动的能力，习惯于接受一切，并将这一切看作恩惠。逐步地，它把公民一个一个地置于自己的权力之下，然后便将手伸向全社会。① 在此意义上，20 世纪发达资本主义国家的社会权利实践，确实有点像不少左翼思想家批判"福利国家"时指出的那样，是资产阶级国家招安工人、诱使工人放弃反抗既有秩序的一种手段。② 它诱夺了公民的自由意志和自由行动，削弱、瓦解了社会力量，强化、巩固了国家权力。这和马克思所说的"各个人在自己的联合中并通过这种联合获得自己的自由"的目标可以说是背道而驰的。不过，一个比较好的现象是，自 20 世纪 80 年代以来，鉴于"福利国家"的种种问题，在西方发达国家，强调社区、结社等社会力量作用的福利"社会"思想和实践，呈现出日益上升发展的态势，并隐隐有取代"福利国家"的迹象。③ 如果马克思泉下有知，对于这种迹象，也许会表示某种有保留的首肯吧，就像当年他有保留地肯定"政治解放"是历史的"一大进步"一样。

---

① 托克维尔：《论美国的民主》（下），董果良译，商务印书馆，1991，第 869 ~ 870 页。
② 克劳斯·奥菲：《福利国家的矛盾》，郭忠华译，吉林人民出版社，2006，第 8 ~ 11 页。
③ 安东尼·吉登斯：《第三条道路：社会民主主义的复兴》，北京大学出版社、三联书店，2000，第 122 页。

第三章　从社会革命到社会建设

如上一章所指出的，在马克思看来，人类历史是一个有方向的进程，在总体上，它呈现为一个从个体只是"一定的狭隘人群的附属物"、只是"共同体的财产"的社会状况，向"建立在个人全面发展和他们共同的社会生产能力成为他们的社会财富这一基础上的自由个性"、向"各个个人在自己的联合中并通过这种联合获得自由"的社会状况迈进的进程。当然，今天，我们还没有实现"各个个人在自己的联合中并通过这种联合获得自由"的社会，但是，从近代以来世界范围已经走过的基本历史进程看，现代化的过程确实大体呈现为一个从人身依附、个性束缚的传统共同体社会走向以个体为本位的现代公民权制度下的个体独立、个性自由的现代社会的进程。而进一步考察，则这个进程大体又可分为两个阶段：一是个体摆脱各种传统的社会制度（如宗法制度）、阶级结构（如身份等级）、社会组织（如宗族）、观念意识（如等级观念、家天下观念、父权夫权观念等）的束缚而结束人身依附的过程，在此我们将此过程称为"社会革命"，实际上包含了马克思所说的、主要表现为作为上层建筑之国家政治形态变革的"政治革命"和基层社会形态的变革；二是在新的基础和前提下重建现代性意义下的社会支持体系，以帮助个体克服从传统的制度、结构、组织中游离出来之后可能面临和出现的各种软弱和危机，从而尽可能促成其真正的独立与自主，在此我们将此过程称为"社会建设"。当然，这样说，并不意味着在这两个阶段之间，存在着一条泾渭分明的界限，相反，彼此之间有着一片很大的交叉地带，并且在历史上还存在着各种反复；之所以这样划分，只是想说明，这是两个不同性质的阶段，对于个体来说，尽管传统依附关系和束缚解除，但如无继以积极的社会建设，则并不意味着真正独立自由的获得，甚至还有可能是新的危机、新的奴役的开始。对于西方那些主要的发达国家来说，第一个阶段到19世纪晚期已基本完成。无论是涂尔干说从"有机团结"到"机械团结"，滕尼斯说从"共同体"到"社会"，还是梅因说从"身份"到"契约"，其表达的意涵中实际上都包含着这样一个社会变革的过程，也就是齐美尔以简明扼要的方式描述的"现代"与中世纪的对立："中世纪的人被束缚在一个居住区或者一处地产上，从属于封建同盟或者法人团体；他的个性与真实的利益群体或社交的利益圈融合在一起，这些利益群体的特征又体现在直接构成这些群体的人们身上。现代摧毁了这种统一性。"[1] 这种统一性的摧毁意味着西方社会传统封建束缚和人身依附的终结，意味着"社会革命"的完成。而布洛维通过诠释、重构葛兰西与波兰尼的理论所指出的"市民社会"（civil society）和"能动社会"（active society）在现代世界的形成和兴起[2]，以及马歇尔所说的、以现代国家主持的现代社会福利体系所体现的公民的社会权利的崛起，则表征了西方发达国家在社会建设方面的基本进程和成就。这是西方的情形，那么中国的情形呢？我们的基本看法是，经过近一个世纪的反反复复，今天，我们大体上完成了使个体摆脱传统的各种依附、束缚的社会革命，而正在进入社会建设的时代。

---

[1] 齐美尔：《金钱、性别、现代生活风格》，刘小枫编，顾仁明译，学林出版社，2000，第1页。

[2] 麦克·布洛维：《走向社会学马克思主义：安东尼·葛兰西和卡尔·波兰尼的互补合一》，载麦克·布洛维《公共社会学》，沈原等译，社会科学文献出版社，2007。

一 社会革命：从上层机构到基层社会

孙中山曾经认为，中国革命需要分三步来进行：第一步，"民族革命"，推翻满人统治；第二步，"民权革命"，也即政治革命；第三步，"民生革命"，即在政治革命的同时，限制资本，平均地权，实现社会革命。但正如历史学者杨奎松指出的那样，辛亥革命只是完成了孙中山计划中的第一步多一点，即"只是推翻了满人统治，并建立了共和制度，不仅他所主张的民主宪政，以及民生革命的目标未能达成，就连使中国在汉人统治下变成统一、独立的民族国家的目标，终其一生也未曾实现"[1]。实际上，这些目标，不仅在孙中山手中没有实现，就是在他的国民党内的继承者那里也未曾实现。另一位优秀的历史学者高华分析指出，1927年南京国民政府建立以后，国民党政权试图通过"以党治国"的党治国家模式、三民主义的意识形态以及现代行政机构的确立和强化，来建立一个现代化的国家，但所有这些努力最终都未能真正成功。本来，对于落后的国家来说，一个现代化导向的动员型政党以及由该政党控制的国家权力对各种社会力量和社会关系进行强有力的干预和调节，是实现社会变革的一个重要条件，就此而言，党治国家模式未尝不是一个相对可行的模式。但是，党治国家模式的实现需要安定的国内政治环境和一个有利于国家建设的和平外部环境，同时还需要执政党本身具有严密的纪律以及政治、组织和思想上的高度统一，而这些条件国民党都不具备。而孙中山的三民主义在被蒋介石抛弃了"联俄、联共、扶助农工"三大政策后就丧失了作为一种动员型意识形态的结构完整性，同时还

---

[1] 杨奎松：《百年革命的反思》，载杨奎松《谈古阅今》，九州出版社，2012，第5~6页。

存在三民主义口号与现实实践的严重脱节（如民族主义与对日妥协、民权主义与极权倾向、民生主义拒绝农村土地改革等）。至于现代行政机构，虽然国民政府在形式上建立了体现权力相互制衡的司法、立法、行政、考试、监察五院制，但在实际运作中，一方面权力实际上依然高度集中于个人，另一方面这种现代行政体制与党治模式也一直处于矛盾之中。[①] 由此，从总体上看，国民政府推动中国社会现代化的努力基本上是失败的，它既未能实现自身组织、权力和影响的社会渗透，特别是向基层社会的渗透，更未能通过社会革命实现对中国传统基层社会结构、组织等的改造。充其量，蒋介石与国民党只是勉为其难地将中国社会表层之"原始的及不能和衷共济的因素，结成一个现代型的军事政治组织"，为现代中国勉强营造了一个"新的高层机构"，而且，"还没有完全组织妥当""内中有千百种毛病和缺陷"。[②] 至于中国基层社会，虽然自晚清、民国以后开始出现的一些现代交通工具、通信技术，以及诸如白话报纸的创办等，在局部的地方曾一定程度地改变了以前的那种完全闭塞的状态，但从根本上看，则没有改变村庄农民只跟地主、宗族打交道而不直接与政府打交道，从而一般只有宗族、村落概念而没有国家、民族概念的状况，中国基层社会的基本社会结构和组织制度，没有发生朝向现代化的根本性变革和转型。

实际上，对于中国基层社会而言，不仅没有发生朝向现代化的根本性变革和转型，而且，其传统结构和组织生态自晚清、民国以来还一直不停地向更加恶劣的状况发展。即以中国乡村社会而言，一方面，由于没有进行土地改革，其基本的阶级结构依然如旧，但地主与贫苦农民之间的关系却越来越恶化。一个的重要

---

① 高华：《南京国民政府权威的建立与困境》，载高华《革命年代》，广东人民出版社，2012，第20~38页。
② 黄仁宇：《现代中国的历史》，中华书局，2011，第213~218页。

的原因在于，正如费孝通先生指出的那样，在我国，由于人多地少的矛盾，农民单靠农业生产不足以维持最低生活水准，更不可能养得起整个地主阶级并支撑繁荣的城市消费经济，因此，中国农村从来不是只有纯粹的农业，而是农工兼业。"乡土工业在劳力利用上和农业互相配合来维持农工混合的经济。也只有这种农工混合的乡土经济才能维持原有的土地分配形态……同时也使传统的地主们可以收取正产量一半的地租，并不引起农民们的反抗。"①但是，近现代以来，乡土工业由于无法与扩张进入中国的西方工业竞争而走向崩溃。乡土工业的崩溃直接激化了围绕土地问题的农村社会矛盾，因为，"中国的租佃制度并不直接建筑在土地生产的剩余上，而间接地建筑在农民兼营的乡村工业上"，现在，乡土工业崩溃了，但地主并不因此减收或不收地租。于是农村社会的阶级冲突日益尖锐。②另一方面，如上所述，由于即使到了国民政府时代也未能实现自身正式的官僚机构一捅到底进入基层社会，政权在县以下基本上处于悬空状态，因此，中国农村社会传统的组织结构和制度，如宗族组织和宗法制度，以及代表官方的保甲制等，也都基本保留着，但其运作却同样也越来越趋于劣质化。原因是，这种传统组织和制度的良性运行依赖于一个素质良好的乡绅阶层的存在。但是，自1905年科举制被废除以后，"学而优则仕"不可能了，有志向、有能力的青年纷纷离开乡村进入城市或出洋留学，不仅补充乡村士绅的社会来源被切断，而且，乡村原有的士绅，凡有能力者也大多离开乡村进入城市，或转变为近代工商业者，或转变为近代知识分子，甚或成为新式军人。于是，乡村人才渐渐干枯，人口素质大幅下降。在这样的背景下，土豪劣绅乃至地痞无赖越来越取代原先无论在文化知识上还是在道德

---

① 费孝通：《乡土中国》，上海世纪出版集团，2007，第309页。
② 费孝通：《乡土中国》，上海世纪出版集团，2007，第311页。

伦理上均素质较好的乡绅而占据农村社会的中心。① 在这些人的把持操纵之下，原先维持乡村社会基本秩序的那些组织和制度的运行，不可避免地滑向越来越恶劣的境况。比如，宗族组织和宗法制度原本对于个体既有压迫宰制的作用，也有保护的作用，但现在则越来越只剩下前者了。

真正完成"社会革命"，从根本上改变了中国乡村社会进而改变了整个中国基层社会，从而为现代中国营造了一个"低层结构"②的，是中国共产党领导的"新民主主义革命"和"社会主义革命"与改革。中国共产党自成立伊始，即注重通过创办工人夜校、农民学校、农运训练班，农运、工运等对基层社会进行动员与改造；稍后，又在其领导的根据地、解放区进一步通过经济、文化、社会等多种手段来努力改造农村社会的传统基本结构（值得一提的是，国民政府未能渗透到基层社会也为中国共产党的这种努力得以成功提供了机会和条件）；1949年新中国成立以后，这种改造中国基层社会的努力则进一步推向了全国，包括城市。大体上，中国共产党改造中国基层社会的主要手段包括以下内容。

第一，通过土地革命，通过将大银行、大工业、大商业收归国有以及对中小民族工商业的改造，从根本上改变了旧中国的经济基础。本来，在理论上，要不要改变市民社会的结构，要不要改造社会的经济基础，就是马克思主义所倡导的无产阶级革命与资产阶级革命的根本区别，而实际上，在蒋介石领导的国民政府拒绝（同时也无力）展开土地革命和节制资本的情形下，就成了中国共产党所主张的新民主主义的一个根本性的特点。③ 而改变经

① 杨奎松：《百年革命的反思》，载杨奎松《谈古阅今》，2012，第12页；应星：《中国社会近代以来的演变》，载李培林等主编《社会学与中国社会》，社会科学文献出版社，2008，第64页。
② 黄仁宇：《现代中国的历史》，中华书局，2011，第218、227页。
③ 杨奎松：《毛泽东为何放弃新民主主义》，载杨奎松《读史求实：中国现代史读史札记》，浙江大学出版社，2011，第297~306页。

济基础之最直接的社会意义，就是改变了我国基层社会的阶级阶层结构；特别是土地改革，从根本上重塑了作为我国整体社会之根基和主体的广大农村的阶级阶层关系，使广大农民得以从阶级关系的依附束缚中解脱出来，进而也动摇了其他各种传统的社会关系。

第二，通过社会动员和组建诸如农会、贫协、妇女组织、民兵组织乃至儿童团等群众组织，1949 年以后，又通过在自然村之上设立行政村等①，改造了传统的农村社会组织，进一步削弱乃至消除了原本在经济基础失去之后已经大大弱化了的农村传统组织，如宗族等对农民个体的控制和影响力，使农民得以从这些传统组织的束缚之中解脱出来。在城市，则通过打击取缔帮会组织等重构了城市基层社会生态。

第三，通过诸如废止缠足、扫除文盲、反对买卖包办婚姻、实行婚姻自主以及取缔妓女等社会改革，一方面，和上述两者一道，帮助广大生活在基层社会的民众，特别是下层社会成员摆脱诸如族权、父权、夫权等的束缚；另一方面，也使他们一定程度地受到了现代意识的洗礼，拓展了视野，进而也一定程度地改变了以前那种只知有宗族、村落而不知有国家、民族的状况，部分地重塑了他们的社会认同，使他们从以前的蒙昧、闭塞、狭隘中解脱出来。以抗战时中共边区政府的扫盲运动为例。扫盲运动的宗旨很明确：①消灭文盲，提高大众政治文化水平；②提高大众民族觉悟，动员群众参加抗战；③提高大众民主思想，使群众获得运用民主的能力与习惯；④增进大众日常生活和战时的知识。在扫盲运动中，边区政府以行政力量为主导，依靠组织动员和宣

---

① 如果将行政村就设立在自然村，则在具有聚族而居传统的我国农村，村中的大族就容易把持"村政"，而将行政村设立在自然村之上，即由几个自然村组成一个行政村，则可以在一定程度上避免这个问题。自推行"村民自治"以来，村委会设在自然村的村庄相对更容易出现大姓把持"村政"的现象，即反证了这一点。

传鼓动，通过群众运动的方式，开展各种形式的冬学、夜学、识字班以及"识字突击运动"等，把抗战和知识启蒙结合在一起。资料显示，边区的扫盲运动对提升民众的抗日思想以及战时生产生活知识起到了明显的积极作用，也一定程度地改变了边区民众以往对国家大事一无所知的状况。①

通过以上这些手段措施，到 20 世纪 50 年代，我国基层社会结构和生态的革命性改造已基本完成。而从现代化在本质上是一个从人身依附、个性束缚的社会走向个体独立、个性自由的社会的进程而言，这种革命性改造的一个本质性的成果就是帮助中国人摆脱了那些来自传统的阶级阶层结构、组织制度、文化意识等的束缚，从而为进一步走向个体独立、个性自由的现代社会提供了前提。但是，接下来实际的历史进程却并没有立即朝着这个方向发展，而是拐向了另一个方向。也就是说，我国基层社会结构和生态的革命性改造完成之后，我国社会并没有立即朝着个性自由、个体独立的"社会把国家政权重新收回，把它从统治社会、压制社会的力量"② 变成社会本身的生命力的方向和形态发展，而是在一系列现实的压力和目的（如冷战的国际环境，快速工业化的需要等）的驱使下，很快通过以下两个方面的制度措施建立起国家权力对社会和个体的全方位的管理。

首先，通过将生产资料的社会所有制（劳动者直接控制生产资料和生产过程）改造为全民和集体所有制（国家权力和集体代理人控制生产资料和过程），从而为国家全面管理社会奠定经济基础，在此基础上，建立严密的户籍制度，将国家赋予个人的各种权利、待遇与他们的户籍身份捆绑联系，从而从制度上高度约束

---

① 高华：《革命大众主义的政治动员和社会改革：抗战时期根据地的教育》，载高华《革命年代》，广东人民出版社，2012，第 166～170 页。
② 马克思：《"法兰西内战"初稿》，载《马克思恩格斯选集》（第 3 卷），人民出版社，2012，第 140 页。

了社会成员可能的社会流动和人口流动。

其次，在户籍制的基础上，在城市，建立了"单位制"，通过以完成国家赋予的任务为基本目标，同时集经济、政治、社会乃至文化教育功能等于一身的单位组织，确立了对已基本被全部纳入单位组织的城市社会成员的严格管理；在农村，建立"一大二公""政社合一"的人民公社制度，将所有农民都纳入这一农村社会中唯一的同样也集各种功能于一身的组织体系，从而实现了对千百年来一直处于散漫状态的全体农民的有效管理和领导。^① 当然，应该承认，单位制和人民公社制度在加强对城乡社会成员的约束管理、形成社会成员的高度依附的同时，也发挥了对城乡社会成员的保护、支持作用。

这种以国家权力对社会和个人进行全方位管理为特征的制度运行了二十多年，一直到 20 世纪 70 年代末 80 年代初，才终于在改革开放中迎来了我国社会的又一次转折。首先是当时业已面临种种严峻危机的人民公社制度在家庭联产承包责任制中走向解体；接着，在经济运行的市场化转型中，到 90 年代末期，"单位制"也终于以国有、集体企业的"改制"为标志走向终结；与此同时，随着人民公社制度和"单位制"的解体，随着经济市场化对于包括劳动力在内的各种生产要素自由流动的需要的提升，一直以来束缚我国社会成员自由流动的户籍制度以及其他相关的制度（如就业、社会保障、社会救助）等也开始松动。一言以蔽之，从本章一开头所说的现代化进程看，我国这三十多年来的改革开放接续了中国共产党自成立至 20 世纪 50 年代对我国基层社会进行的革命性改造，进一步为城乡社会成员松绑解缚，使他们得以在前述的革命性改造业已基本解除了传统的阶级结构、组织制度、文化

---

① 王晓毅：《组织过程与制度安排》，载李培林等主编《社会学与中国社会》，社会科学文献出版社，2008，第 160～168 页。

意识对其束缚与禁锢的基础上，又进而从过去二十多年中所形成的对国家权力（通过其所直接控制的"单位"和"人民公社"）的全面依附中解脱出来，从而为真正进一步走向个性自由、个体独立的社会确立了前提。

二 从梁漱溟到费孝通：社会建设的中国探索

摆脱传统的阶级结构、组织制度、文化意识的禁锢与束缚，以及过去几十年中所形成的对于国家权力的全面依附，是走向个性自由、个体独立的必要前提，但是，有了这个前提，如不因应现代变化了的社会状况而继以进行更加积极的"社会建设"，那么，这种"社会革命"的成果本身未必就能迎来全体社会成员真正实质性的个性自由和独立自主。原因是，真正的自由和独立固然需要个体免于来自社会的禁锢与束缚，但同时还需要他拥有足够的独立自主、自我行动的权能。问题是，并不是每个社会成员都天然地拥有这种权能，在任何一个社会的任何一个历史横截面上，都存在着相当数量的社会成员，如果没有来自社会对他们的保护和支持，他们就不能拥有这种权能，或会失去这种权能，从而在各种可能的匮乏、风险、压力面前变得软弱无力、不由自主，甚至连起码的尊严都得不到保障。马克思之所以认为人类社会要从个体只是"一定的狭隘人群的附属物"的状态，经过"以物的依赖性为基础的人的独立性"的社会形态（在这种社会形态下，一个人的独立自由与否，依赖于他是否拥有必要的作为其独立自主、自我行动之权能的基础的物质条件，缺乏这种条件，也就没有真正的个人独立与自由个性），最终还要进一步向"建立在个人全面发展和他们共同的社会生产能力成为他们的社会财富这一基础上的自由个性"的状态发展，就是因为，只有在这样的社会条件下，才能确保每一个社会成员都能拥有独立自由之权能的物质基础。概括地说，真正的个性自由、个体独立既是机会，又是能力。就赢得机会而言，要通过社会革命而破除来自社会的束缚；而就保障每一个个体都能拥有最起码的自由权能而言，则必须进一步通过在具体的现实历史条件下切实的社会建设而构建必要的社会保护和支持，努力推动社会向着全体社会成员之"共同的社会生产能力成为他们的社会财富"的方向发展（当然，这并不是说我们今天就可以达成这样的目标，这是个不断趋进的历史进程，就如同马克思将人的自由看作在历史过程中展开、实现的现实可能性一样）。

　　实际上，早在中国共产党领导下基本完成变革中国传统的阶级结构、组织制度、文化意识的"社会革命"之前，面对晚清以来中国社会民生凋敝、社会衰败、人心涣散、民智不开的状况，不少价值取向、思考角度虽异，但同样忧国忧民、具有独立精神的思想者就认真投入地探索过中国社会建设，特别是作为当时中国社会之根基和主体的乡村社会建设的问题。① 在 20 世纪二三十年代，梁漱溟和晏阳初可以说分别代表了乡村社会建设理论和实践的两种不同的取向。前者代表了在坚持中国固有基本社会结构体制、文化理念的大前提下努力进行自我调整以求适应现代变化的取向，后者则代表了要把中国农村社会从根本上引向现代世界的取向。梁漱溟认为，通过乡村建设要实现的"新社会"，若相比

---

① 前面指出，在"社会革命"与"社会建设"之间有着一片很大的交叉地带。梁漱溟、晏阳初、孙本文、费孝通等都涉及传统中国社会的解体或终结的问题，也即，都涉及我们这里所说的"社会革命"问题，但其思考、探索的重点，无疑是在如何建设或重建这一面。还需要指出的是，梁、晏、孙、费等在使用"乡村社会建设"或"社会建设"等概念时，常常也涉及经济发展、政治变革、文化重塑等，虽然在论述中实际上往往更侧重于社会组织建设，社会关系、社会结构重构、民生保障以及社会意识重塑等。这当然跟社会建设不是一项能够孤立地独自展开的事情有关，但同时也更与当时的中国处于百废待兴的状况有关。

于中国之旧社会，则其根本的不同在于"转消极为积极"，散漫就是消极，通过"增进社会关系，藉团体的力量解决人生种种问题，那就是转消极而入于积极的路子了"。但他认为，中国固有文化的"造端很正……并没有多少过火处，必得要克伐铲除的"。而若相比于现代西方社会，则这个"新社会"的特点是"转偏欹为正常"，具体说就是：①新社会是先农而后工，农业工业结合为均宜的发展；②新社会是乡村为本，都市为末，乡村与都市不相矛盾，而相沟通调和；③新社会以人为本，是人支配物而非物支配人；④新社会是伦理本位合作组织而不落于个人本位或社会本位的两极端；⑤新社会之政治、经济、教育（或教化）三者合一而不相离；⑥新社会秩序之维持，是由理性替代武力，而西洋近代国家不外乎武力统治。① 撇开对现代西方社会的理解把握是否准确不谈，只要稍加领会，不难看出，其基本的取向是以坚持中国固有基本社会结构体制和文化为本位，在此前提下努力做自我调整。而深受现代西方文化影响的晏阳初在乡村建设上的取向与此相当不同。他对现代西方社会有着更多的认同，主张乡村建设要对中国乡村的固有社会形态进行更为根本的改造，以促使其向以现代西方社会为蓝本的现代社会转变。晏阳初领导的定县实验注重人才培养，特别是超越传统士绅，强调平民人才的培养，其中又特别注重平民青年骨干的作用，强调要对农村青年进行新式教育，使他们达到科学化、合作化、纪律化、现代化，为此建立了比较完善的平民教育系统（平民学校、平校毕业同学会、导生制等）；同时还建立了农业技术推广系统，新的经济合作、公共卫生制度；定县实验也注重激发民众的阶级意识、民族意识，还主持进行了县政改革，以平校毕业同学会为基础，改组改造县、乡、村级组

---

① 梁漱溟：《乡村建设理论》，上海世纪出版集团、上海人民出版社，2011，第387～398页。

织，增加民众的参政议政权能。所有这些都体现出培养、增进民众"主体性"的现代思想意识。① 但是，无论是梁漱溟还是晏阳初的乡村建设，虽然在分别由他们领导的邹平实验和定县实验中取得了一定的成绩，但是，从整体上看，都没有也不能真正从根本上改变中国乡村社会的状况而引导其向个体独立、社会和谐的现代形态转变。梁漱溟的基本取向决定了他的乡村建设不可能从根本上改造中国乡村社会固有的基本结构和组织制度②，其依靠地方军阀势力的行动策略也决定了他的乡村建设不可能取得最终的成功。晏阳初的乡村建设理念，特别是其强调培养、增进民众主体性的思想意识，无疑更加合乎现代世界的发展潮流和方向，但是，主体性的形成所首先需要的前提，是社会成员从乡村传统的结构体系、组织制度的束缚压制中解脱出来，也许在作为县政实验县的定县，可以一定程度地允许晏阳初营造、获得这一前提，但从根本上说，这需要一场普遍而广泛的农村社会革命，在国民党政府无意也无力推动这样一场社会革命的情况下，作为书生的晏阳初就更加无能为力了。

---

① 宣朝庆：《百年乡村建设的思想场域和制度选择》，《天津社会科学》2012 年第 3 期。

② 笔者认为，梁漱溟关于中国必须坚持先农后工、乡村为本、都市为末的观念，在很大程度上是将历史发展进程的问题转变成了一个社会文化类型的问题，从而将历史发展某一阶段的工农关系、城乡关系看作中国社会之不应变、不能变的中国特性，否认中国社会也无可避免地置于一般的历史进程中，这也体现在他跟毛泽东的分歧之中。1938 年梁漱溟访问延安，毛泽东在听了梁介绍了自己的乡村建设理论后说："中国社会亦还有其一般性，中国问题亦还有其一般性；你太重视其特殊性而忽略其一般性了。"梁则回答："中国之所以为中国，在其特殊之处；你太重视其一般性，而忽视其特殊性，岂可行呢？"（艾凯：《最后的儒家——梁漱溟与中国现代化的两难》，王宗昱、冀建中译，江苏人民出版社，2003，第 208 页）。至于梁漱溟认为"新社会是伦理本位合作组织而不落于个人本位或社会本位的两极端"，在某种意义上乃是一种回避了实质问题的模糊措辞，因为伦理本身乃是调节个人与个人、个人与社会（集团）之关系的价值准则，这种价值准则的确立本身必然有一个更为基本的价值前提，即为了什么目的而要如此来调节，就像你为了什么目的而合作一样，在这个更为基本的价值前提之前，究竟取个人本位还是社会本位的问题就无可回避。

梁漱溟、晏阳初可以说是中国社会建设，特别是乡村社会建设的"实践派"。除了"实践派"，1949 年前，在社会建设的探索方面还存在着一个以社会学者为主体的"学院派"，孙本文可谓这一派的代表。面对晚清以来中国社会的天灾人祸、内忧外患，从20 世纪 30 年代起，以孙本文为代表的中国社会学者开始力求从"相对狭隘的社会学建设走向更为宽广的社会建设"①。1936 年，孙本文发表《关于社会建设的几个基本问题》，比较系统地回答了社会建设的一些基本理论问题。他认为："社会建设是整个社会的建设，其着眼点在整个的社会，而不在物质、不在经济、不在心理等，却同时注重物质、经济、心理、政治等的建设。"② 中国社会建设的主要动因，是解决剧烈的社会变迁造成的种种社会失调问题。社会建设的基本目的，在于充实社会生活内容，使全体社会及个人均得到全面完满的生活，并向上发展。实现社会建设的基本要素包括人才、资源、计划和组织四个方面。而社会建设的主要途径则为法令、教育和宣导三条。随着日本帝国主义的全面侵华，面对空前加深的民族生存危机，以孙本文为代表的中国社会学者更加意识到要用社会学知识改造中国社会，他们积极参与了国民政府社会部的工作，帮助拟定社会政策、建立社会行政体系、推广社会服务、培养社工人才。1943 年，随着抗日战争胜利在望，基于对战后恢复中社会建设之重要性的认识，中国社会学社将第七届年会的主题定为"战后社会建设问题"，并于次年联合国民政府社会部创办了《社会建设》杂志，孙本文任主编。以此刊物为平台，孙本文、瞿菊农、柯象峰、李安宅、陈达、李景汉等社会学者围绕社会建设的基本理论以及社会行政、儿童福利、

① 周晓虹：《孙本文与二十世纪上半叶的中国社会学》，《社会学研究》2012 年第3 期。
② 孙本文：《关于社会建设的几个基本问题》，《社会学刊》1936 年第 5 卷第 1 期。

劳工救济、国民住宅、社会安全等问题展开了广泛的探讨。[①]

无论是"实践派"还是"学院派",在社会建设的探索上,都是基于各自对中国社会之传统和现状,特别是今日面临之危机的分析诊断,面对以西方社会为代表的现代社会变迁的潮流或者说压力,对中国社会之改造和建设的目标、任务、路径、资源等做出自己的选择。不过,在这方面,笔者以为,为我们今天的社会建设提供了最值得关注的思想资源的,还是兼具学院派的理论资源和实践派的行动精神并且把思考和探索从 1949 年之前一直延续到今天改革开放时代的费孝通先生。以功能分析为方法论基础,立足于实地调查,费孝通先生在对中国社会做出科学分析诊断的基础上,既立足于中国社会的具体现实,又因应现代社会发展的潮流大势和基本方向,兼顾规范性与经验性而系统地提出了关于中国社会如何迈向现代的、值得我们在今天的社会建设实践中认真借鉴和参考的思想。

1. 费孝通对中国传统社会形态及晚清以来之危机的诊断

费孝通先生对中国传统社会形态的诊断集中体现在"乡土中国"这一具有整体性意义的概念中。不过,在对这一概念的理解上,时常可以发现存在一种误解,即把"乡土中国"理解为一个关于中国乡村社会的概念,而没有将它看作对中国整体社会形态特征的抽象概括。事实上,在《乡土中国》的第一篇"乡土本色"中,费先生开宗明义即说"从基层上看去,中国社会是乡土性的"[②]。也就是说,"乡土性"是针对"中国社会"而言的,而非针对中国乡村社会而言。在该篇的中间,费先生又援用滕尼斯"Gemeinschaft""Gesellschaft"和涂尔干"机械团结""有机团结"

---

① 周晓虹:《孙本文与二十世纪上半叶的中国社会学》,《社会学研究》2012 年第 3 期。

② 费孝通:《乡土中国》,上海世纪出版集团,2007,第 6 页(该书实际上汇编收录了费孝通先生早年的五种代表性著作,即《乡土中国》《皇权与绅权》《内地的农村》《乡土重建》《生育制度》)。

的概念，来说明乡土中国之不同于现代"法理社会"的传统"礼俗社会"性质；最后则指出："在我们社会的急速变迁中，从乡土社会进入现代社会的过程中，我们在乡土社会中所养成的生活方式处处产生了流弊。"① 显然，与"乡土社会"对应的不是空间形态意义上的城市社会，而是历史序列上的"现代社会"。费先生用"乡土中国"这个概念所要刻画、描述的，是不同于现代社会的独具中国特色的一种传统社会结构、文化和运行形态。就如同现代社会的结构、文化和运行形态并不仅仅限于城市，这种独具中国特点的传统社会结构、文化和运行形态也不仅仅限于中国乡村。

那么，"乡土中国"是怎样一种形态的社会？在《乡土中国》以及《江村经济》《中国士绅》《乡土重建》乃至到改革开放时代的《论小城镇及其他》等著作中，费先生为我们描画展示了"乡土中国"之社会形态的一系列特征，概括起来，有以下几个基本方面。

第一，经济形态。农村是整个中国的生产基地，农村经济是整个社会经济的基础。但农村经济并不等于农业经济，相反，如前所述，由于人多地少的矛盾，中国农民单靠农业生产不足以维持最低生活水准，更不可能养得起整个地主阶级并支撑繁荣的城市消费经济，因此，"小农制和乡村工业在中国经济中的配合有极长的历史……乡村是传统中国农工并重的生产基地。它们在日常生活中保持着高度的自给"。"中国从来不是个纯粹的农业国家，而一直有着相当发达的工业。可是传统的工业却并不集中在都市里，而分散在无数的乡村里，所以是乡土工业……乡土工业在劳力利用上和农业互相配合来维持农工混合的经济。也只有这种农工混合的乡土经济才能维持原有的土地分配形态……同时也使传

---

① 费孝通：《乡土中国》，上海世纪出版集团，2007，第 11 页。

统的地主们可以收取正产量一半的地租，并不引起农民们的反抗。"① 农工并重的乡村经济维系了原有的土地分配形态和租佃制度，同时也形塑了传统城乡关系，那就是：传统的城市（镇）——包括由集贸发展出来的市镇和作为政治中心的"城"——不是生产基地，但需要消费，其消费则来源于农村，因此，传统上，一方面，在城乡关系中，乡村是本位的，而另一方面，乡村和城市是相克的："所谓相克，也只是依一方面而说，就是都市克乡村。乡村则供奉都市。"② 不过，在总体上城市（镇）克乡村的情况下，在近代西方资本主义势力进入之前，由于城市（镇）的消费品是在自己的区域内生产的土货，这就使得那些生产土货的农村工业有了活路，农民有了贴补家用的收入来源，从而能维持那种"不饥不寒"的小康生活。

第二，社会关系形态。在农工兼业、高度自给的农村经济基础上生发出来的社会关系形态就是"差序格局"："以'己'为中心，像石子投入水中，和别人所联系成的社会关系……像水的波纹一般，一圈圈推出去，愈推愈远，也愈推愈薄……在我们传统的社会结构里最基本的概念，这个人和人往来所构成的网络中的纲纪，就是一个差序，也就是伦。""在差序格局中，社会关系是逐渐从一个一个人推出去的，是私人联系的增加，社会范围是一根根私人联系所构成的网络，因之，我们传统社会里所有的社会道德也只在私人联系中发生意义。"这种"差序格局"的社会关系形态明显不同于现代西方社会的"团体格局"。在团体中，每一个成员都立在同一平面上，他们同团体的关系是相同的。而国家这个团体则是西方社会中"一个明显的也是惟一特出的群己界限。在国家里做人民的无所逃于这团体之外，像一根柴捆在一束里，

① 费孝通：《乡土中国》，上海世纪出版集团，2007，第254、308~309页。
② 费孝通：《乡土中国》，上海世纪出版集团，2007，第257页。

他们不能不把国家弄成个为每个分子谋利益的机构"。对于中国社会的差序格局，费先生进而从功能主义的角度做了解释：在安居自给的乡土社会中，人们"只在偶然的和临时的非常状态中才感觉到伙伴的需要。在他们，和别人发生关系是后起和次要的，而且他们在不同的场合下需要不同程度的结合，并不显著地需要一个经常的和广泛的团体。因之他们的社会采取了'差序格局'"①。从根本上讲，差序格局是熟人社会中的社会关系格局。

第三，政治-社会治理格局。在"普天之下，莫非王土；率土之滨，莫非王臣"的大一统中央集权形式下，政治-社会治理的实际运行是双轨政治下的基层社会自治。"双轨"即自上而下的轨道和自下而上的轨道。在自上而下这一轨道上，历史上的主流是"无为主义"，即皇权无为，衙门无讼。这一方面是因为，在一个以农工兼业、高度自给的农村经济为基础的传统简单社会中，并不像现代社会那样存在对于"有为政府"的诸多功能性需求；另一方面也是因为传统社会中客观情势的限制，包括技术的和行政条件的限制。这些限制使得自上而下的权力意志无法真正贯彻到社会的底部，同时也为自下而上的轨道留下空间。由于中央所派的官员到知县为止，自上而下的轨道到县衙门就停了，接下来便是费孝通先生称为"中国传统中央集权的专制体制和地方自治的民主体制打交涉的关键"的"从县衙门到每家大门"之间这一段途程。县政府的命令并不直接发到各家，而是发到地方自治团体。这些自治团体因应地方社会公共需要而生，负责地方公务公益，同时也负责应付衙门。不过，在应付衙门时，一般由绅士担任的自治团体的管事或董事并不出面和衙门的公差直接交接，而是由没有什么地位的、通常由当地普通百姓轮流担任的"乡约"来和公差接头。这样安排的目的是，一旦地方上觉得衙门的命令

---

① 费孝通：《乡土中国》，上海世纪出版集团，2007，第 26～27、29、30 页。

无法接受而必须"顶"回去时，自治团体的管事，也就是地方领袖有进行活动疏通以谋转圜回旋的余地。这就是自下而上的轨道。费孝通这样总结传统乡土中国的政治－社会治理："一、中国传统政治结构是有着中央集权和地方自治的两层。二、中央所做的事是极有限的，地方上的公益不受中央干涉，由自治团体管理。三、表面上，我们只看见自上而下的政治轨道执行政府命令，但是事实上，一到政令和人民接触时，在差人和乡约的特殊机构中，转入了自下而上的政治轨道，这轨道并不在政府之内，但是其效力却很大的，就是中国政治中极重要的人物——绅士。绅士可以从一切社会关系：亲戚、同乡、同年等，把压力透到上层，一直可以到皇帝本人。四、自治团体是由当地人民具体需要中发生的，而且享有着地方人民所授予的权力，不受中央干涉。"① 双轨政治既维持了基本的社会生活秩序，也比较有效地防止了权力的滥用。

第四，文化价值观念。与高度自给的经济形态相对应的生活态度是"知足常乐"。自给自足的中国传统经济是一种"匮乏经济"："匮乏经济不但是生活程度低，而且没有发展的机会，物质基础被限制了……在匮乏经济中主要的态度是'知足'，知足是欲望的自限。"② 与社会关系形态的"差序格局"相对应的是"维系着私人的道德"：与"团体格局"下道德的基本观念建立在超乎私人关系的团体和个人的关系之上不同，在"差序格局"下，道德是以自己为中心生发出来的，并不存在超乎私人关系的道德观念："一个差序格局的社会，是由无数私人关系搭成的网络。这网络的每一个结都附着一种道德要素，因之，传统的道德里不另找一个笼统性的道德观念来，所有的价值标准也不能超脱于差序的人伦而存在了。中国的道德和法律，都因之得看所施的对象和'自己'

① 费孝通：《乡土中国》，上海世纪出版集团，2007，第280～281页。
② 费孝通：《乡土中国》，上海世纪出版集团，2007，第243页。

的关系而加以程度上的伸缩。"① 与政治－社会治理格局之双轨政治下的基层社会自治相对应的，则是社会治理上的皇权"无为主义"理念，以及对以传统为依托、以教化为手段、以"打官司"为"丢脸"（"无讼"）的"礼治秩序"的追求。②

以上四个方面，大体上概括了费先生笔下作为中国整体社会形态之"乡土中国"的基本特征，或者说，作为"理想类型"（ideal type）的"乡土中国"。③ 但是，自晚清开始，随着中国被动地与西方现代资本主义相遇而不得不步履蹒跚地迈向现代世界，"乡土中国"这种社会形态也越来越难以为继而不得不走向解体或终结。就像马克思早就指出的那样："与外界完全隔绝曾是保存旧中国的首要条件，而当这种隔绝状态通过英国而为暴力所打破的时候，接踵而来的必然是解体的过程，正如小心保存在密封棺材里的木乃伊一接触新鲜空气便必然要解体一样。"④ 费先生同样看到，在迈向现代社会的进程中，"乡土中国"的解体与终结是必然的，甚至必需的——这是他与梁漱溟等明显不同的地方——问题不在于这种社会形态要不要终结，而是如何终结。我们所面临的问题或者说麻烦在于，这种社会形态走向解体和终结的方式是扭曲的、病态的，因为它是在我国遭遇西方资本主义入侵的情况不自主地、被迫地发生的。

首先不由自主地走向解体和终结的是"乡土中国"的经济形态，实际上也就是这个社会形态的根基。如上所述，由于人多地少的矛盾，中国农民单靠农业生产不足以维持最低生活水准，更不可能养得起整个地主阶级并支撑起繁荣的城市消费经济，因此，实际上"中国从来不是个纯粹的农业国家"，而是农工并重的混合

---

① 费孝通：《乡土中国》，上海世纪出版集团，2007，第34~35页。
② 费孝通：《乡土中国》，上海世纪出版集团，2007，第46~59页。
③ 费孝通：《乡土中国》，上海世纪出版集团，2007，第4页。
④ 马克思：《中国革命和欧洲革命》，载《马克思恩格斯文集》（第2卷），人民出版社，2009，第609页。

经济。但是，近现代以来，随着西方资本主义的侵入，中国传统的乡土工业由于无法与扩张进入中国的西方工业竞争而走向崩溃。乡土工业的崩溃使得传统上靠农工相济而维持的不饥不寒的生活难以为继，从而直接带来了农村的贫穷。与此同时，乡土工业的崩溃也激化了围绕土地问题的农村社会矛盾，因为，"中国的租佃制度并不直接建筑在土地生产的剩余上，而间接地建筑在农民兼营的乡村工业上"①，现在，乡土工业崩溃了，但地主并不因此减收或不收地租，相反，由于西洋奢侈品（洋货）的进入刺激了其消费的欲望，提高了其享受的水平，因而变得更加不能放松对地租的攫取。而佃户们，由于丧失了乡土工业的补贴，如今交了地租就无法生存了。佃户和地主于是发生了严重的冲突。乡土工业在西洋工业竞争下的崩溃在造成农村贫困、激化农村社会矛盾的同时，还进一步恶化了原本已经相克的城乡关系。上面指出，传统上，乡土中国的城乡关系在总体上就是都市克乡村、乡村供奉都市的关系，不过，在近代西方资本主义势力进入之前，由于城市（镇）的消费品是在自己区域内生产的土货，这就使得那些生产土货的农村工业有了活路，农民有了贴补家用的收入来源。但是，自西方资本主义势力进入以后，都市一方面依旧没有成为自立的生产基地，但另一方面却沦为"洋货的经纪站"。"洋货"的市场固然主要是都市里的居民，而没有大量地流入乡村，但用来换取"洋货"的资源却几乎全靠乡村的供奉。于是，都市对于乡村来说成了彻头彻尾的异己物。在这种情形下，对于乡村来说，脱离都市，与都市两相隔绝反而是件大幸事，这至少可以避免农村资源大量外流。但是，从根本上说，乡村与都市两相隔绝的结果则是"都市破产、乡村原始化"。从乡村方面说，脱离都市是"一种消极的反应，因为乡村一离开都市，它们必须更向自给自足

---

① 费孝通：《乡土中国》，上海世纪出版集团，2007，第311页。

的标准走。自给自足得到的固然是安全，但是代价是生活程度更没有提高的可能。回复到原始的简陋生活，自然不是解决中国经济问题的上策"。而对于都市来说，由于都市居民（对"洋货"的）的消费力依赖于乡村的供奉，"乡村脱离都市最先是威胁了直接靠供奉的市镇里的地主们，接下去影响了整个都市的畸形经济。为了都市经济的持续，不能不利用一切可能的力量去打开乡村的封锁。愈打，累积下来的乡市矛盾暴露得愈清楚，合拢的机会也更少"①。

与"乡土中国"之经济形态的解体和终结同步，其传统的政治 - 社会治理格局也走向崩溃瓦解。一方面，从历史发展的基本趋势讲，随着"乡土性地方自足"时代的过去，现代生活中必须动用政治权力才能完成的有关人民福利的事情越来越多，因此，无为主义必然难以为继（这是历史发展的必然）。而另一方面，近代以来，作为国家权力试图深入地方的一种努力，保甲制度的推行则把传统双轨政治中自下而上的轨道给破坏了，进而瓦解了基于绅权礼治的地方自治。这是因为，首先，保甲制度破坏了自治单位的完整性。保甲制度本来有意成为基层的自治单位，并以此为起点修筑一条公开的上下交通的轨道，但是，这种制度的设计者忽略了政治是生活的一部分，政治单位必须根据生活单位，而保甲却以数目来划定，力求一律化，把这保甲原则强压在原有的地方自治单位之上，势必会格格不入。原来是一个单位的被分割了，原本是独立的单位被合并了，甚至东拼西凑，于是，表面上一律化，实际上混乱。其次，保甲的角色困境将基层社会逼入了政治死角。保甲是执行上级命令的行政机构，同时也是地方公务的执行者。这两方面的任务过去是由三种人分担的，即差人、乡约和乡绅，现在却要三合一。从一个角度看，乡绅加入行政系统担

---

① 费孝通：《乡土中国》，上海世纪出版集团，2007，第257~258页。

任保长对于地方会比较有利，因为他当了保长之后可以支配地方自治事务，但问题是，一旦他当了保长，就成了县长的下属，只能服从，不能讨价还价，自下而上的政治轨道也就被堵塞。因此，地方上有声望的人往往不愿意担任保长，当保长的一般是没有声望的人，相当于以前的乡约。但问题又在于，乡约是没有权力的，而保长却拥有管理地方公务的正式权力。结果是，地方上有地位的人和保长处于对立的地位而无桥梁可通。于是，新的机构不能有效地接收原有自治机构来推行地方公务，旧的机构却丧失了合法地位，基层政务就这样僵持了。① 最后，给上述这种情形雪上加霜的是，城乡之间的隔绝，不接地气的教育，破坏了叶落归根的社会有机循环，使得离乡外出的乡村子弟有去无回，从而导致了地方人才的极度匮乏，贡爷老爷已不复存在，洋秀才都留在了城里，保甲人选遂成为流氓地痞的渊薮，地方上没有任何挡得住那种借权势和暴力来敲诈勒索的力量。②

随着"乡土中国"之经济形态和政治-社会治理格局的瓦解、瘫痪，作为传统中国之整体社会形态的"乡土中国"也就终结了。

2. "乡土重建"："乡土中国"的现代转型

如上所述，与梁漱溟等不同，在费孝通先生看来，在迈向现代社会的进程中，传统"乡土中国"的解体与终结是必然的，甚至必需的。梁漱溟的乡村建设理论的基本立场是，通过乡村建设要实现的"新社会"，是在坚持中国固有的基本社会结构体制和以文化为本位的前提下努力做一些必要的自我调整的社会，因为中国的固有文化"造端很正，只是有些缺欠要补足，空虚要充实起来；并没有多少过火处，必得要克伐铲除的"。费先生的看法显然与此不同。就像我们前面所引的，他认为，在从乡土社会进入现

---

① 费孝通：《乡土中国》，上海世纪出版集团，2007，第 282~283。
② 费孝通：《乡土中国》，上海世纪出版集团，2007，第 298~304 页。

代社会的过程中，乡土社会中所养成的生活方式已"处处"产生了"流弊"，因此，"乡土中国"的终结实乃历史发展的必然。问题不在于这种社会形态要不要终结，而是如何终结。费先生固然认为，上述这种在遭遇西方资本主义入侵的情况是不自主地、被迫地发生的，从而也是不正常的、扭曲的终结方式带来的整个中国的"灾难"和"悲剧"①，但是，结束灾难和悲剧的方式却不是重归传统的"乡土中国"。作为一名富有科学精神的杰出的社会科学家，费先生的"乡土重建"理论自然认识到中国的特定国情，但乡土重建不是对传统"乡土中国"的简单恢复或修补，而是直面和回应全新的社会历史条件及挑战的整体"重构"，或者说，是对于传统"乡土中国"之另一种良性终结形式和迈向现代社会的中国道路的自觉探索。

那么，费先生所构想的"乡土中国"之现代转型的那种良性道路是怎样的呢？

第一，变革土地制度，解决农村土地问题，实现"耕者有其田"。费先生认为："中国的土地制度在传统经济中其实早已伏下了病根。"② 因为，我们的土地只能生产仅勉强维持劳动者生存的产品，本身无法产生经济地租。过去，是农工混合的乡土经济维持了传统的土地制度，维持了地主的地租收入。随着农村手工业在西洋工业的打击下而崩溃，农村就只剩下了不能同时养活地主和佃户双方的土地。这样的土地要继续生产，唯一的办法就是让耕者完全享有土地上的出产，也即要让"耕者有其田"。而原先不事生产的地主，如果不想为传统的土地制度陪葬，则只能放弃地租而另谋出路："和农民'不饥不寒'的水准去对抗是徒劳无功的，只有承认这人类生存的基本事实，而在土地之外另谋出路。"③

---

① 费孝通：《乡土中国》，上海世纪出版集团，2007，第 304 页。
② 费孝通：《乡土中国》，上海世纪出版集团，2007，第 376 页。
③ 费孝通：《乡土中国》，上海世纪出版集团，2007，第 311 页。

费先生为地主阶层设想的合理出路是：放弃农业，开拓工业，同时放弃传统特权和在特权下形成的生活方式价值意识，使自己从一个寄生的阶层转变为一个生产和服务的阶层。[①]

第二，现代工业下乡，以乡村工业化带动小城镇发展，同时在城市成为生产基地的基础上，实现城乡良性互动。"开拓工业"不仅关乎地主阶层的出路，更关乎传统"乡土中国"的现代转型。如上所述，即使实现"耕者有其田"，土地上的出产也至多只能勉强维持农民"不饥不寒"的生活。从根本上讲，这依旧是一种立足于自给自足的"匮乏经济"，不但生活程度低，而且"没有发展的机会"。这样的"匮乏经济"是不能适应现代化的要求，或者说现代世界的挑战的。怎么办？费先生的回答是：现代工业技术下乡，重建被西洋工业所摧残的乡土工业。当然，这种重建起来的乡土工业不是传统乡村手工业的简单复活，而是更新再造。新的乡土工业的技术基础要"由手工而变成机器"，组织形式要由传统的作坊工业或家庭工业转变为主要是农民合作性的乡土工业。这是一种能长出现代民族工业的乡土工业。[②] 值得指出的是，费先生早年的这一主张在几十年后其主持的小城镇研究中直接得到了延续。对于 20 世纪 80 年代我国兴起的乡镇企业，费先生认为："乡镇工业是植根于农工相辅的历史传统的，但在新的历史时期下，农工相辅已不再是以一个家庭为单位，而是以集体经济的性质出现。从一对对的'男耕女织'到一村一乡的农副工综合发展，使农工相辅的传统在社会主义制度下发生了历史性的变化。"[③] 乡镇工业的发展开创了以工养农、以工补农的局面："乡镇工业是农村剩余劳动力以新的劳动手段与新的劳动对象相结合的产物。它是农民靠集体力量办起来的工业，它不但不会损害作为自己基础的

---

① 费孝通：《乡土中国》，上海世纪出版集团，2007，第 320～321 页。
② 费孝通：《乡土中国》，上海世纪出版集团，2007，第 378～377、338～343 页。
③ 费孝通：《论小城镇及其他》，天津人民出版社，1986，第 71 页。

农副业，而且能在为国家财政收入作出一定贡献的同时，主动承担起支农、补农、养农的责任，形成……我国工业化的新道路。"①不仅如此，费先生还指出，乡镇企业的发展必然带动小城镇的发展，进而改变农村与大中城市的关系，加强城乡联系，形成城乡互惠：大中城市工业可以起到而且现实中也确实起到了帮助农村乡镇工业发展的作用，两者之间是一种"大鱼帮小鱼、小鱼帮虾米"的关系，而通过以"一条龙""产品脱壳"等方式与乡镇工业建立联系，城市工业也在一定程度上化解了自身所面临的诸如土地贵、污染重、工资高等问题。② 当然，实现如此城乡互惠的一个重要前提，则是费先生几十年前即指出的，城市必须成为一个生产基地："乡村和都市在统一生产的机构中分工合作。要达到这个目标，在都市方面的问题是怎样能成为一个生产基地，不必继续不断地向乡村吸血。"③

第三，因应社会经济形态的变化，重塑政治－社会治理和社会文化心态。通过以上两个方面，特别是第二个方面，费先生实际上为我们勾勒了一条具有中国特色的工业化、城市化、现代化道路，概括地说就是："工业下乡—农村工业化—小城镇发展—农村城市化—城乡协调发展—社会经济现代化。"④ 当然，这主要还只是作为整体社会形态之基础的社会经济形态的现代化。而与社会经济形态的现代化相适应，也必须重塑政治－社会治理方式和社会文化心态。在这方面，晚年的费先生由于种种原因没有多涉及，但在其早年的《乡土中国》《乡土重建》等著作中却多有论及。从功能论的基本分析方法出发，费先生认为，传统的政治－社会治理方式和文化价值观念是与"乡土社会"相适应的。乡土

---

① 费孝通：《论小城镇及其他》，天津人民出版社，1986，第 70 页。
② 费孝通：《论小城镇及其他》，天津人民出版社，1986，第 40、72～73 页。
③ 费孝通：《乡土中国》，上海世纪出版集团，2007，第 258 页。
④ 王小章等：《浙江四镇——社会学视野下的中心镇建设》，浙江大学出版社，2013，第 8～9 页。

社会是一个熟人社会，也是一个简单社会。在"熟人社会"中，法治的观念以及超乎私人关系的道德往往无从发生，流行的只能是与"差序格局"相应的"维系着私人的道德"，以及对以"打官司"为"丢脸"（"无讼"）的"礼治秩序"的追求。在"简单社会"中，由于既不存在对于"有为政府"的诸多功能性需求，中央政府也缺乏"有为"的技术和行政条件，因此才能形成以"无为政治"（软禁权力）和"绅权缓冲"（基层自治）来维系的双轨政治。① 但是，工业化、城市化、现代化（无论是主动还是被迫），必然带来一个陌生的、复杂的社会："我们所生活的处境已经不再是孤立的、自足的、有传统可据的乡土社会。现代生活是个众多复杂，脉脉相关，许多人的共同生活。"②一个陌生人所组成的现代社会"是无法用乡土社会的习俗来应付的"，于是需要有法律、法治，需要有"超乎私人关系"的道德观念。③ 同样地，在一个复杂的现代社会中，传统的"双轨政治"也难以为继。一方面，随着乡土性的地方自足时代的过去，超越地方性的公务日渐复杂，许多有关人民福利的事情必须动用政治权力才能完成，于是，再要维持有权无能的中央便显得不合时宜，客观情势不再要求政府无为，而是有为。但也因此，传统上防止权力滥用的第一道防线即"君权无为"的防线溃决了。④ 另一方面，就基于绅权的基层自治而言，不仅如前所述，保甲制度的推行将基层社会自治逼入了政治死角，而且，就对权力的限制约束而言，费先生在《论绅士》《论"知识阶级"》《论师儒》以及《再论双轨政治》等篇章中一再提示："利用无形的组织，绅士之间的关系，去防止权力的滥

---

① 费孝通：《乡土中国》，上海世纪出版集团，2007，第 277 ~ 281、375 页。
② 费孝通：《乡土中国》，上海世纪出版集团，2007，第 362 页。
③ 费孝通：《乡土中国》，上海世纪出版集团，2007，第 10 ~ 11、30 ~ 35、51 ~ 54 页。
④ 费孝通：《乡土中国》，上海世纪出版集团，2007，第 278、281 页。

用，不但并不能限制皇权本身，而且并不是常常有效的。"① 也就是说，包含在传统"双轨政治"中的限制权力的方式已不再有效，或本身就是不可靠的。这在客观情势要求政府"有为"的今天成了一个必须认真面对的问题。费先生在此实际上向我们表达了这样一个观念，即如果说传统乡土中国的客观情势需要并造就了以"皇权"为代表的政府的"有权无能"，那么，现代社会的客观情势则要求政府的"能力"必须提升，而政府的"权力"必须受到限制。怎样来实现这样一种既提升政府能力又限制政府权力的政治？费先生给我们指出的路径是，必须改造、革新中国传统社会政治结构中的四种不同的权力，即皇权、绅权、帮权和民权，简单地说就是："皇权变质而成向人民负责的中央政权，绅权变质而成民选的立法代表，官僚变质而成有效率的文官制度中的公务员，帮权变质而成工商业的工会和职业团体，而把整个政治机构安定在底层的同意权力的基础上。"② 如果概括总结或者说重构一下费孝通先生上述关于重塑中国政治－社会治理和社会文化心态的论述，那么，其基本思想也就是：第一，因应社会经济形态的现代转型，政府在政治－社会治理上必须是"有为的"，也即，政府的"能力"必须得到强化，但同时，其"权力"则必须驯化；驯化权力的最基本途径，无非民主（将政治权力建基在人民同意之上）和法治。第二，在强化政府能力、驯化政府权力的同时，还必须重塑和强化"社会"——有别于政府权力部门也有别于市场部门，基于社会成员自愿结合、互惠合作的第三部门——的自我行动能力，并构筑政府和社会之间积极互动的机制平台，推动两者的互动合作，这既是"以社会制约权力"的需要，同时，也是在越来越变动不居、越来越复杂的现代社会中克服科层化（官僚化）的

① 费孝通：《乡土中国》，上海世纪出版集团，2007，第 292 页。
② 费孝通：《乡土中国》，上海世纪出版集团，2007，第 376 页。

政府组织之迟钝低效、灵敏地回应各种随时发生的问题、高效地满足社会成员之需求的需要。费先生所说的由"帮权变质而成"的工商业的工会和职业团体无疑属于这个范畴。第三，现代社会是一个复杂的社会，也是一个陌生人的社会，如果说上述两点有一个核心，即要以民主法治规范约束下的有为政府、具有自我行动能力的社会以及这两者的积极互动来保障和促进"民权"，并以此为基础成就一种自由与秩序并存的社会生活形态，那么，作为"民权"的最终承担者，社会成员本身必须顺应现代复杂社会、陌生人社会的生活，改变"乡土社会"中的行为习惯、社会心态，特别是必须改变"乡土社会"中那种只重私人关系的道德观念和封闭排外的社会心态，而树立起在一个陌生人的世界中与人共同生活的公共道德观念、行为习惯和开放包容的社会心态。换言之，从"乡土社会"中走来的"乡民"，必须转变为适应现代社会生活的"市民"或者说"公民"。

三　从"以经济建设为中心"到 "以社会建设为重心"

梁漱溟、晏阳初、孙本文，特别是费孝通先生的探索为我们今天的社会建设提供了富有启发意义的思想，但是，除了费孝通先生在其晚年于某种程度上看到了自己的某些主张在一定范围内转变成了现实实践，这些前辈先驱对于社会建设的探索在当时基本上都只能停留于思想层面和小范围的，并且最终归于失败的实验之中，这一方面固然与这些先驱探索者（如梁漱溟、晏阳初）关于社会建设的思想取向不无关系，但根本原因无疑是受当时现实社会条件的限制，也即，他们所处的时代从根本上讲还不具备全面开展社会建设的前提条件。但今天的状况已经不同了，一方面，如前所述，今天我国社会成员不仅基本摆脱了传统的阶级结构、组织制度、文化意识的禁锢与束缚，也在很大程度上松动了改革开放前几十年中所形成的对于国家权力的全面依附；另一方面，改革开放后几十年取得的高速经济增长也为社会建设的全面展开提供了必要的经济基础。于是，大体上从中共十六大以来，中国开始真正进入社会建设的时代。今天，无论是作为政府的实践和政策用语，还是作为我国学界，特别是社会学界的学术用语，"社会建设"已成为众所关注的"热词"。在某种意义上，中国正在经历一个从"以经济建设为中心"到"以社会建设为重心"的转折，对于这一点，我们从我国财政预算支出重点优先排序的变化以及一系列社会政策的出台就可以获得一个大体的印象：在2002年前，支出重点优先保障的基本上是经济领域的投入，而2002年之后，则转向了社会民生领域的投入；基本上也正是从2002年以后，我国接连出台了一系列旨在改善民生的社会政策。①

为什么我们需要有这样一个转折？需要迈向全面推进社会建设的时代？当然，从最一般、普遍的意义上讲，也即从本章开头所说的人类社会发展的一般进程，特别是从现代化的一般趋势来讲，迈向全面推进社会建设的时代可以说是在新的基础和前提下重建现代性意义下的社会支持体系，帮助个体克服从各种传统的制度、结构、组织中游离出来之后可能面临和出现的各种软弱和危机，从而尽可能促成其真正的独立与自主。但我们也可以更具体地立足于中国社会发展，特别是改革开放以来社会发展之历史进程来分析。从这个角度来分析，那么，迈向全面推进社会建设的时代则也是我国历史发展到今天的必然要求。

第一，社会建设关系着发展本身的正当性。如果说经济建设的中心要旨是发展，那么，社会建设则更直接地关系到人民群众对于发展成本的共担和成果的共享——这种成本和成果除了物质

---

① 王绍光：《波兰尼〈大转型〉与中国大转型》，三联书店，2012，第103～106页。

性的成本和成果之外，还应包括保护的失去、自由的获得、新增的机会和失去的机会、能力的成长以及在新的基础上建立起来的保护等。改革开放不能导致一部分人获得了自由、机会还享受着全方位的制度保护，而另一部分人则没有享受平等的自由、机会却被剥夺了应有的保护。经济发展不能导致一部分人独享或不成比例地多享发展的成果，而另一部分则独担或不成比例地多担发展的成本。所有为发展做出贡献的社会成员都应该公平地共享发展成果，这是科学发展观的一个重要内涵，它既关系到社会的和谐稳定，也关系着发展本身在人民心目中的价值意义，也即发展本身的正当性、合法性。换言之，只有当全体人民都能真正公平地分享"发展"的成果时，"发展"对于广大人民来说才是真正的"硬道理"。当然，这还只是笼统地就一般情况而言。具体到为什么我国的发展进入到今天这个阶段要特别注重强调共担发展成本、共享发展成果的社会建设，则至少与两个因素有关。第一个属于客观因素：今天，普遍受惠的时期已经过去，利益分割、利益群体分化、竞争乃至冲突对立的时代已经来临。在发展的起步阶段，也即改革开放的初期，发展，或者说推动发展的改革举措，基本上属于"净增益型改革"，是在不触动任何一个阶层、群体的既有利益的前提下展开的，因此，发展的结果是普遍受惠，至少是没有利益受伤害方。但是，随着改革向纵深推进，特别是，随着改革从局部性的、"摸着石头过河"式的试错性改革转向全局性的、强调"顶层设计"的改革，至少从 20 世纪 90 年代后期国有、集体企业改制开始，情形就开始发生变化。今天，社会各阶层、各群体正在市场化的进程中逐步地整合进入了一个彼此关联的利益格局中，因而改革从根本上讲是"调整既有利益格局"的改革，任何影响我国经济社会进一步发展的改革举措、政策、法规的出台，都会或多或少地触动相关各方的既有利益，改变其在发展成果中的分成比重。这就要求国家在推出这些举措、政策、法规时必须对这种影响后果有充分的自觉，确保相关各方的利益均衡，也即对发展成果的公平共享。否则，就必然导致利益群体、集团的剧烈分化和彼此之间的对立冲突（就像我国如今已经显示出来的那样），导致社会的失衡，运行的失序。特别是，如果占人口绝大多数的广大中下层社会成员不能充分共享发展成果，不能从发展中得到充分的"获得感"，甚至，还在对种种负面现象的体验中产生了负面的剥夺感，那么，发展在他们那里就会失去价值与意义，进而，推动发展的改革和改革者也将失去他们的支持。我国的发展进入到今天这个阶段，之所以要特别强调"共担"和"共享"的第二个因素则与主观方面的社会意识的变化有关。简单地说，经过近四十年的改革开放，特别是经过市场经济的洗礼，如今，我国广大民众的观念意识已经发生了巨大的改变，这种改变的一个突出的方面，就是他们的个人正当利益或者说正当权利的意识已经觉醒，对于正当权益的诉求正在不断提升。因此，今天，每一个中国人都必然会自觉不自觉地在心中问：发展了，可是发展给别人带来了什么，给我又带来了什么？人民既已发问，则我们的发展就必须努力在这个问题上让最广大的人民群众都能获得一个满意的回答。就此而言，共享发展成果实际上是权利意识觉醒了的广大人民群众的呼声。就在 2017 年 7 月召开的省部级领导干部"学习习近平总书记重要讲话精神，迎接党的十九大"专题研讨的开班仪式上，习近平总书记指出："经过改革开放近 40 年的发展，我国社会生产力水平明显提高，人民生活显著改善，对美好生活的向往更加强烈，人民群众的需要呈现多样化多层次多方面的特点，期盼有更好的教育、更稳定的工作、更满意的收入、更可靠的社会保障、更高水平的医疗卫生服务、更舒适的居住条件、更优美的环境、更丰富的精神文化生活。"满足、实现人民群众的这种需要和期待考验着我们经济发展及其成果的正当性，也考验着发展的可持续性。而要应对这种考验，在很大程度上要靠扎实而细致的社会建设。

第二，加强社会建设是经济发展自身的需要。无疑，经济建设是社会建设的基础，三十多年改革开放所实现的"经济奇迹"做大了我国经济总量这块蛋糕，这是发展教育事业以提高公民素质、调整收入分配以实现共同富裕、搞好社会保障以提升每个公民抵御风险的能力、提升公共卫生服务以降低公共卫生风险、强化社会治理以确保社会良序等各项社会建设事业得以顺利开展的现实前提。但是，在肯定经济建设是社会建设基础的同时，必须看到，经济建设和社会建设的关系不是单向的关系，不只是经济建设支持社会建设，反过来，社会建设也在推动和促进着经济建设。首先，经济建设需要一个良好的社会环境，市场的正常运行需要作为市场参与者的社会成员具有一种良好的合作精神。在一个充满矛盾、猜忌、互不信任乃至彼此嫉恨的社会中，经济建设、市场运行的成本必将成倍增加，效率必将大大降低。而通过优化促进社会治理，通过切实地改善民生，提高广大社会成员的生活水平和质量，特别是广大中下层社会成员的生活水平和质量，促进和维护社会公平，社会建设能够有效地化解社会矛盾，消除人际和群际怨恨，协调社会关系，培育社会信任和合作精神，从而为经济建设奠定一个良好的社会基础。其次，社会建设可以通过拉动内需而促进经济的平稳增长。自20世纪90年代后期以来，我国的经济增长一直在某种程度上"为内需不足所苦"，这种情形在2008年世界金融危机导致世界消费市场疲软、导致"外需"压缩以后表现得尤为明显。而这种制约经济发展的内需不足与其说是个经济问题，不如说更主要的是个社会问题。在很大程度上，它是由自20世纪90年代后期以来越来越严重的贫富分化所造成的，是贫富分化造成了消费需求和消费能力在社会成员身上的分离：广大的中下层社会成员有消费需求，但缺乏消费能力，而富裕者有消费能力，但在消费需求满足甚至过度满足后则消费需求消失了。加之目前我国正处于从"温饱"迈向"全面建设小康社会"的时代，从消费结构上讲，也就是处于由日常消费为主向耐用品消费为主转变的发展时期，在这个时期，贫富分化对有效内需的制约尤其明显。因此，要提振内需，关键是要通过收入分配制度的改革、社会保障的强化等来切实有效地提高广大中低收入者的实际可支配收入，也即要从强国进一步走向富民。

第三，强化社会建设是政府职能转换的要求和方向。经过三十余年的改革开放，我国经济体制的市场化转型已基本完成，接下来的任务主要是通过加强民主法治等来巩固和完善市场机制和市场秩序。而随着市场本身的日趋成熟完善，经济的运行发展、各种生产要素的配置等将主要由市场这一"看不见的手"来实施和完成，在这方面，政府主要的任务是维持良好的市场秩序和进行适当的宏观调控，而无须过多的直接介入。也就是说，随着市场化转型的渐趋完成，政府在经济建设中的地位已从主体地位转变为指导地位，而市场则成为经济建设的主体。但社会建设则不同。各项社会建设任务，无论是教育事业的发展，社会保障制度的建设，城乡社区建设的提升，公共卫生服务的改善，还是就业环境和条件的改善，收入分配的调节，社会治理的加强，虽然可以以一定的方式借助于市场机制和社会力量（见第五章相关论述），但从根本上都必须依靠政府这一"看得见的手"来推动，乃至主导主持，特别是在中国现有的格局情势之下。离开了政府的主导和介入，社会建设从根本上难以全面开展。可以这样认为，在市场经济条件下，GDP增长已不是政府的政绩，而是市场的成就，是各种经济活动主体创造的产物，而"关注民生、改善民生，提供公共产品、公共服务、公共知识，才是政府的最大职责，也是政府的最大政绩"[1]。因此，从市场化转型完成后政府职能转换

---

[1]　胡鞍钢、鄢一龙：《中国：走向2015》，浙江人民出版社，2010，第115页。

的要求和方向看，加强社会建设也将成为政府工作的重心。

如果说，无论从现代化的一般趋势来分析，还是从我国自改革开放以来经济发展本身的正当性问题、经济发展自身的需要以及政府职能转换的需要和方向来分析，均表明，中国需要迈向全面推进社会建设的时代，那么，接下来的一个问题是，如同经济建设所致力于解决的根本问题是广大人民群众日益增长的物质文化需求与落后的生产力之间的矛盾那样，社会建设所要面对并致力于解决和消除的根本问题或者说主要矛盾是什么？

如上所述，社会建设所直接关系到的是广大人民群众或者说全体公民对于发展成果的共享，而当这种"共享"在公民意识中表现为"应享"（entitlements）时，它也就成为一种权利意识或权利诉求。按照托克维尔的看法，现代社会的一个根本特点，就是对于平等的要求。这种要求于两百多年前作为一种强烈的政治呼声出现，一直延续到现在，其体现和结果，就是公民权利意识的不断提升与权利之内涵和外延的不断拓展加深。按照丹尼尔·贝尔的说法，这种不断提升和拓展的权利诉求，在20世纪的下半叶更是给西方社会带来了"争取应享权利的革命"。① 在不少学者看来，哈贝马斯所说的资本主义国家的"合法性危机"，在很大程度上与这种不断攀升的"争取应享权利的革命"有密切关系。②

在我国漫长的历史中，国人曾一直只知"皇恩浩荡"而不知权利为何物，但是，经过三十余年的改革开放，特别是经过市场经济的洗礼，如上所述，如今，我国公民的权利意识正不断觉醒，权利诉求正不断提高，要求公平分担发展成本、共享发展成果的呼声不断高涨。需要指出的是，我国公民的这种正在觉醒和提升

① 丹尼尔·贝尔：《资本主义文化矛盾》，赵一凡等译，三联书店，1989，第290～294页。
② 柯文·布朗等：《福利的措辞：不确定性、选择和志愿结社》，王小章等译，浙江大学出版社，2010，第26～17页。

的权利意识和诉求，与发生在西方社会的所谓"应享权利革命"
还是非常不同的，二者的差别，主要表现在权利诉求的限度上。
从规范性的标准来讲，所谓应享权利，其基础应该是"需要"
（needs），而不是"欲求"（wants）："'需要'是所有人作为同一
'物种'的成员所应有的东西。'欲求'则代表着不同个人因其趣
味和癖性而产生的多种喜好……社会的首要义务是满足必须要求，
否则个人便不能成为社会的完全'公民'。"① 当然，随着经济社
会本身的发展，"需要"也会相应提升，但是它有一个相对客观的
限度，这个限度就是经济社会本身的发展水平所许可的、全体社
会成员均能享受到的"最低限度"的生活水平、生活质量和生活
状态，而欲望，则没有这样的限度。权利诉求，应该以"需要"
为限度，而不应以"欲求"为目标。政府与社会的职责和义务，
是尽可能保证其全体公民免于"需要"得不到保障的不幸，而不
是保障"欲求"满足的"幸福"。如果说，发生在西方社会的所谓
"争取应享权利的革命"有什么问题的话，就在于它在一些方面超
越了这一限度。但必须指出，在总体上，我国公民正在觉醒和提
升的权利意识和权利诉求并没有超越这一限度。② 但是，即便如
此，我国公民近年来那不断觉醒和提升的权利意识和诉求，也已
对政府和社会满足公民权利需求的意识、机制和能力提出了挑战。
就此而言，笔者以为，今日中国社会建设面对的主要问题或矛盾
就在于：广大公民不断觉醒和提升的权利意识和诉求，与政府、
社会应对和保护公民正当权利之意识、机制、能力的有欠平衡。

---

① 丹尼尔·贝尔：《资本主义文化矛盾》，赵一凡等译，三联书店，1989，第22页。
② 当然，这里并不是否认有些社会成员在"会哭的孩子有奶吃"的心态下提出了
不合理的要求，这也从另一方面证明了明确权利标准的重要性。

第四章　走向以积极公民身份为核心的 社会建设

在第四章中我们指出，主要由于社会历史条件的限制，尽管梁漱溟、晏阳初、孙本文，特别是费孝通先生的探索为我们今天的社会建设提供了富有启发意义的思想，但是，除了费孝通先生在其晚年于某种程度上看到了自己的某些主张在一定范围内转变成了现实实践，这些前辈先驱对于社会建设的探索在当时基本上都只能停留于思想层面和小范围的并且最终归于失败的实验之中。但今天，历史的发展已使中国开始真正进入社会建设的时代。但也正因为今天我们提出和讨论社会建设的现实语境已经大大不同于那些前辈先驱所处的历史语境，因而，关于社会建设之内涵外延的理解也就必然相应地有别于这些前辈。从上一章对梁漱溟、晏阳初、孙本文、费孝通等关于社会建设之理论和实践的探讨中可以看出，他们基本上是在整体性的意义上使用"乡村社会建设"或"社会建设"的概念的，也即，他们所说的社会建设通常包含经济、政治、文化等内容。孙本文更明确指出："我们所谓社会建设，其实质言之，只是谋社会的生存与发展的各种建设的总名。凡可以维持社会的生存，促进社会的发展的，无论其为物质建设、经济建设、政治建设、心理建设、文化建设，均应在社会建设范围之内……要之，社会建设是整个社会的建设，其着眼点在整个的社会，而不在物质、不在经济、不在心理等，却同时注重物质、经济、心理、政治等的建设。"① 这些社会建设的先驱探索者之所以倾向于在这种整体性的意义上来理解社会建设，固然跟社会建设不是一项能够孤立地独自展开的事情有关，但无疑也跟当时中国社会处于百废待兴的状况有关，也即，跟他们所处的具体历史语境有关。但是今天，如上所述，我们立足的社会现实，或者说，我们提出社会建设的现实语境已大大不同了，且不说政治、文化等，至少，我们今天是在取得了几十年的经济高速增长的前提下提出社会建设这一课题的，也正因此，虽然对于什么是社会建设，也即社会建设的基本内涵，迄今并没有形成完全一致的理解，但有一点却是基本一致的，即不再在整体性意义上来理解社会建设这一概念。

一 何谓社会建设

陆学艺先生曾把国内学界对于社会建设的各种不同理解划分为四种类型，即强调保障改善民生的"社会事业建设派"，强调加强与创新社会管理、维系社会秩序的"社会管理派"，强调调整和优化社会结构的"社会结构派"（陆先生自己即属此派），以及强调以"社会"规制权力、驾驭资本的"社会重建派"。② 而孙立平先生则区分了理解社会建设的两个基本思路：一种思路是把社会视作一个与经济、政治、文化相对应的领域，另一种思路是将社会视作一个与国家和市场相对应的主体。③ 按照孙立平先生的这种区分，则前面陆学艺先生所划分的四派中的前三派，基本上都可以归入第一种思路，它们都倾向于将"社会"理解为是一个领域，

① 孙本文：《关于社会建设的几个基本问题》，《社会学刊》1936 年第 5 卷第 1 期。
② 陆学艺：《在"中国社会建设与社会管理学术研讨会"上的讲话》，载陆学艺主编《中国社会建设与社会管理：对话·争鸣》，社会科学文献出版社，2011，第 5 ~ 6 页。
③ 孙立平：《社会建设与社会进步》，载陆学艺主编《中国社会建设与社会管理：对话·争鸣》，社会科学文献出版社，2011，第 23 ~ 26 页。

进而侧重于从社会事业、社会管理，以及社会的一些具体的制度安排等来理解社会建设的内涵，其间的区别只在于具体侧重面的差别而已。质言之，它们都将社会建设理解为主要由政府主导和举办同时在一定程度上有社会协同参与的社会民生事业、社会管理事务以及与此相关的政策和制度安排的推出完善等（这种理解显然也更接近于党和政府的基本观点，这从党的十七大、十八大报告有关社会建设的阐述中可以清楚地看出①，也可以从"经济建设、政治建设、文化建设、社会建设、生态建设五位一体"这种说法中看出）。而所谓"社会重建派"，则显然属于第二种思路。孙立平先生自认主要倾向于这种思路，同时又兼顾第一种思路的一些内容。在这种思路下来理解社会建设，则其基本目标就是"制约权力、驾驭市场、制止社会溃败"②，而其核心任务就是要培育建设一个与国家、市场相对应的社会行动主体，质言之，一个自主、自治、具有自我行动能力的（公民）社会。

　　这样，两种思路产生了对社会建设的两种理解。一者主要着眼于由政府主导并推出、只在一定程度上有社会协同参与的民生建设、社会管理等行动，另一者则主要瞩目于作为另一个行动主体的市民社会。两种理解看起来差异很大，隐隐然似乎针锋相对。

---

① 十七大报告围绕着保障和改善民生，提出了社会建设的六大任务：即①优先发展教育，建设人力资源强国；②实施扩大就业的发展战略，促进以创业带动就业；③深化收入分配制度改革，增加城乡居民收入；④加快建设覆盖城乡居民的社会保障体系，保障人民基本生活；⑤建立基本医疗卫生制度，提高全民健康水平；⑥完善社会管理，维护社会安定团结。十八大报告则指出：加强社会建设，必须以保障和改善民生为重点。提高人民物质文化生活水平，是改革开放和社会主义现代化建设的根本目的。要多谋民生之利，多解民生之忧，解决好人民最关心最直接最现实的利益问题，在学有所教、劳有所得、病有所医、老有所养、住有所居上持续取得新进展，努力让人民过上更好的生活。

② 孙立平：《社会建设与社会进步》，载陆学艺主编《中国社会建设与社会管理：对话·争鸣》，社会科学文献出版社，2011，第28页。

不过，孙立平先生认为，它们是"互相有联系的"①，尽管他没有具体说明它们是如何相互联系起来的，没有指出它们之间的联系点是什么。而事实上，笔者以为，只要我们能进一步看到，由政府主导和主持举办的社会民生建设、社会管理事务以及相关的社会政策等，最终其所服务和施用的目标是作为国家之主体的"公民"，而"市民社会"的行动主体，同时也是决定着"市民社会"最终能否真正有活力地"运转起来"的，归根结底同样也是这些"公民"，那么，我们就不难看出，上述这两种对于社会建设的看似差异很大的理解，其实是互有联系的，同时，也不难发现它们之间的联系沟通点，这个联系沟通点就是作为一系列权利和责任之承担者的"公民"。实际上，当费孝通先生论及改造、革新中国传统社会政治结构中的四种不同的权力，即皇权、绅权、帮权和民权时，即已经不言而喻地将现代意义上的"公民"作为其整体性社会改造和建设所围绕的核心。而当笔者认为今日中国社会建设所要面对的主要问题是广大公民不断觉醒和提升的权利意识和诉求，与政府和社会在应对、保护公民正当权利方面的意识、机制、能力的有欠平衡（见上一章），实际上也已将社会建设所要围绕的中心指向了这个"公民"。而着眼于公民这个主体，笔者认为，大体上，我们今天可以这样来理解社会建设：通过政府所主导、主持的社会民生建设和社会管理创新，通过强化社会的自主、自治和自我行动能力，充分发挥政府和社会对于所有公民的保护和赋权增能（empowerment）功能，增进每个公民行权担责的意识和能力，促成每个公民的独立自主自治和公共参与，在此基础上，实现社会运行中自由与平等兼顾、活力与秩序并存；也即，在积极的公民身份（active citizenship）的基础上实现个体安全、快乐、

---

① 孙立平：《社会建设与社会进步》，载陆学艺主编《中国社会建设与社会管理：对话·争鸣》，社会科学文献出版社，2011，第23页。

自由、发展与社会整合、团结、秩序、生机之间的平衡协调。

二　积极公民身份及其条件

上面提到了"积极公民身份"。何谓"积极公民身份"？关于公民身份的研究，当然绕不开第二章中谈到的马歇尔那经典的公民身份理论或者说分析模式。不过第二章中我们也提到，马歇尔的分析模式虽然影响深远，但也引发了不少争论和批评。美国著名社会学家布赖恩·特纳（Bryan Turner）在检讨了对于马歇尔之思想遗产的种种批评之后，指出："马歇尔理论中的问题所导致的困难最终成为是否存在着一种单一的公民身份概念，抑或在不同的社会和文化传统中，存在着许多不同的公民身份表述原则。"特纳自己则认为，通过考察公民身份是自下而上发展还是自上而下发展，是在私人领域中得到发展还是在公共领域中得到发展，至少可以发现四种相当不同的公民身份形态。如果公民身份发展于一个为争取权利而进行革命斗争、展开社会运动的背景下（如在法国或美国），那么，就形成一种积极的公民身份；而如果公民身份仅仅是自上而下地被给予的，那么就形成一种消极被动的公民身份。此外，在肯定、弘扬公共领域、公共精神的地方和在疑忌公共领域、公共精神或一味强调私人领域和道德优先性的地方，公民身份的发展形态也相当不同。"当政治空间受到限制的时候，公民身份就是被动的和私人的。"①

尽管特纳对于积极公民身份的分析叙述主要出于历史性的比较研究，出于经验性的考察②，但笔者认为，相比于公民身份的消

---

① 布赖恩·特纳：《公民身份理论的当代问题》，载布赖恩·特纳编《公民身份与社会理论》，郭忠华、蒋红军译，吉林出版集团有限责任公司，2007，第10~11页。
② 布赖恩·特纳：《公民身份理论概要》，载 T. H. 马歇尔、安东尼·吉登斯等著《公民身份与社会阶级》，郭忠华、刘训练编，凤凰出版传媒集团、江苏人民出版社，2008。

极形态，它应该也是一种更加值得肯定、更加可欲的形态（在这一点上，特纳和其他许多学者实际上也都一样），特别是从今天我们置身于其中的历史语境来看，更是如此。这是因为：第一，消极公民身份之下，也即，当公民身份仅仅是自上而下地被给予时，"权利"极容易蜕变堕落为上对下的一种随时可以我予我夺的"恩赐"。第二，积极公民身份赋予并体现出人的主体地位。在消极公民身份形态下，公民是各种社会法规、公共政策的被动承受者，是保障、福利和各项社会事业的被动消费者。在积极公民身份形态下，公民是"正当需要""社会问题"的定义者，是公共领域积极的行动者、介入者，是地方性或全国性公共事务的主动参与者（既有行动的意愿，也有行动的能力，并具有行动的权利和空间），进而是社会生活及其意义的创造者，因而也更合乎马克思所说的人的类本质——马克思认为，在应然性上，人是自由自觉的实践者："生命活动的性质包含着一个物种的全部特性、它的类的特性，而自由自觉的活动恰恰是人的类的特性"[1] ——的要求，同样也更体现出马克思所说的"现实的个人把抽象的公民复归于自身"[2] 的要求，或者说，"各个个人在自己的联合中并通过这种联合获得自由"的要求。第三，积极公民身份是促成有活力、有生机的公共生活，进而促进社会交流、互动、合作、整合、团结，防止社会涣散的重要条件。确实，一个好的社会应该能让人们享受不受别人干扰的私人生活，一个好的公民应该知道享受私人生活。但是，一个人人只知道耽于一己的私人生活而不关心、不积极参与公共事务的社会一定不是一个有生机、有活力、有凝聚性的好社会，而必然是一个沉闷的、涣散的社会。对于形成一个既

---

[1] 《马克思1844年经济学哲学手稿》，刘丕坤译，人民出版社，1983，第50页；王小章：《从"自由或共同体"到"自由的共同体"——马克思现代性批判与重构》，中国人民大学出版社，2014，第24~29页。

[2] 马克思：《论犹太人问题》，载《马克思恩格斯文集》（第1卷），人民出版社，2009，第46页。

有自由又有团结的社会来说，其最大的威胁甚至不是冲突与敌对，而是不介入、不参与的冷漠。而这种积极参与、介入是以对积极公民身份的承认和尊重为前提的。[①] 第四，在全球风险社会或风险全球化的时代，更需要激活积极公民身份以使每个人都能积极投入到应对、控制风险的行动中来。[②] 今天，作为自反性现代化产物的风险已经渗透到全球的每一个角落，已没有哪个地方、哪个民族、哪个群体、哪个个体能确定无疑地自外于风险，因此，也就没有哪个人可以自外于或被排斥于应对风险的努力，无论这种参与和行动是作为责任还是作为权利。吉登斯（还有贝克）曾将控制风险的希望寄托在"重塑政治"上，认为："关于解放的政治要同关于生活的政治（或者，同关于自我实现的政治）结合起来。所谓关于解放的政治，我指的是激进地卷入到从不平等和奴役状态下解放出来的过程……生活的政治指的是激进地卷入到进一步寻求完备和令人满意的生活可能性的过程中，而且就此而言，再没有什么'他人'存在了。"[③] 这种将"解放的政治"和"生活的政治"结合起来的政治是一种在最广泛的意义上鼓励各种力量积极参与的政治（在此，吉登斯对各种社会运动寄予高度的希望，贝克则对传统中央政府之外的各种亚群体和个人的"亚政治"寄予希望）。而之所以要鼓励和动员各种力量积极参与，根本原因就在于，在自反性现代化的今天，在到处都可能出现不可预料的

---

① 而从下文所阐述的社会的涣散或者原子化又会加剧当局的权力集中、加剧个体对当局的依赖，从而削弱个体的独立自主而言，则实际上表明，像体现于其他许多社会关系中的事理一样，积极公民身份与一个有活力的社会的存在之间乃是互为前提的。

② 在全球风险社会时代，中国社会建设既需要继续面向社会不平等，同时也需要面向不确定性（详见第五章第二节），应对不确定性需要激活积极公民身份，而就在消极公民身份之下，"权利"，特别是在马歇尔看来主要着眼于平等的社会权利，容易蜕变堕落为上对下的"恩赐"，实际上，应对不平等同样需要积极公民身份的支持。

③ 安东尼·吉登斯：《现代性的后果》，田禾译，译林出版社，2000，第137页。

"副作用"的情况下，已没有什么置身局外的"他人"存在，相应地，也就再不可能把处理、应对与这种现代性相连的一系列风险交托给某种单一的力量，如政府了，相反，任何产生影响的决策和举措都应该接受尽可能多的方面的质询和监控。而显然，这种"质询和监控"是以积极公民身份的激活为前提的。也许，正是由于上述这些原因，今天，"人们已不再仅仅关注作为法定权利的公民权，而一致认为，公民权必须被理解为一种社会过程，通过这个过程，个体和社会群体介入了提出权利要求、扩展权利或丧失权利的现实进程。政治上的介入意味着实质性的公民实践，而这反过来又意味着一个特定政治体下的成员总是努力去主动地塑造它的命运"①。

假如说，无论从应然的价值理念看，还是从当今我们所处的社会变迁之历史情势的客观要求看，积极公民身份相比于消极的公民权都是一种更加可欲的形态，那么，与此同时我们必须指出，要想确立和激活积极公民身份，至少需要三个方面的条件：第一，允许并鼓励公民积极行动的公共领域或公共空间的存在，或者，借用哈贝马斯的话说，与"私域自主"互为前提的"公域自主"的存在②：没有肯定公民个人自主独立的"私域自主"，就没有公民自由自觉、积极主动的行动，而没有保障、允诺公民公共参与的"公域自主"，公民就缺失自主的公共行动的空间和舞台。实际上，在特纳所区分的四种公民身份类型中，私人的通常总是和被动的联系在一起，而积极的则与公共的紧密相连。就此而言，虽然"积极公民身份"是在对马歇尔的分析模式的批评中提出的分

① 恩靳·F. 伊辛、布赖恩·S. 特纳：《公民权研究：导论》，载恩靳·F. 伊辛、布赖恩·S. 特纳主编《公民权研究手册》，王小章译，浙江人民出版社，2007，第6页。

② Jurgen Habemas, "On the Internal Relation between the Rule of Law and Democracy"，《中国社会科学季刊》（香港），1994年秋季卷；哈贝马斯：《在事实与规范之间》，童世骏译，三联书店，2003，第455~456页。

析概念，但实际上，它的存在和运作又是以马歇尔模式中的"基本公民权利"和"政治权利"的确立和存在为前提的。换言之，"权利不是公民政治意识结束之处而是开始之处"①。第二，要确立和激活积极公民身份，公民个人必须具有公共精神。确实，人们投入行动最初往往是出于对自身利益的关切，但如果不能进一步发展出公共精神、公共关怀，而始终局限于一种"事不关己高高挂起"或托克维尔所说的"以自己为中心的个人主义情感"② 之中，那么，最终导致的只能是"各人自扫门前雪，勿管他人瓦上霜"，或沉沦于"在本质上是卑下和奴性的""商业性人民的精神"③ 之中。就此而言，积极公民身份与"共和主义公民身份"观念是相通的。第三，积极公民身份的激活还要求公民个人必须具备进入公共领域并理性而主动地行动的能力。无论是物质匮乏导致的软弱，还是教育的缺失带来的蒙昧，都会导致积极公民权所必需的独立而理性的行动能力的丧失，就此而言，积极公民身份同样又是需要马歇尔所分析的"社会权利"来促进和保障的。综上，包括以上三点，第一点是积极公民身份所必需的外部环境条件，第二、第三点则是积极公民身份所要求的公民主体的素质条件。

三　积极公民身份的威胁

如上所述，在消极公民身份形态下，公民是各种社会法规、公共政策的被动承受者，是保障、福利和各项社会事业的被动消

---

① 迈克尔·舒德森：《好公民：美国公共生活史》，郑一卉译，北京大学出版社，2014，第 265 页。

② 托克维尔：《论美国的民主》（下卷），董果良译，商务印书馆，1991，第 625～627 页。

③ J. S. 穆勒：《托克维尔论美国的民主》，杨立华译，载北京大学社会学系编《社会理论论丛》1998 年 10 月号（总第 5 期），第 18 页。

费者；而在积极公民身份形态下，公民不仅是各项权利的持有者，更是"正当需要""社会问题"等的定义者，是公共领域积极的行动者、介入者，是地方性或全国性公共事务的主动参与者。但是，这样一种积极形态的公民身份即使在规范性的理念上是"可欲"的，是"理所应然"的，在经验事实上却不是"势所必然"。这是因为，积极公民身份所要求的各项必要条件并不总是具备。综观近代以来公民身份在世界各国的发展，从大的方面看，对于这样一种积极形态的公民身份至少存在来自四个方面的威胁。

第一是来自国家（state）权力的威胁。对于公民身份以及与之相联系的公民权利来说（且不说是积极形态的还是消极形态的），国家权力的作用具有两重性，既可以是一种"保护性"的力量，但也可能沦为一种"胁迫性"的因素。国家的保护性体现在，在其自身权力受到必要的制约（如民主宪政）和建立在充分广泛的经济社会基础之上从而能代表全社会的公共利益的前提之下，它首先能够通过法律来规定公民的基本权利，并运用其公共权力（如警察、司法等）来保护这些基本权利不受侵犯；其次，它还可以通过一系列社会经济政策和法规以积极的姿态来保证每一个公民，特别是在社会中处于弱势的公民，具备能够积极有效地行使和实现公民权利的基本经济社会条件（也即保障马歇尔所说的每个公民的基本"社会权利"），从而抵消，至少是一定程度地抵消下面要谈到的来自市场的压迫性、排斥性。而对于公民身份来说，国家的胁迫性体现在，①当国家权力没有受到必要的限制，如像近代民主宪政国家兴起之前的绝对君主制国家或现代全能国家那样，则它天然具有的扩张性将可能侵害个体的自由和其他基本的社会政治权利；②当国家就其社会经济基础来说只是社会中某个处于强势地位的阶级或阶层的代理者，从而其政策和行为受到该阶级或阶层利益的左右而在事实上失去了独立性、自主性时，则它通过它的政策和行为（无论这种政策和行为在形式上就不是对所有人平等的，如维护等级制或种姓制的国家，还是在形式上貌似公正的，如马克思所批判的资产阶级国家）所维护的无疑也只是该阶级或阶层的特殊利益，这时，对于社会中其他阶级或阶层的成员来说，来自国家权力的压制将会和"市民社会"内部的阶级压迫发生重叠；③国家权力剥离、割裂与公民身份相联系的各种权利（如基本的法律权利、政治权利、社会权利等）之间特定的脉络关联而孤立发展所谓的社会权利或曰"社会福利"，以此"诱买"或者说"诱夺"公民对于法律权利和政治权利，进而对于完整的公民身份的要求。① 而一旦剥离了基本的自由权利、政治表达和政治参与的权利等，社会权利作为"公民权利"的性质就会发生变化，它很容易由一项现代公民所稳定地拥有的"应享权利"蜕变为系于统治者的仁慈恩德的恩赐施舍。②

　　对于公民身份而言，市场的作用同样具有两重性，既有解放的功能，也有分化、排斥、压抑的作用。其解放性质在于，它促使个体摆脱了身份等级等的束缚，肯定了个人利益的正当性，从而解放了每个人的创造力；换言之，它以消极的形式肯定个人的基本权利，即每个人都可以通过市场不受干涉地追求和拥有各自

---

① 西方左翼对于资本主义福利国家的一个重要批判也指出了这一点。左翼认为，资本主义福利国家是压制性的，这种压制性体现在，为了证明自己在获得福利国家的好处和服务方面合格，当事人不仅必须表明其"需要"，而且还必须表明他/她应该得到，也就是说，表明当事人符合处于支配地位的经济、政治、文化准则和社会规范。"福利国家可以被看作一个交易所，在其中，穷人对社会'道德秩序'的顺从与其享受的物质利益进行交换，而正是这一社会秩序产生了他们的'需要'。"（奥菲：《福利国家的矛盾》，郭忠华译，吉林人民出版社，2006，第8~11页）马尔库塞更直截了当地称当地资本主义福利国家是一种诱使人们放弃自由的"贿赂"（参见迈克尔·H.莱斯诺夫《二十世纪政治哲学家》，冯克利译，商务印书馆，2001，第54~55、60~61页）。

② 关于社会权利和基本的法律权利、政治权利等各项权利之间的互倚性，可参见莫里斯·罗奇《社会公民权：社会变迁的基础》，载恩斯·伊辛、布赖恩·特纳主编《公民权研究手册》，王小章译，浙江人民出版社，2007，第98~99页；王小章：《公民权视野下的社会保障》，《人大报刊复印资料·社会保障制度》2007年第8期。

的利益。质言之，对于马歇尔所说的 civil right 而言，它与市场实际上处于一种相互促进的关系之中。而市场的分化、排斥、压抑作用首先表现在，它的运行以人与人之间既有的（自然的和社会的）不平等为始基，以"自由竞争"为基本原则，其自然运作的结果必然导致贫富强弱的分化对立，于是，对于处在底层社会的贫者弱者来说，许多基本的权利直至生存权都可能得不到保障，即使在法律形式上被赋予了这些权利，也会由于缺乏行使它们的社会经济条件而没有实质意义，甚至还可能轻易地为富者强者所诱卖剥夺。对此，黑格尔、马克思关于市民社会的理论已给我们做了充分的说明。① 市场的分化、排斥、压抑作用还表现在，它仅仅将人看作"生产要素"，只关注他在市场中所能产生的经济效用，而罔顾人性的丰富性、价值多样性。于是，那些天赋特性、价值并不体现为经济效用，从而不能得到市场机制充分肯定、承认的人，在市场中也就不免沦为弱者。即以女性而言，市场不可能照顾到女性在生理、心理、社会诸方面的特点，因此，如果没有市场之外的力量介入，女性必然在市场机制下沦于不利的地位，尽管从人类发展而不仅仅从市场效益的角度看，她们的贡献并不弱于男性。总之，市场机制作用的原则是普遍主义的（因而具有形式上的公正性），但它的价值取向又是单维的、狭隘的，它不会顾及社会成员在生理、心理、社会等方面所存在的实质上的差别和所具有的特殊价值，因此，它作用的结果必然导致社会成员在实质性权利享有上的巨大不平等，导致对某些社会成员之权利的实质性剥夺。

对积极公民身份的第三种威胁来自个体化进程中社会的原子化。正如我们在第一章已分析指出的，无论从社会结构、文化价

① 王小章：《国家、市民社会和公民权利——兼评我国近年来的市民社会话语》，《浙江大学学报》（人文社会科学版）2003 年第 5 期。

值来看还是从制度安排来看，现代化的进程是一个伴随着个体化的进程，现代社会是一个越来越以个体为本位的社会。今天，随着"可自由支配收入"（丹尼尔·贝尔语）的增长，随着"标准生命史"让位于"选项生命史"，随着"生活机会的政治"让位于"生活方式的政治"，现代社会中的个体不仅从诸如家庭、血缘关系等传统共同体的束缚中脱离出来，而且也从阶级结构等的束缚中摆脱出来。就这种个体化的大趋势而言，社群主义实际上只是对社会个体化的一种知识反应或心理反弹。必须申明的是，在个人作为自主权利的最终承载者的规范性意义上，我们肯定个体的本位性。① 但是，吊诡的是，结构和制度原理的"个体化"所带来的社会"原子化"却蕴含着对于积极公民身份的威胁，从而反过来也威胁着作为权利承载者的公民个人的自主权。对此，早在一个半世纪以前，托克维尔就已分析得相当透彻。托克维尔指出，在现代社会，社会成员更易于陷于一种彼此隔绝或者说"原子化"的状态之中，并相应地产生以自己为中心的个人主义情感。他将这种原子化的状态和"以自己为中心的个人主义情感"与民主的社会状态，即人与人之间抹平了身份差别的状态相联系：在民主的社会状况下，由于没有恒久的阶级，也就没有团体精神，没有世袭的产业，也就没有地方的关系或外向的目标受到家庭情感的尊崇，于是，由于没有有效可靠的中介，社会成员便彼此隔绝，并相应地产生"个人主义"情感。② 托克维尔所说的个人主义是"一种只顾自己而又心安理得的情感，它使每个公民同其同胞大众隔离，同亲属和朋友疏远。因此，当公民各自建立了自己的小社

---

① 王小章：《个体为本，结社为用，民主法治立基》，《社会学家茶座》2008 年第 5 辑。

② 托克维尔：《论美国的民主》（下卷），董果良译，商务印书馆，1991，第 625～627 页；托克维尔：《旧制度与大革命》，冯棠译，商务印书馆，1992，第 34、134 页。

会后，他们就不管大社会而任其自行发展了"①。也就是说，个人主义情感的另一面就是对公共事务的冷漠，就是公共精神的失落。托克维尔进而又指出，当平等化拉平了人与人之间的差别，当社会陷于原子化状态和"以自己为中心的个人主义情感"之后，社会成员作为个体就陷于一种普遍的软弱之中，这种软弱往往会促使他们去仰仗当局的干预："在平等时代，人人都没有援助他人的义务，人人也没有要求他人支援的权利，所以每个人都既是独立的又是软弱无援的……他们的软弱无力有时使他们感到需要他人的支援，但他们却不能指望任何人给予他们援助，因为大家都是软弱的和冷漠的。迫于这种困境，他们自然将视线转向那个在这种普遍感到软弱无力的情况下唯一能够超然屹立的伟大存在。他们的需要，尤其是他们的欲求，不断地把他们引向这个伟大的存在；最后，他们终于把这个存在视为补救个人弱点的唯一的和必要的靠山。"② 在某种意义上，当代贝克、鲍曼、吉登斯等人的"个体化命题"在某些方面实际上再现了托克维尔的这一论断。个体化命题的一个重要观点就是，当个体日益从各种外在的约束中脱离之后，他也就失去了寻求传统、家庭、社区等之保护的选择，于是，对于现代社会各种正式制度的依赖就不可避免地加强。③ 而这种依赖的加强和提升，与我们所说的积极公民身份无疑已经背道而驰。需要特别指出的是，如第一章所述，在这全球化的时代，这种个体化进程在中国也已无可回避地来临了。而且，由于在我国社会的个体化进程中，没有很好地培育起在西方社会的个体化进程中曾着力强调和建构的那种自主、自由、平等、自立、责任

---

① 托克维尔：《论美国的民主》（下卷），董果良译，商务印书馆，1991，第625页。
② 托克维尔：《论美国的民主》（下卷），董果良译，商务印书馆，1991，第845页。
③ 阎云翔：《中国社会的个体化》，陆洋等译，上海译文出版社，2012，第327～328页。

等精神，因而产生了"自私、不合群、功利主义、毫不考虑别人的权利和利益"的"无公德的个体"。① 就公共道德、公共精神是积极公民身份不可缺少的条件而言，显然，我国的个体化所蕴含的对于积极公民身份的威胁无疑更大。

对积极公民身份的第四种威胁来自愈演愈烈、全球蔓延的消费主义文化。在批判资本主义价值观的狭隘与愚蠢时，马克思曾说，在资本主义制度下，任何一个对象只有"当它对我们来说作为资本而存在时，或者当我们直接享有它，吃它，喝它，穿戴它，住它等等时，总之，当我们消费它时，它才是我们的"②。而20世纪所发展起来的消费主义文化则将这种狭隘性进一步发展到无以复加的极端程度：不仅仅对于"对象"来说，只有在被消费时才是存在的，有价值的，而且对于那个所谓的"主体"来说，也只有在"消费"时，才能感觉到自身的存在和"价值"。消费主义文化将人从行动的主体，转变成为消费的动物。20世纪杰出的政治思想家汉娜·阿伦特（Hannah Arendt）分析指出：消费主义将原本在今天高度发达的生产力条件下可以从"动物性劳动"中解放出来而投身于公共领域、投身于"行动"——在阿伦特看来这是人之为人、人获得超越于动物性生存的意义的根本所在——的人们，引入、吸纳到了无止境的消费之中，对于消费主义文化下的人们，不再是"我思，故我在"，更不是"我行动，故我在"，而是"我消费，故我在"③。消费消融萎缩了公共领域，也消泯吞噬了公民的公共意识和积极行动的精神，从而也就销蚀了积极公民身份生存扎根的土壤。而当消费主义文化与前面所说的国家以"社会福利""诱买"或者说"诱夺"公民对于完整公民身份的要

---

① 阎云翔：《中国社会的个体化》，陆洋等译，上海译文出版社，2012，第22页。
② 《马克思1844年经济学哲学手稿》，刘丕坤译，人民出版社，1983，第77页。
③ 汉娜·阿伦特：《人的条件》，竺乾威等译，上海人民出版社，1999；冯婷：《消融在消费中的公共领域——读汉娜·阿伦特〈人的条件〉》，《社会学研究》2007年第2期。

求、个体化进程中公民个体的软弱化以及由此导致的对国家依赖的强化等相结合，那么，积极公民身份无疑就更加没有容身之所了。而同样需要指出的是，在今天这全球化的背景下，这种消费主义文化已经深刻地影响着中国社会。①

四 市民社会、能动社会和"福利社会"：
以社会建设促成积极公民身份

综上所述，积极公民身份的形成、存在和作用至少需要三方面的条件，又面临着来自四个方面的威胁。那么，着眼于促成和保卫积极的公民身份，实现公民的自主自治自由，就社会建设而言，该如何开展，该做些什么？

首先当然必须遏制来自国家权力和市场的威胁，为此，就社会建设而言，必须培育能够有效阻拒、抵消国家的胁迫性作用和市场的分化、排斥、压抑作用的力量，而这实际上也是培育和维护公民行动所必需的公共领域或公共空间之重要的甚至是根本性的方面：恰如哈贝马斯所谓"系统"对"生活世界的殖民化"所提示的，代表"系统"的正是政治权力和市场逻辑，而所谓"系统对生活世界的殖民化"，其对应的实际上也就是政治权力和市场逻辑对以生活世界为根基的公共领域的挤兑蚕食。在这方面，国内一些学者如孙立平、郭于华、沈原等援引20世纪两位思想家葛兰西和波兰尼——也许更准确地说是经过布洛维重新阐释的葛兰西和波兰尼——的理论，将这种能够有效阻拒、抵消国家的胁迫性作用和市场的分化、排斥、压抑作用的力量求诸"市民社会"（civil society）和"能动社会"（active society）的培育和形成。"市

---

① 阎云翔：《中国社会的个体化》，陆洋等译，上海译文出版社，2012，第24～27、258～293页。

民社会"是建立在个人从事经济、文化和社会活动的基础上并与国家相对应的一个公共领域，在这个领域中，社会本着自我组织、自我规制的原则，在法治和民主协商的框架下自主运转，并与国家权力相制衡。"能动社会"是对市场过程做出积极回应的社会，其核心是这样一种设想："市场侵蚀与社会自卫之间的'双向运动'其最终的结果是市场被社会所降伏，变成一个'受规制的市场'，在波兰尼看来，社会至上、社会驾驭市场，才是社会主义的本义。"①

我们认同并赞成以"市民社会"和"能动社会"来遏制和消解来自国家和市场的威胁的主张，不过，与此同时，着眼于积极公民权面临的上述四个方面的威胁，着眼于以社会建设促成和保护积极的公民权，我们认为，还有四点必须做进一步的补充和说明。

第一，关于"市民社会"和"能动社会"的形态。从西方历史上看，作为与国家权力相对应的"市民社会"和与市场相对应的"能动社会"诞生形成于不同的历史时期，因而一开始在形态上也是相对明确可分的。与国家权力相对应的市民社会，事实上诞生孕育于资产阶级形成过程中与贵族、封建国家的斗争，其起源可以追溯到中世纪晚期工商业城市中的自由市民为了自卫而在反对农村贵族的斗争中产生的联合②；最早为有别于国家的"市民社会"提供理论上、逻辑上的可能的，是霍布斯、洛克等契约论者；哈贝马斯所考察分析的在 18 世纪随着封建贵族"代表型公共领域"的瓦解而兴起的"资产阶级公共领域"，是"市民社会"的早期形态，而葛兰西所分析的则可以说是市民社会的成熟形态。

---

① 孙立平、郭于华等：《走向社会重建之路》，http://www.21ccom.net/articles/zgyj/ggzhc/article_2010111924868_3.html.
② 马克思、恩格斯：《德意志意识形态》，载《马克思恩格斯选集》第 1 卷，人民出版社，1995，第 117 页。

相比之下，"能动社会"的起源和形成则要晚得多。尽管亚当·斯密等苏格兰启蒙运动思想家对于市场对人性的扭曲、异化的批评在某种意义上已包含"能动社会"思想的端倪，但"能动社会"则到19世纪以后，特别是在19世纪后半叶的工人运动中才开始真正形成。也就是说，"市民社会"是在资产阶级对抗封建贵族和国家的过程中诞生的，而"能动社会"则是在市民社会（civil society）内部工人阶级对抗资本家的斗争中产生形成的。前者具有更明显的"政治性"意涵，主要抵拒（封建）国家权力对包括市场在内的（即黑格尔、马克思所说的）市民社会的干涉和控制，后者则具有更明显的"经济社会性"意涵，主要对抗市民社会内部（即来自市场的）压迫性。但是，在以后的发展中，能动社会和市民社会并非彼此互不相干的，而是相互渗透交织的。对此，马克思早已说得非常清楚："社团以及由社团成长起来的工会，不仅作为组织工人阶级对资产阶级进行斗争的手段，是极其重要的——这种重要性，例如，表现在下面这件事实上：甚至有选举权和共和国的美国工人，也还是少不了工会——，而且在普鲁士和整个德国，联合权除此而外还是警察统治和官僚制度的一个缺口，它可以摧毁奴仆规约和贵族对农村的控制；总之，这是使'臣民'变为享有充分权利的公民的一种手段。"① "任何运动，只要工人阶级在其中作为一个阶级与统治阶级相对抗，并试图从外部用压力对统治阶级实行强制，就都是政治运动。例如，在某个工厂中，甚至在某个行业中试图用罢工等等来迫使个别资本家限制工时，这是纯粹的经济运动；而强迫颁布八小时工作日等等法律的运动则是政治运动。这样，到处都从工人的零散的经济运动中产生出政治运动，即目的在于用一种普遍的形式，一种具有普遍的社会

---

① 马克思：《马克思致约·巴·施韦泽》，载《马克思恩格斯全集》（第31卷下），人民出版社，1972，第450页。

强制力量的形式来实现本阶级利益的阶级运动。"① 因此，今天，我们很难在形态上将能动社会和市民社会明确区分。比如，我们一方面不能无视作为能动社会之典型要素的工会组织在有关社会运动中所发挥的功能（为什么当工人罢工时往往是警察立即做出反应?!）；另一方面，我们也不能否认诸如公益组织等市民社会的典型要素在规制市场，阻遏、抵消市场对人的分裂性、压迫性方面的作用。因此，今天我们事实上更多地只能从功能作用上来把握市民社会和能动社会。当着眼于那些既有别于政府组织又有别于市场组织的第三部门组织所起到的作用时，它们就是"市民社会"的要素，当着眼于这些组织所产生的规制市场的功能时，它们就是能动社会的要素。从促成和捍卫积极公民身份的角度来说，"市民社会"和"能动社会"这两个概念事实上提醒我们，既要防止不受限制的国家权力的全面操控，也要防止不受限制的市场的彻底宰制，为此就必须保有一个公共行动的领域，至于称这个领域为市民社会，还是能动社会，实际上并不重要。

第二，前面已经提到"市民社会""能动社会"的功能，但需要指出的是，对于这个由既有别于政府组织又有别于市场组织的第三部门组织（包括作为地域性社会生活共同体的社区②）构建起来的领域的功能，我们不能仅仅从消极的制约权力、规制市场的角度来看，还需要从促成积极的公民身份的角度，看到它更积极、更宽泛的功能。首先，作为这个领域之要素的各种结社组织以及作为地域性社会生活共同体的社区可以有效地避免和防止个体化

---

① 马克思：《马克思致弗·波尔特》，载《马克思恩格斯全集》第 33 卷，人民出版社，1973，第 337 页。

② 此处所述之第三部门组织，或简单地说结社，包括通常所说的"社区"。社区与社团，前者作为地域性的社会生活共同体，后者作为"脱域的共同体"，在我们看来，它们构成了当今社会系统中既有别于国家也有别于市场的第三部门的核心要素，或者说，它们既有别于政府组织，又有别于市场组织，当然也有别于个人行动者的"社会"这个行动主体的主要承当者（详见附录1）。

造成社会的涣散或者说原子化，从而一方面可以保有"社会资本"（这种社会资本是各种社会事业、公共项目得以高效地、事半功倍地举办的重要基础，关于这一点，美国学者普特南的研究已经从正反两个方面为我们提供了证明①），另一方面则可以一定程度地克服社会个体化、原子化所带来的个体的软弱无力这一积极公民权的大敌。其次，公民基于自由、自愿、自发的意志和选择而形成的第三部门组织（包括社区共同体）是培养公民的公共精神的重要途径。结社为公民参与公共事务、进入公共领域提供了渠道。由于结社是自由、自愿的，公民的这种参与、进入也就是独立自主的。尽管最初人们往往是出于对自己利益的关心而参与公共事务，但是，正如托克维尔在分析美国的结社和乡镇自治时所指出的那样，通过这种独立自主的公共参与，人们逐渐认识到，除了那些使他们与其他个体分离开的利益外，还有能够使他们彼此联系、联合起来的利益，而且这种共同利益，完全依赖于他们每个人共同参与的努力。由此，人们就会像关心自己的利益那样关心公共利益，从而培养出仅仅通过几年一次的、在对于切身利益的感觉上无关痛痒的选举投票所永远不能真正培养出来的公共精神。② 除了托克维尔，黑格尔对于"同业公会"的论述，涂尔干对于"法人团体"的论述，事实上也都表达了类似的意思。③ 这种积极的公共精神，能有效避免一个商业社会中人们精神上的卑琐和奴性，是积极公民身份必不可少的条件。有研究者指出：今天，"尽管人们对于志愿结社或者说中介群体的兴趣各有不同，但是，

---

① 罗伯特·D. 普特南：《使民主运转起来》，王列等译，江西人民出版社，2001；《独自打保龄球：美国下降的社会资本》，苑洁编译，载李惠斌、杨雪冬编《社会资本与社会发展》，社会科学文献出版社，2000。

② 托克维尔：《论美国的民主》（上卷），董果良译，商务印书馆，1991，第 268～281 页；J. S. 穆勒：《托克维尔论美国的民主》，载北京大学社会学系编《社会理论论丛》1998 年 10 月，杨立华译，第 17～20 页。

③ 王小章：《经典社会理论与现代性》，社会科学文献出版社，2006，第 271～274 页。

从一种政治的和社会学的观点出发，对于中介群体的关注，主要是出于它们对维系公民社会、发展民主制度、促进利他主义和公民美德的可能贡献。特别是，志愿结社为积极公民权和公民参与提供了一个训练场。实际上，我们可以称它们为民主的学校，因为，它们为民主的、共同的治理之基本程序方面的训练提供了经验或可能"①。最后，结社组织还可以在服务和福利分配上扮演重要角色。西方社会在福利、医疗、教育等方面的历史经验表明，既要防止不受限制的市场（因为福利供给的市场化必将导致社会不平等的加剧），又要防止保姆式的国家（因为它会导致经济社会效率的下降，同时国家福利机构常常具有官僚化的倾向，变得高高在上，从而对公民需要变得不敏感），于是，志愿结社组织便在此找到了自己的角色，借助于"公民的"或"社会的"市场，它们可以在福利分配、服务提供上发挥重要功能。② 在下面的分析中我们将看到，对于那些市场和国家权力面前的弱者而言，这些福利和服务是形成作为积极公民身份之条件的公民个人之行动能力的重要条件。

第三，强调"市民社会""能动社会"的功能并不意味着国家（政府）的作用无关紧要。如上所述，积极公民身份的一个必要条件，就是公民个人必须具备进入公共领域并理性而自主地行动的能力，而这种能力的形成是有条件的，最重要的条件如基本的生活条件、必要的教育等。缺乏起码的基本生活条件（用丹尼尔·贝尔的话说，缺乏"能满足基本生活要求"、足以维持"自尊的生活"的最低限度的收入③），公民个人便陷于软弱无力之中而变得

---

① 柯文·M. 布朗等：《福利的措辞：不确定性、选择和志愿结社》，王小章等译，浙江大学出版社，2010，第47页。

② 柯文·M. 布朗等：《福利的措辞：不确定性、选择和志愿结社》，王小章等译，浙江大学出版社，2010，第20～21页。

③ 丹尼尔·贝尔：《资本主义文化矛盾》，赵一凡等译，三联书店，1989，第21～23页。

容易依赖于、受制于他人，变得容易受人摆布而失却自主性、独立性；缺乏必要的教育，公民个人便容易陷于蒙昧之中，在现代这个越来越复杂的社会中，他很难就公共事务、公共问题形成真正理性而切实的看法、观点，从而也就很难以有效的行动介入和影响公共问题、公共事务。事实上，在缺乏必要的教育、起码的收入等条件的情况下，公民不仅不能以积极的行动参与、影响公共问题、公共事务，而且根本就不可能进入公共领域。在分析资产阶级"公共领域"时，哈贝马斯指出：公共领域只是在"原则上"向一切人开放，而事实上则是有准入标准的。两个主要的标准就是财产和教育，教育又取决于财产，受教育阶层也是有产阶层，而财产的分布又受制于市场机制。因此，在没有外力介入的情况下，公共领域的开放性对于穷人是不存在的。[①] 显然，对于公民个人，特别是对于在任何一个社会中都不可避免地存在的大量弱者、穷者而言，若要不像在古代那样被排除在公共生活之外，而能有效地进入公共领域并以理性、主动、切实有效的行动介入和影响公共问题、公共事务，就需要"外力的介入"提供条件，确保每个公民都能形成这种进入公共领域并理性而自主地行动的能力。作为个体之外的一种力量，如前所述，结社组织可以承担一部分这方面的功能。但是，结社组织不能保障每个公民都能获得形成这种能力所需的基本条件。这是因为：①结社本身需要一定的资源和结社者本身具备一定的能力，而这种资源和能力在社会成员中的分布并不均匀。换句话说，并不是每个人都具备这种资源和能力，因此，按照自然自发的可能性或者趋势，在社会各阶层中，那些拥有比较充分的资源、在社会中处于强势地位的人们更能形成自己的组织，而那些缺乏资源、处于弱势的人们则

---

① 哈贝马斯：《公共领域的结构转型》，曹卫东等译，学林出版社，1999，第 94～95 页。

相对难以形成自己的组织。在西方历史上，资本家之间的结盟要远早于工人阶级组织的诞生；在今日中国，商会组织要远多于也远强于真正由工人（其主体是农民工）或其他弱势群体自己组建的组织。因此，如果仅就那些阶层（级）性的、自卫自助性的结社组织而言，那些最需要获得组织的援助以改变自身的软弱、无知状况的穷人和其他弱势群体，反而更难获得属于自己的组织的帮助。②确实，结社组织不仅仅只有阶层（级）性的、自卫自助性的，还有跨阶层（级）的、面向全体公众的各种公益（包括维权）、慈善组织，并且，这些组织今天已成为第三部门的主体，但问题是，尽管由于对公民需要的敏感性等原因，它们在服务的提供上有时会比官僚制（科层制）的国家（政府）机构具有更大的优势和效率，但它们自身并不先天地拥有提供这些服务所需要的充分的资源（资金），而必须向外去寻求。缺乏资金来源，社会组织便是无本之木、无源之水。当然，组织寻求资金来源的方向不止一个，而国家（政府）是一个基本的来源（通过常规化的拨款、引入竞标机制的购买服务等）。③社会组织能够为公民提供各种服务，以补救公民个人之软弱无力，但是，除非公民个人本身是契约性社会组织中的正式成员，他并无可以向各类慈善公益组织"索要"服务的法定权利，因此，对于公民个体而言，来自结社组织的支援并不是稳定可恃的，结社组织并不能保障公民都能获得必要的资源和条件，以形成进入公共领域并于其中理性而自主地行动的能力。于是，在这里，国家（政府）的作用就变得异常重要并必不可少。只有国家（政府）可以为全体公民获得这些必要的资源和条件提供稳定可恃的也是最后的保障。也正因此，事实上，波兰尼所谓的"自我保护的社会"——也就是布洛维所诠释的"能动社会"，它与市场的不断扩张构成了反向运动——是包括国家的保护性社会立法和干预行动的；他并且还指出，要使所有的人都能享有公平的、真正实际生效的自由，国家的全力介入是

必不可少的。① 同样也正因此，在今天，即使那些在既反对不受约
束的市场也反对缺乏规制的权力或"保姆式"国家的过程中对自
愿结社组织寄予极大希望的学者和理论家，也无不以不同的方式
肯定国家（政府）之最后保障者的作用，即在肯定自愿结社方面
态度比较鲜明激进的、当代"结社民主论"的奠基者和主要代表
保罗·Q. 赫斯特，一方面认为，志愿结社有潜力成为社会中提供
公共福利的最主要的组织化力量，成为民主治理的主要手段，但
同时也承认，国家必须通过诸如提供经济补助、营造有利于分散
福利和公共服务的法律环境等手段，来审慎地但又主动地扶持这
些组织，同时，又要维持共同的最低标准和应享权利。在提供一
个有活力的环境方面，国家的作用非常重要。② 当然，赫斯特同时
指出，国家的这种作用应该在坚持"辅助原则"（the Principle of
Subsidiarity）③ 的前提下发挥。在此，相应于前面的"公民社会"

---

① 卡尔·波兰尼：《大转型：我们时代的政治与经济起源》，冯钢等译，浙江人民
出版社，2007，第 112 ~ 186、211 ~ 220 页；王绍光：《波兰尼〈大转型〉与中
国的大转型》，三联书店，第 38 ~ 56 页。

② Hirst, P. Q., *Associative Democracy: New Forms of Economic and Social Governance*,
Cambridge: Polity Press, 1994；柯文·M. 布朗等：《福利的措辞：不确定性、
选择和志愿结社》，王小章等译，浙江大学出版社，第 16、46、58 ~ 59 页。

③ 辅助原则（the Principle of Subsidiarity），或称补充原则、补助原则、附属原则，
本是罗马教廷认为处理个人、社会、国家乃至国家内部各级政府之间复杂关系
所应遵循的基本原则。一般认为，对此原则较全面清晰的阐述，是 1931 年教
宗庇护十一世（Pius XI，1857 ~ 1939）为纪念《新事物通谕》颁布 40 周年而
宣告的《四十年通谕》："褫夺个人凭自己的创意、用自己的办法所能够做到
的事情，将之移转给某个群体去做是不合法的，同样，将下一级或较小群体能
做的事情移转给上一级或较大群体承揽也是不公正的，同时也严重损害和搅乱
了社会秩序。一切社会实体都应当辅助属于社会整体的成员，而不是吞并它
们，也不是摧毁它们。"因此，辅助原则的基本观念是，个人首先要对自己负
责，在个人无法解决的时候，可以通过自愿合作来解决共同的问题；在自愿合
作无法解决的时候，才需要强制，即公权力的介入；而进入公权力的范围之
内，也应当由较小的共同体承担解决共同问题的责任；只有在下层共同体需要
更高一层支持的时候，更高一层才能予以干预，个人、社会、国家乃至国家内
部各级政府之间形成递升的辅助关系。二战后，天主教的辅助原则逐渐地世俗
化，转化为一般公法原则。

"能动社会"，我们不妨将国家（政府）通过其举办和主持的社会民生建设与社会管理工作而为公民提供的这种最终的保障，称作"福利社会"。对于促成"积极公民身份"来说，公民享有来自"福利社会"的保障，这本身既是一项重要的公民权利（社会权利），同时也是使公民得以真正切实有效地行使其他各项公民权利（civil rights、political rights 等）①，形成积极公民身份所必需的公共行动能力的必要条件。

第四，这样，围绕着促成和维护积极的公民身份，"市民社会""能动社会"（由既有别于政府组织又有别于市场组织的第三部门组织构建起来的领域）与由国家（政府）主持和举办的社会民生建设和社会管理工作所形成的"福利社会"各自发挥自己的功能，同时又彼此积极互动，一方面制约权力、规制市场，抵御权力和资本对于人的自主性、独立性的侵害，防范"系统"对于"生活世界"的"殖民化"；另一方面则培育人们的公共关怀、公共精神，并补救公民个体的各种可能的软弱无力，实现对公民的赋权增能（empowerment）。在笔者看来，这就是以积极公民身份为核心的社会建设要达成的状态和目标。但需要指出的是，要形成如此格局的社会建设，最后还需要来自政治方面的保障，简单地说，就是法治和民主。法治（rule of law），即"法律的统治"，而不是"用法律来统治"（rule with law）。而"法律"，则是通过直接间接的民主程序所表达的人民意志的体现。在法治之下，公民个人、结社组织、政府等各方的地位、权利、义务都在法律上得到明确的体现，各方的行为及其相互关系都受到法律的有效规制和约束，从而一方面确保各种结社组织无论在相对于国家权力的行动中，还是在相对于市场组织的行动中，都能成为实现公民

① 王小章：《国家、市民社会和公民权利——兼评我国近年来的市民社会话语》，《浙江大学学报》（人文社会科学版）2003 年第 5 期。

目的、维护公民权利的工具，而不致像过去在中国传统社会中实际上一直存在的那些帮会组织或黑社会那样，成为凌驾于公民个体之上的另一种压迫性、剥削性的因素；另一方面也防范政府举办的社会福利成为诱买、诱夺公民其他各项更基本权利的手段。而民主，一方面意味着国家（政府）权力来源于人民的授权（如通过选举），另一方面也意味着政治过程的公开透明。政府的权力来源从根本上决定着政府政策和行为的根本取向；权力来源于人民的授权，决定了政府政策和行为取向必然着眼于、必然顺应广大人民的权益吁求，"权为民所赋"，才能保障"权为民所用"。而政治过程的公开透明，则是结社组织得以进入社会公共过程，从而表现出积极的公共精神、公共功能和公共性格的必要条件。实际上，正如有学者指出的那样，在中国历史上，一直并不缺乏结社组织，如行会、帮会、寺庙等，但是，在专制统治之下，除了在国家危难的极个别时期，通常，这些社团自身既缺乏公共性格，更不能培养出其成员的公共意识。相反，它们通常往往表现出极强的"私性"，这种"私性"，在进一步缺乏"法治"的情况下，很容易演变成"黑社会"性质的私。① 这是我们今天必须警惕的。

五　不平等、不确定与社会建设：
社会建设的双重任务取向

上面的分析论证指出，社会建设须以积极公民权责——这种公民权形态在很大程度上兼取了自由主义公民权责模式和共和主义公民权责观念——为核心来展开，或者说，应致力于推动马克思所说的现实的个人"在自己的经验生活、自己的个体劳动、自己的个体关系中"把"抽象的公民复归于自身"，并在此基础上实

---

① 林毓生：《热烈与冷静》，上海文艺出版社，1998，第 236～261 页。

现社会运行中自由与平等的兼顾、活力与秩序的并存。如果说，这是社会建设应持的基本价值理念，那么，当以此为价值理念的社会建设从观念走向现实实践时，还必须联系当今社会变迁和发展使我们置身于其中的时代情势，或者说，通过带给我们的时代课题，来明确社会建设的任务取向。

到目前为止，把促进社会"公平"，并且是侧重于实质性"平等"意义上的公平，看作社会建设所致力的主要任务或者说目标，可能是大多数人的观点。如前所述，孙立平先生曾区分了理解社会建设的两个基本思路：一种思路是把社会视作一个与经济、政治、文化相对应的领域，另一种思路是将社会视作一个与国家和市场相对应的主体。[①] 前一种思路，即将"社会"理解为一个领域，进而侧重于从社会事业、社会管理，以及这方面的一些具体制度安排等来理解社会建设的内涵，显然这代表了目前大多数人的认识。实际上，这也是政府对于"社会建设"所持的基本观点。按照这种理解，社会建设主要是由政府主导和举办、同时一定程度上有社会协同参与的社会民生事业、社会管理事务以及与此相关的政策和制度安排等；而无论是民生的保障和改善、社会管理的创新和转型，还是社会结构（城乡结构、阶层结构等）的调整与优化，都离不开"公平"，特别是实质性"平等"这一基本价值观念。因此，在这种理解下，社会建设无疑主要是面向社会不平等而展开的，目标是控制和缩小社会不平等。理解社会建设的第二种思路（孙立平先生自己基本上倾向于这种思路）将社会视作一个与国家和市场相对应的主体，在这种思路下，社会建设的基本目标被概括为"制约权力、驾驭市场、制止社会溃败"。而之所以必须"制约权力、驾驭市场、制止社会溃败"，从有关论述可以

---

① 孙立平：《社会建设与社会进步》，载陆学艺主编《中国社会建设与社会管理：对话·争鸣》，社会科学文献出版社，2011，第23～26页。

看出，根本原因还是在于，不受约束的权力、不受规制的市场、社会的灰色乃至黑色化，必然导致社会的极大不公平、不平等。因此，可以认为，在第二种理解思路下，社会建设的基本目标指向同样是克服社会不公平。关于这一点，声称自己的观点与"清华大学社会学系提出来的驾驭市场、制衡权力、发育社会"的观点差不多的李培林先生说得很明确："社会建设的最终目标是要把社会建设成一种不同于政府和市场的资源配置的权力，这样才能使市场中的一部分资源和财富流向穷人那里，由此形成资源配置上的完全公平合理。"① 显然，就其突出要使"资源和财富流向穷人那里"而言，李培林先生侧重的是实质性意义上的平等。

不仅国内大多数学者（以及政府）倾向于认为社会建设主要是面向不平等的问题而展开的，事实上，这也是国外学术界和实务界一直以来的基本观念。"社会建设"固然是一个中国概念，但涵括在这一概念下的实践（如社会保障、社会福利、社会救助、义务教育、工会活动、慈善、社工乃至各种相关的社会运动等）以及相应的思考在所有的现代国家中都存在。而绝大多数与这一概念的内涵相关的实践与思考，基本上都以公平为基本取向，基本上都属于"向不平等开战"的范畴。在实践方面，最典型的无疑是"福利国家"的实践，缩小不平等、促进社会公平无疑是"福利国家"的核心价值，这既体现在作为战后"福利国家"基石之一的《贝弗里奇报告》中，同样也体现在左右两翼对于"福利国家"的批判中：无论是右翼从公平与效率的角度批评"福利国家"的无效率，还是左翼从资本主义国家"招安"工人的角度批判"福利国家"是稳定资本主义社会的一套装置②，实际上都肯定

---

① 李培林：《当代中国社会建设中的组织载体》，载陆学艺主编《中国社会建设与社会管理：对话·争鸣》，社会科学文献出版社，2011，第20页。

② 克劳斯·奥菲：《福利国家的矛盾》，郭忠华等译，吉林人民出版社，2006，第3~11页。

了"福利国家"的实践乃是在资本主义体系内部控制社会不平等的一种努力。在理论方面,最典型的自然还是 T. H. 马歇尔的公民权理论。在马歇尔的公民权理论中,与我们的"社会建设"之内涵最直接对应或者说关联的无疑是"社会权利"(social right),即"从某种程度的经济福利与安全到充分享有社会遗产并依据社会通行标准享受文明生活的权利。与这一要素紧密相连的机构是教育体制和社会公共服务体系。"① 马歇尔认为,先后于18、19世纪发展起来的公民权利(civil right)和政治权利(political right)对于社会不平等几乎没有产生直接的影响,一直到社会权利兴起,社会不平等才开始实质性地减小。社会权利在其兴起发展的20世纪,跟不平等的资本主义阶级体系一直处于战争状态,而"福利国家"的建立,在马歇尔看来乃代表了公民权特别是社会公民权所蕴含的平等主义在对抗社会难以容忍的不平等时的一种胜利。

当然,也有个别思想者表达了不同的看法,如英国社会学家鲍曼。鲍曼指出,随着传统社会中由联系密切的社群和组织所构成的社会保护网被现代革命撕毁,个体迎来了前所未有的自由,但"随着自由选择一同到来的是数不胜数的失败的风险;很多人发现或怀疑其个人能力不足以应对这种风险,因此觉得这种风险是无法承受的。对大多数人来说,除非以社群的名义签发一份保单,让他们在遭遇不幸时可以有所信任与依靠,从而减轻对失败的恐惧,否则自由选择将永远是一个难以捉摸的幻影,毫无价值的空想。"因此,"现代国家自建立之初便面临着管理恐惧的艰巨任务……现代国家矢志发展成为'社会国家'。与普遍的看法不同,'社会国家'的核心任务是'保护'(对抗个人厄运的集体保障)而非'财富的再次分配'……第一种(保护性)社会网络包

---

① 马歇尔:《公民身份与社会阶级》,载 T. H. 马歇尔、安东尼·吉登斯等《公民身份与社会阶级》,郭忠华、刘训练编,凤凰传媒出版集团,2008,第11页。

括福利机构与福利供给、国家运营或支持的医疗服务、教育、住房保障，以及阐明劳动合同中各方的相互权利与义务、并以此保障雇员的福利与权益的工厂法规等。而第二种社会网络的典型范例是车间、行会与职业联盟，它们植根于'福特主义工厂'，在那种相对稳定的环境中'自然地'繁荣发展起来"①。也就是说，在鲍曼看来，现代"社会国家"，或者说，现代世界中那些与我们的"社会建设"概念相对应的实践，主要是围绕现代社会中的不确定性而展开的，其核心任务是帮助人们应对风险，保障安全。当然，在上面的引文中鲍曼也明确承认，这只是他个人的观点，而不是"普遍的看法"。普遍的看法依旧是，现代"社会国家"的核心任务是"财富的再次分配"，也即控制社会不平等。

不过，鲍曼的话却可以促使我们重新思考社会建设所要面对和解决的根本问题，重新认识社会建设的任务取向，特别是当今天的我们已经无可回避地进入了"充满不确定性的年代"。实际上，我们完全可以认为，鲍曼的观点，也正是从一个"生活于充满不确定性的年代"的人的体验出发回顾现代"社会国家"的实践，从而对现代"社会国家"之核心任务取向有了重新体悟。

在第一章中我们曾经指出，现代化的持续发展已经导致当今社会进入了"风险社会"，在现代性的这个阶段，工业化社会道路上所产生的威胁——作为现代化所带来的不可控制的意外后果或副作用积累的结果——开始占据主导地位，社会、政治、经济和个人的风险越来越多地脱离工业社会中的监督制度和保护制度。"未来日益有别于过去，而且在某些基本方面变得十分具有威胁性。作为一个物种，我们的生存已不再有保证，即使是短期内也是如此，而且这是我们人类集体的自己的所作所为的后果。现在

---

① 齐格蒙特·鲍曼：《流动的时代：生活于充满不确定性的年代》，谷蕾、武媛媛译，江苏人民出版社，2012，第79、71～72页。

'风险'的概念成为现代文明的中心，这是因为我们的思维大多只能建立在'似乎'的基础上。"① "不确定性以自律的现代化之胜利的不可控制的（副）作用的形式回归了。"②

在这个"未来日益有别于过去"的时代，在这个"风险"业已成为文明的中心概念的时代，在这个我们的思维决策"只能建立在'似乎'的基础上"的不确定性的时代，社会中每个成员的生活状态、心理情态都不可避免地改变了。而其中特别值得注意的是，面对愈演愈烈的不确定性以及与之紧密相连的对自身命运和未来的不可预期感、失控感，焦虑已逐步成为当今人们的一种最基本的社会心态。而与风险社会中这种普遍弥散的焦虑相对应，一种新的基本需求，或者说，一种新的价值系统隐隐然正处在孕育、躁动之中。这种需求或者说价值，就是安全。贝克认为，随着"阶级社会"向"风险社会"转变，社会的价值体系也将发生改变。阶级社会在它的发展动力上与平等的理念相联系，风险社会则与安全相联系。在风险社会，"不平等"的社会价值体系相应地被"不安全"的社会价值体系所取代。"阶级社会的驱动力可以概括为这样一句话：我饿！……风险社会的驱动力则可以表达为：我害怕！焦虑的共同性代替了需求的共同性。在这种意义上，风险社会的形式标示着一个社会时代，在其中产生了由焦虑得来的团结并且这种团结形成了一种政治力量。"③ 当然，在随后的文字中，贝克表达了对于焦虑能否以及如何促成和维持一种新的社群的不确定，但是，风险社会中的焦虑必将催生对于安全的普遍需求，从而促使一种围绕安全的价值体系的形成，应该说这是合乎

① 乌尔里希·贝克、安东尼·吉登斯、斯科特·拉什：《自反性现代化——现代社会秩序中的政治、传统和美学》，赵文书译，商务印书馆，2001，第2页。

② 贝克：《何谓工业社会的自我消解和自我威胁》，乌尔里希·贝克、安东尼·吉登斯、斯科特·拉什《自反性现代化——现代社会秩序中的政治、传统和美学》，赵文书译，商务印书馆，2001，第232页。

③ 乌尔里希·贝克：《风险社会》，何博闻译，译林出版社，2004，第57页。

逻辑而难以辩驳的。

也正是基于此种认识，笔者才意识到我们或许需要重新思考社会建设所要面对的根本问题，需要重新认识社会建设的任务取向或者说目标定位。概括地说，一方面，鉴于今日中国社会在收入、财富、保障、福利、教育以及各种机会方面依旧存在着引人注目的不平等，特别是，在"底线公平"方面也依旧没有得到完全保障，因此，中国社会建设必须继续关注、面向不平等问题；另一方面①，面对我们已无可避免地置身于其中的"风险社会"中那日益增长、四处弥散的不确定性，我们的社会建设应在面向不平等、增进公平感的同时，比以往更加自觉地面向不确定、提升安全感。换言之，我们今天的社会建设必须同时面向"阶级社会"的不平等和"风险社会"的不确定性。

可能有人会问：面向不平等的社会建设与面向不确定性的社会建设真的有什么实质性的不同吗？确实，面向不平等、强调"再分配"的社会建设并非完全没有顾及现代社会里人们生活中的不确定性，在某种意义上甚至可以说，之所以要实行"再分配"，或者说，要保障马歇尔所说的"社会权利"，一个重要的目的就是要提升人们应对生活中可能遇到的"危机"或者说"风险"的能

---

① 据世界银行报告，2010 年，中国 1% 最富有的家庭掌握 41.4% 的财富，美国则是 5% 最富有的家庭掌握 60% 的财富，中国已成为世界上财富最集中的国家之一。（http://news.163.com/10/0522/10）在收入方面，2003~2014 年这 12 年中，我国居民收入的基尼系数据官方数据分别为，2003：0.479，2004：0.473，2005：0.485，2006：0.487，2007：0.484，2008：0.491，2009：0.490，2010：0.481，2011：0.477，2012：0.474，2013：0.473，2014：0.469。0.4 这一远远超出合理范围的上限体现了这种相对分化的不平等，在"底线公平"方面，虽然自十六大以来由于中国政府强化了民生建设而在这方面有了较明显的改善，但是，绝对贫困的现象依然不容忽视，实际上这也是新一届政府强调"精准扶贫"的根本原因。而且，"底线公平"实际上不仅仅体现在公民生活的底线上，也存在于工作强度的限度上，即劳动者的工作强度不能超出身体承受的一定限度。而由于我国在劳资双方博弈中劳方处于明显弱势，也由于在今天一些现代技术如监控技术往往被资方用于对劳方的监控，劳方的工作强度常常超出人的承受极限。富士康员工就是典型的例证。

力，这也是鲍曼从今天的角度回顾现代"社会国家"的实践时能够说"'社会国家'的核心任务是'保护'"的原因。不过，从根本上讲，两者在性质上是存在明显区别的。首先，面向不平等、强调"再分配"的社会建设之主要和直接的受益者，无疑是社会的底层，或者说弱势群体，而它所要帮助这些社会弱势群体成员应对的所谓"风险"，无非是贝克所说的"第一现代社会"中之"标准生命史"下诸如生、老、病、死以及失业等问题，虽名曰"风险"，但实际在很大程度上是可预期的，其应对方略是可事先规划安排的。而面向不确定性的社会建设所要"保护"的，则是全体社会成员，因为在今天这全球性的"风险社会"中，没有任何一个人能确保自己不处于四处弥散、无孔不入的风险之中，而它所要帮助和推动人们应对的，主要也已经不是"标准生命史"下那些可预期的危机，而是从根本上讲不可预期的"风险"，如一种突发的新的传染病，一种新的网络病毒，一场突如其来的环境灾难或经济风暴，一次不知如何发生的技术事故或不清楚其社会后果的技术革命，甚至一场恐怖袭击……对它们的应对方略不可能事先规划安排，而只能事后处置。

　　与可以事先规划安排和只能事后应对处置的区别相联系，面向不平等的社会建设与面向不确定性的社会建设之间的另一个区别，是对行动主体之侧重的区别。面向不平等的社会建设，需要在以"民主"和"法治"解决政府权力来源之正当性和权力行使之规范性的基础上，更多地强调政府的责任。当然，这并不是否定其他行动主体，特别是"社会"的作用，但是，在维护现代社会之基本的公平，包括底线公平方面，最后的保障必须由政府提供，这是因为：其一，从理论上讲，尽管各种社会组织也能够为公民提供各种资源和服务，以补救公民个人之贫弱，但是，如我们在第四章中所指出的，除非公民个人本身是契约性社会组织中的正式成员，否则他并无可以向各类慈善公益组织"索要"服务的法定权利，因此，对于公民个体而言，来自结社组织的支援和救助并不是稳定可恃的，于是，政府的作用就变得异常重要并必不可少，只有政府才可以为全体公民获得这些必要的支援和救助提供稳定可恃的也是最后的保障。就此而言，如果说现实社会的实质性不平等是底层成员之"公民身份"在现实社会生活中被迫"落空"、沦为虚假的重要原因，那么，在面向不平等的社会建设中，保障和现实地促成这种公民身份，一方面是这种社会建设要达成的目标，另一方面，这种公民身份在制度上的承认也是这种面向不平等的社会建设的规范性基础。其二，从实际现实看，在现代社会中，再分配之最重要的主体是政府。虽然有人认为NGO在调节分配方面作用很大，甚至称之为"第三次分配"，但这其实是一种误解，NGO在服务的提供上有其自身的优势，但是在再分配方面作用有限。有学者研究了不少国家和地区的NGO，发现它们在再分配方面的作用都不那么显著。实际上，不少国家和地区的NGO的活动经费都主要来自政府：中国香港的NGO百分之八九十的经费来自政府，欧洲的NGO也同样，美国似乎是个例外，但也有一半左右的钱来自政府。[①] 鉴于上述两个原因，政府的退出，必将导致公平的流失。这一点，实际上已为20世纪80年代西方在"撒切尔主义""里根经济学"的主导下政府大规模退出公共福利部门而导致社会不平等的扩大所证实，在一定程度上，也已为我国这一二十年来因教育（过度）产业化、医疗（过度）市场化所导致的教育不公平、医疗不公平的扩大所证实。而如果说上述理由说明了政府在面向不平等的社会建设中发挥基础作用的必要性，那么，前述之"可以事先规划安排"的特点则为政府的作用提供了可行性。与此不同，面向不确定性的社会建设则必须更多地强调"社会"这个行动主体的权能与作用。当然，也不是否认政府

---

① 王绍光：《波兰尼〈大转型〉与中国的大转型》，三联书店，2012，第86页。

的作用。但是，由于面向不确定性的社会建设所要帮助人们应对处置的那些风险在根本上是不可预期的，无法在事先规划安排应对的方略，而只能事后处置，这就对处置这些风险的行动主体之反应的敏感性、灵活性、高效性提出了特别的要求。而政府，由于其不可避免的、中外皆然的科层化或者说官僚化倾向，在对风险的反应处置上必然是不灵敏的、低效的。与此相反，各种社会组织，包括社区，由于其本身与人们日常社会生活的"零距离"，因而其对于人们社会生活中所遭遇的各种风险、问题就要比政府敏感得多，回应也要灵敏得多，这就是在面向不确定性的社会建设中必须更多地强调"社会"这个行动主体的原因，同样，也是贝克要将控制四处弥散的风险的希望更多地寄托在以政府之外的各种亚群体和个人为主体的"亚政治"之上的重要原因。贝克所说的"亚政治"之区别于"政治"的地方主要在于，政治体系之外的代理人也可以出现在社会设计的舞台上："亚政治意味着从下方形塑社会……从前未卷入实质性的技术化和工业化过程的团体有了越来越多的机会在社会安排中取得发言权和参与权，这些团体包括公民、公众领域、社会运动、在岗工人；勇敢的个人甚至有机会在发展的神经中枢'移动大山。"[1] 显然，这种"亚政治"，或者说，社会的自我行动能力，与公民身份，特别是积极形态的公民身份是分不开的。就此而言，一方面，社会建设要促成和激活积极公民身份；另一方面，社会建设本身也需要积极公民身份。

---

[1] 乌尔里希·贝克：《再造政治：自反性现代化理论初探》，载乌尔里希·贝克、安东尼·吉登斯、斯科特·拉什《自反性现代化——现代社会秩序中的政治、传统和美学》，商务印书馆，2001，第30页；乌尔里希·贝克：《风险社会》，何博闻译，译林出版社，2004，第8章。

第五章　制度、结构、心态

——社会建设的实践层面

社会建设须以积极的公民身份为核心，并必须同时面向我国社会中不容忽视的不平等和风险时代日益上升的不确定性。而当这样一种双重任务取向的社会建设落实到具体的实践时，则必须关注也必然要涉及三个相互联系、相互作用的层面，或者说，需要在三个层面上具体地展开，这三个层面就是社会制度（体制）层面、社会结构层面和社会心理层面。

一　制度调整

社会制度是在某种特定价值取向下调节人类相互关系的规则、习惯、行为模式，它可以是人类有意识、有目的地选择设计出来的，也可以是在历史发展演进的过程中自发形成的。概括地说，社会制度的核心问题，也即它要调节的基本关系，是国家、社会（通常以公民组织和社区及其行动来体现）、市场和个人四者之间的关系。不同价值取向的制度对于这四个因素的取舍安排是不同的。在西方，对于这四个因素，至少可以辨别出四种不同的组合和安排，即法西斯主义式的、自由主义的、社会民主制的和较新近出现的社会市场结社主义的（social market associationalism）。①

---

① 柯文·布朗、苏珊·珂尼、布赖恩·特纳等：《福利的措辞：不确定性性、选择和志愿结社》，王小章、范晓光译，浙江大学出版社，2010，第8~21页。

实际上，这四种组合和安排也可以理解成制度层面上之社会建设的四种类型。法西斯主义式的安排认为，对于一个社会来说，个体和国家之间的关系是根本性的。而在这两者中，个体在道德上被认为是社会秩序的一种腐蚀性的或危险的因素，国家则是文明和社会秩序的保护力量，是为了公共利益而必须在对个人的道德控制上扮演重要角色的必需机构。在德国唯心主义思想传统中，这种观点常常以一种悖论的形式指出：人是自由的，唯当其行动合乎国家的意旨时。因此，在这种体制下，个人的身份认同常常被对国家的认同所淹没，个人只有在对国家的无私奉献中，才能找到真实身份。由此导致了两个结果：其一，在这种体制下，不存在自下而上争取自由和各种相关权利的积极的公民身份，只有自上而下赋予的被动的公民身份；其二，这种体制不承认公民组织、社区等中介团体的重要性或合法性，因为介于个人与国家之间的中介团体会削弱、威胁国家（领袖）的权威，唯一可获得承认的中介机构只剩下表达领袖意志的政党。

自由主义的安排突出个体的基础地位和价值，它将个体置于市场之中，市场被看作真正自由和个性得以实现的场所。交易自由、集会自由、言论自由等作为个人权利，乃是出于一个自由的、不受管制的市场的需要。自由主义安排和法西斯主义式的安排在一点上是一致的，即都认为个体是受自私的、享乐主义的欲望所驱使的，只不过，法西斯主义式的反应是建立一个强有力的国家，而自由主义则相信市场能解决社会秩序、社会团结的难题。自由主义对于国家干预始终是警惕和防范的，并且也不重视中介团体的地位。

社会民主制特别关注国家与社会的关系，不过这里又可以分为斯堪的纳维亚式的社会民主制和英国色彩的结社民主制。前者明确肯定国家应该深度介入福利计划和管理。这些福利国家的模式包含了一种自上而下的、面向社群而非个人的协调和供应结构。

当然，这种社会民主制模式不同于中央集权制度，因为，在这里，独立的政治党派依旧存在并发挥作用，社群组织没有受到压制，也没有被国家吞没。不过需要指出的是，在斯堪的纳维亚式的文化价值观中，"社群"（community）通常主要不是指向异质个体成员的基于自由选择的志愿集合，而是与一种情感性的、紧密团结的"共同体"（gemeinschaft）的观念紧密相连，发挥着地方性扩展家庭之替代者的作用，相当于涂尔干所说的"机械团结"。与此不同，主要由保罗·Q. 赫斯特阐发表述的、明显具有英国色彩的"结社民主制"则强调，现代民主制依赖于外在于国家的、多种多样的自治团体、志愿结社和公共群体的存在。"结社民主制"承认，国家必须通过诸如提供经济补助、营造有助于分散福利和公共服务的法律环境等手段，来审慎但又主动地扶持这些组织，同时又要维持共同的最低标准和应享权利，在营造一个有助于公民社会之活力的环境方面，国家的作用非常重要。但结社民主制同时也强调"辅助原则"，即领导权应该运作在层次尽可能低的公共组织。

为了刺激经济，所谓"撒切尔主义"和"里根经济学"主张消除"福利依赖"，改造"保姆式国家"，从而采取了一系列福利供给市场化的举措。但问题是，假如社会的其他方面保持不变，国家的退出、福利供给的市场化必然导致社会不平等的加剧和社会成员抗风险能力的削弱，一些个人甚至可能保证不了最基本的体面和尊严。于是就需要寻找一些保护性的、支持性的机制，在市场能够在社会中，特别是在福利的分配中发挥积极作用的同时，可以抵消弥补走向不平等的趋势。正是在这里，志愿结社扮演了一个重要的角色。志愿福利团体原则上可以补充甚至代替国家（政府）在服务供给上的功能，填补由于放松管制和私有化而形成的空白。社会市场结社主义强调社会组织与市场的关系，而不是（像结社民主制）与国家的关系。它要吸取市场机制的灵活性、选择自主性，但又不以赢利为中心。

如上所述，社会制度是在某种特定价值取向下调节人类相互关系的规则、习惯、行为模式，不同的制度安排，体现出不同的价值取向。显而易见，在上述四种制度安排中，法西斯主义式的安排强调社会整体的一致、凝聚、统一、秩序，而忽略乃至敌视个体自由；自由主义的安排与此正好相反，强调个人自由而忽略共同体的价值。而社会民主制与社会市场结社主义则处于两者的中间，它们都重视像志愿结社、基于自然纽带的情感性社群等中介团体的作用，将它们看作维护个人自由和福利的重要的，甚至必不可少的力量，而个人也不纯然是这些中介团体，乃至国家的破坏性因素。相比之下，社会民主制更强调国家对于个人、对于中介团体的保护、支持作用，而社会市场结社主义则更注重市场机制的灵活性对于个人选择权的尊重。同时，它们都在某种程度上为自下而上的积极公民身份留下了空间。

对于我们所主张的以积极公民身份为核心，努力平衡、协调、兼顾个体自由（自主、独立、尊严、人格、个性等）与共同体这两种价值，并同时面向不平等与不确定的社会建设来说，社会民主制与社会市场结社主义的制度安排显然具有更多的借鉴意义。关于这一点，从上一章结尾处我们的论述中实际上即已见端倪。笼统地说，就社会建设的制度层面而言，我们要围绕积极公民身份这一核心，努力确立国家（政府）、社会和市场这三个主体既相对独立又彼此积极互动的机制体制，以尽可能地发挥它们各自对于积极公民权的保护、促进功能，同时克制其潜在的压制、侵蚀作用，进而更有力地承当起同时面向不平等与不确定的双重任务。国家除了在民主法治的制度框架下履行其对公民的基本保护职责外，必须在财政兜底、政策引导和驱动、构建平台、制定标准以及加强对有关社会建设项目的监管等方面承担其责任；至于市场，则除了如上一章中所指出的发挥其对公民身份的常规的解放、促进功能之外，一些社会建设的具体项目还可以通过外包等方式交由作为市场主体的企业组织来承担；政府可以向社会组织购买社会服务、社会管理项目；社会组织也可以通过"准市场化"（或者说"社会性市场"）的运作来投身于社会服务、社会管理（包括，第一，以优质的服务吸引成员；第二，以优质的服务向政府争取项目）。① 不过，着眼于今日中国"社会"这个主体的不发育和软弱状态，着眼于其相对于国家（政府）组织和市场组织这两个主体的明显弱势，在制度层面的社会建设必须更多地强调、突出"社会"这个行动主体的权能与作用。为此，需要做到以下几点。

第一，政府应该、必须更多地向社会放权，在所谓"激活"社会之前，必须先"释放"社会，在不断推进健全以民主、法治为根本的现代政治社会治理架构的前提下，还"社会"以相对的独立与自主。具体地说，对于"社会"的那两个基本要素，或者说，"社会"这个行动主体的基本担纲者，即作为地域性社会生活共同体的"社区"和非地域性的"脱域的共同体"的社会组织（"社团"），不能仅仅将它们看作被动的"建设"或"培育"的对象，不能仅仅简单地看作某种力量或机构（主要是政府）的某种建设规划（如社区建设）的被动对象，更不能仅仅工具性地看作协助政府完成某项任务、达成某个特定功能、替政府拾遗补阙的工具，而必须将它们看作具有自身相对独立的意志的自治、自主、自为的行动主体。唯有这样，在面对各种形式的不平等，特别是在应对各种不期而至的风险时，社区和社会组织（社团）才有可能自主自如地采取因应策略和措施，灵活迅捷地做出自己的反应。

第二，如上所述，作为地域性社会生活共同体的"社区"和

---

① 柯文·布朗等：《福利的措辞：不确定性、选择和志愿结社》，王小章等译，浙江大学出版社，2010，第五章。

非地域性的"脱域的共同体"的"社团"是"社会"的两个基本担纲者。但，从现代社会普遍的基本特征出发，在这两个主体中，应该更加重视"社团"的地位和作用。在传统社会，人们安土重迁，极少流动，特别是，由于经济的市场化程度低，以及交通、通信等的不发达，人们很难与外界联系，很难从外部得到所需的服务和商品，于是，生活中的各种必需品都依赖社区内部。所谓"远亲不如近邻"，实际上跟"远水解不了近渴"是一个意思。在这种情况下，作为地域性共同体的社区在人们生活中的重要性是不言而喻的，人们依赖生活于其中的社区，相应地，也认同社区、在心理上归属于社区。但是，现代化已经根本性地改变了这种状况。由于通信技术、大众传播、交通手段、标准化的公共教育的发展，市场的不断拓展和无孔不入的渗透，现代社会已经迈向社会一体化，在今天更表现为全球化。在这种一体化、全球化的背景之下，无论是在现实利益关联方面，还是在情感认同方面，现代城市居民与外部世界的联系越来越丰富、越来越紧密，通常要大大超过其与社区内部的联系。相应地，地域性的社区在利益和情感两个方面对于居民而言虽然不能说已完全没有任何意义，但显然已失去了传统的相对封闭的社区在居民生活及心理上的重要性。从社会学的经典时代起，一直到今天，许多理论的和经验的研究都不同程度地提示我们：地域性的社区将无可挽回地走向式微。早一些的，如滕尼斯，他指出，随着社会联结由"Gemein-schaft"向"Gesellschaft"的转变，交往的"本地网络"必将为"异地网络"所替代，地方性的小共同体必将走向跨地区的，甚至世界性的大共同体。涂尔干也指出，随着历史的不断伸展，那些"建立在地方集团基础上的组织"，将一步步走向穷途末路。"地理上的划分纯粹是人为的，根本无法唤起我们内心中的深厚感情，那种所谓的地方精神已经烟消云散，无影无踪……我们的行动已经远远超出了（地方）群体范围，我们对（地方）群体范围所发生的事也反应冷淡，一切都因为群体的范围太狭窄了。"① 稍近一些的，如帕克通过对城市社区深入细致的实证研究指出，除了某些种族聚居区，"在城市环境中，邻里关系正在失去其在更简单更原始的社会形态中所具有的重要性""在那里，成千上万的人虽然居住生活近在咫尺，却连见面点头之交都没有，初级群体中的那种亲密关系弱化了，依赖于这种关系的道德秩序慢慢地解体了。"居民与地方的联系变得越来越松弛，他们虽住在同一地方，却互不相干，甚至互不相识。② 再如城市社会学"亚文化学派"的代表菲雪尔。尽管菲雪尔关于城市社会生活的观点在许多方面与芝加哥学派不同，但是在认为邻里社区的重要性在现代城市生活中日益趋于没落这一点上却异曲同工。菲雪尔认为，居处相近的邻里社区对于人们生活的意义取决于三方面的条件：一是"功能必要性"，即居住于同一地方的人们需要通过共同行动来满足某些地方性的需求；二是居住于同一地方的人们除了居处相近之外，互相之间还存在着其他的关系，如亲戚关系、同事关系、同族关系等；三是与外界联系的困难。但是，在现代都市中，随着满足社区内部的各种功能需求的责任越来越多地由更高层次的市政当局来统一承担，随着住房市场的扩大，人们选择居住地方的自由越来越大，随着人们与超越于狭隘社区的外界的联系越来越方便，上述这些条件都越来越趋于弱化甚至不复存在了。于是，地方性的邻里社区在居民生活中也就越来越无足轻重了。③ 而最近的、在全球化的背景下以更极端的语言表达与上述同样的观点的则可能就是

① 埃米尔·涂尔干：《社会分工论》，渠东译，三联书店，2000，"第二版前言"，第40页。
② Park, R. E., "The City: Suggestion for Investigation of Human Behavior in the Urban Environment," in R. Sennet (ed.), *Classic Essays on the Culture of Cities*, New York: Appleton-Century-Crofts, 1969, pp. 91–130.
③ Fisher, C. S., *The Urban Experience*, New York: Harcourt Brace Jovanovich, 1984, pp. 131–137.

英国社会学家马丁·阿尔布劳了。他指出，资本主义所带来的必然结果，早已使作为社会经济生活的一种原则的地域性成为明日黄花，家与工作的分离在现代早期就已发生，如今，社会生活已经完全非领土化（deterritorialization）了。从社会性的意义上讲，地域性已不再具有任何明确无误的重要意义。在全球时代，共同体（community）是没有地方性的中心的，它已和地点脱钩。如果想表明在全球化条件下居住在同一区域中的人们之间关系的特点，最好是把他们叫作"互不相关的邻里"。① 不过，"社区"的式微并不是共同体的终结。确实，现代社会是个体本位的社会，但是，以个体为本位只意味着个体与所属的群体整体的关系发生了变化，并不意味着个体不再需要群体。滕尼斯说从"Gemeinschaft"向"Gesellschaft"的转变也只是社会联结方式的转变，并不是说人们不再需要社会联结或不再存在社会联结。事实上，在某种意义上，正因为现代社会是个体本位的，故更需要在个体和国家之间形成各种中介团体，以免社会出现中空。对此，涂尔干就曾指出，与地域群体、地方观念的衰落同时并行的，是一种作为"替代物"的中介群体的形成。在现代世界，一方是（民族）国家，另一方是从传统的身份制共同体中解放出来的个体，两者之间的距离"变得越来越远，两者之间的关系也越来越流于表面，越来越时断时续，国家已经无法切入到个人的意识深处，无法把他们结合在一起"。因此，如果在他们之间没有一系列次级群体的存在，那么，社会将"解体"，"国家也就不可能存在下去"，而"如果这些次级群体与个人的联系非常紧密，那么，它们就会强劲地把个人吸收进群体活动中，并以此把个人纳入到社会生活的主流之中"②。事实上，早在涂尔干之前半个多世纪，他的同胞前辈托克

---

① 马丁·阿尔布劳：《全球时代：超越现代性之外的国家与社会》，高湘泽、冯玲译，商务印书馆，2001，第 246~249 页。

② 涂尔干：《社会分工论》，渠东译，三联书店，2000，"第二版前言"，第 40 页。

维尔就在《论美国的民主》中指出了"除了依法以乡、镇、市、县为名建立的常设社团以外",那些"根据个人的自愿原则建立和发展的社团"在现代社会中发挥了无与伦比的重大作用。[①] 所不同的只是,涂尔干特别看好职业群体,托克维尔则更关注政治社团。而彼此共同的则是,无论是涂尔干的职业群体,还是托克维尔的政治社团,也即,无论社会联结的具体纽带或媒介是什么,地域性都已不再是什么重要的原则了。换言之,现代社会的"脱域机制"已经逐步地将人们的社会关系"从它们所处的特殊的地域'情境'中提取了出来"。[②] 现代社会的团体或者说社会联结,主要都是些"脱域的共同体"(disembeded community)。正是这些"脱域的共同体",一方面支撑起了现代意义上的"社会",另一方面对于个体而言则构成了他们的"个人切身社会环境"(personal milieu)。阿尔布劳认为,今天的社会科学家与其将注意力放在已经对人们的生活没有实质性意义的地域性的所谓社区("互不相关的邻里"),还不如关注虽可能延伸到全球却依然与具体个人的日常生活紧密相连的"个人切身社会环境";而至于"那些为获得选票而大谈时代潮流的政客们则也许应当听从这么一种参谋意见会更好些,即:他们应当在增加人们对个人周围切身环境方面的满意感上做文章,而不是在增强人们已经丧失的社区感上做文章。因为,他们并不能消弭社区的丧失,但却能在提高人们对个人周围切身环境方面的满意感方面做出看得见的成绩来"[③]。

第三,当然,阿尔布劳说完全没有必要"在增强人们已经丧失的社区感上做文章"也是有失偏颇的。我们只是说,在"社区"和"社团"这两个主体中,应该更加重视"社团"的地位和作用,

---

① 托克维尔:《论美国的民主》(上卷),董果良译,商务印书馆,1991,第213~221页。

② 安东尼·吉登斯:《现代性的后果》,田禾译,译林出版社,2000,第18~26页。

③ 马丁·阿尔布劳:《全球时代:超越现代性之外的国家与社会》,高湘泽、冯玲译,商务印书馆,2001,第252页。

并不意味着社区就完全不值得关注，或者说，社区在现代社会注定只能无所作为。实际上，也一直有一些研究者——如霍加特（K. Hoggart，1957）、古斯菲尔德（J. R. Guesfield，1975）、萨特尔斯（G. D. Suttles，1970）、帕乔恩（M. Pacione，1984）等——在努力证明有意义的、有相对明确地域界限的、有凝聚力的邻里社区在现代都市中继续存在。[①] 国内持此种观点的学者更是为数不少。如有人认为，社区问题的关键不在于共同体社区在当代城市是否存在，而在于存在的是什么样的共同体社区，在他看来，只要一个群体在一定地区共同生活一段时间，总会形成一定的"共同体"性质，即"社区性"。[②] 还有人指出，社区是中国社会力量崛起的重要组织方式。上下结合的两种力量推动了社区自治和城市共同治理：一方面，政府向社区让权、还权、授权，成为社区自治的第一推动力；另一方面，草根社区涌现追求自治的公民行动和政治参与。[③] 实际上，即使社会联系的一体化程度再高，人们与他们除了工作上班时间之外大部分时间都生活于其中的家所在的地方（包括同样生活于该地的其他人）总还有一些超乎其他地方的特殊的联系、特殊的利益关联，这应该是不言而喻的。不过，笔者在此想要指出的是，首先，在现代社区中，居民之间越来越趋于异质化、陌生化，这样一种由彼此异质、陌生的居民所组成的现代社区，即使成为一个"共同体"，也不太可能是传统意义上的"伦理共同体"，而更可能是由利害相关而导致的"命运共同体"。其次，要使社区在某种程度上成为一个"共同体"，真正成为一个"具有自身相对独立的意志的自治、自主、自为的行动主

① 关于霍加特、古斯菲尔德、萨特尔斯、帕乔恩的研究，请参见高春燕主编《社区人口与发展》，中国环境科学出版社，1999，第148～209页。
② 项军：《"社区性"：对城市社区"共同体"性量表的构建——一项基于上海实证数据的类型学研究》，《社会》2011年第1期。
③ 王颖：《社区与公民社会》，载李培林主编《社会学与中国社会》，社会科学文献出版社，2008。

体",某种程度上的社区感,或者说共同体意识是必需的。这种共同体意识通常恰恰需要在共同的社区公共行动中培育生长。而能够引起社区居民真正自发的参与兴趣和热情的,往往是那些与每一个居民的日常生活切身相关的事,正是这些事,构成了阿尔布劳所说的"个人切身社会环境",构成了社区公共利益、公共事务:公共事务不是与己无关的事,而是与包括自己在内的大家有关的事。居民因关心自己而关心、参与这些公共事务,进而从对这些事情的关心参与中生发出对公共事务的自觉关心,从而生长出公共道德、公共精神。如果罔顾居民自身的关切而硬要搞什么"一社区一特色""一社区一品牌"之类,其真正结果只能是扰民。而在居民之间越来越趋于异质化、陌生化的现代社区中,社区居民们一致追求的正面共同利益已变得越来越少,那些能引发居民共同关心的共同利益通常是一些从负面感受到的利益,也即往往是在大家一致希望避免的事情中感受到的共同利益,避免环境破坏、避免乱停车、避免噪声……一句话,避免自己的正常生活被干扰。那些能引起社区居民共鸣和参与热情的公共事务,往往不是趋共同之利,而是避共同之害,也即,多为(不是"都为")防止、纠正、杜绝那些妨碍大家正常生活的事务。至少,这样的事务,是首先值得那些想通过社区居民的公共参与而培育社区感的人所关注的。

最后,还必须指出,"释放"社会并不等于"扔掉"社会,恰恰相反,政府必须在放权社会、给社会以相对的独立与自主的同时,与社会建立起积极的联系和互动。如同要个人对自己负责,他必须具备良好的责任能力一样,自愿合作形式的社会组织(社团)与社区要能够高效率地解决和应对面临的各种问题和风险,它们同样必须具备自我行动的能力,而这种能力与它们拥有必要的资源(资金)是分不开的;但各种社会组织(社团)和社区自身并不一定与生俱来地拥有自我行动能力所需要的充分的资源

（资金），而必须向外去寻求。缺乏资源（资金）来源，社会组织（社团）和社区便是无本之木、无源之水。当然，寻求资源（资金）的方向不止一个，而政府则是一个基本的来源（通过常规化的拨款、引入竞标机制的购买服务等）。前面曾提到，尽管 NGO 因其敏感性、灵活性等原因而在服务的提供、问题的具体处置应对上有其自身的优势，但是在再分配方面作用有限。不少国家和地区的 NGO 的活动经费都主要来自政府。由此可见，在社会建设中，政府除了要"释放"社会，还社会以相对的独立自主，还要通过与社会的积极联系与互动来支持社会。当然，这一切，都只有在社会运行受到有效规范的民主法治架构下才能健康展开。

二　结构转型

社会建设所要关注、协调的第二个层面是社会结构层面。陆学艺先生甚至认为，调整和优化社会结构是社会建设的"核心任务"，并认为，所谓社会结构，就是"资源与机会在社会成员间的组成方式与关系格局"，而"社会结构的核心是社会阶层结构"①。实际上，着眼于平衡、协调、兼顾个体自由与共同体的追求这两个方面，社会建设在社会结构层面上的核心问题同样也是社会分层问题，或者说阶层（阶级）关系问题，而社会流动则是社会分层的动态方面（当然，在社会建设的双重任务取向中，面向不平等的社会建设就更必须将社会分层问题置于核心）。

个体自由肯定、承认并形成人与人之间的差异、分化，共同体则要实现差异、分化中的整合协调。如何实现分化中的整合、差异中的秩序、结构性不平等中的正义和公正，是分层研究和理

---

① 陆学艺：《在"中国社会建设与社会管理学术研讨会"上的讲话》，载陆学艺主编《中国社会建设与社会管理：对话·争鸣》，社会科学文献出版社，2011，第 6 页。

论所要解决的一个根本性的、核心的问题。在社会学研究分析的传统中，围绕这个问题，人们一般会想到在许多具体观点上呈相互对立的两大理论流派，即功能主义理论和冲突理论的有关论述。许多人可能认为，功能主义社会学倾向于将社会分层看成是社会公正的体现，是社会秩序的来源和体现，而冲突理论把在社会地位上互不平等的阶层分化的存在看作一种社会不公正，因而是社会对抗、社会冲突的渊薮。但是，这种简单化的理解方式所包含的与其说是对功能主义理论和冲突理论的理解，不如说更多的是误解。事实上，无论是功能主义的理论家，还是冲突理论的学者，抑或是来自别的学术阵营甚至别的学科的学者，在其或隐或显地涉及社会分层、社会公正、社会秩序与整合的有关研究和论述中，几乎都不做类似上述这种简单化、绝对化的论断；蕴含在他们的相关论述中的，事实上是这样一种"问题意识"，即社会分层这种现象的存在——这是迄今为止所有有史可稽的人类社会中普遍存在的客观事实——具体在何种情形、何种条件下是社会秩序的体现、社会整合的条件和依托，又在何种条件、何种情形下是社会冲突、社会失序的根源？① 这当然也是社会建设在致力于调整社会结构，平衡、协调、兼顾个体自由与共同体的追求这两个方面时所必须考虑、关注的主题。

而围绕上述这个主题，需要面对和处理的则是两个彼此关联的问题，一是社会分层（包括社会流动）本身的状况，二是关于社会分层的价值观。格尔哈斯·伦斯基认为，在一个社会中，谁得到了什么，为什么得到，这是任何一个社会分层的理论都需要面对的中心问题。② 实际上，第一个问题就是社会分层本身的状况

---

① 西摩·马丁·李普塞特：《一致与冲突》，张华青等译，上海人民出版社，1995，第二章。
② 格尔哈斯·伦斯基：《权力与特权：社会分层的理论》，关信平等译，浙江人民出版社，1988，"新版序言"第2页。

问题，第二个问题所关涉的就是社会分层的价值问题。社会分层
本身的状况包括社会分层的性质（开放的分层结构还是封闭的分
层结构）、社会分层的形态结构（是金字塔型、橄榄型，抑或如图
海纳所言的"一场马拉松"）、分层结构中社会成员之地位的一致
性和不一致性（即衡量社会地位的各个维度——收入、权力、教
育、声望等——之间的相关性）、作为分层之主观方面的身份认同
和阶层（阶级）意识，以及社会流动的渠道、规模等。社会分层
的价值观则是关于社会分层、社会流动的价值取向，它联系着既
有分层结构的正当性，因而与处于特定分层结构中之社会成员对
于自身地位、这种分层结构是接受认同还是拒绝反抗紧密相关，
进而也与不同阶层之间是协调合作还是冲突对立密切相关。在人
类社会历史上，人们曾发明过许多宗教的、意识形态的教条和观
念来诱使社会成员，特别是社会下层成员去认同接受既有的分层
结构和自己在这个结构中的地位。从"劳心者治人，劳力者治于
人"到"血统论"，从"安贫是一种美德"到社会达尔文主义，
可以说都属于这类教条。而所有这些教条的一个共同目的，就是
要向社会成员灌输一种所谓"正义"的观念，使人们相信，既有
的分层现象是合乎正义的。到今天，若要使分属不同阶层（阶级）
的社会成员都认同接受既有的分层状况，同样也需要营造一种正义
观念。事实上，当戴维斯（K. Davis）和摩尔（W. Moore）力图从功
能主义的立场说明现代复杂社会中社会分层体系的必要性和正功
能时，也就是在试图赋予这种体系以一种"正义性"，而当图明
（M. M. Tumin）从冲突理论的立场出发批判戴维斯和摩尔的观点
时，实际上也就是在批判现代社会分层现象的"不义"。① 因此，
这里的关键是，怎样的分层体制才合乎现代社会中人们的正义观

---

① 王小章：《社会分层与社会秩序——一个理论的综述》，《浙江社会科学》2002
年第 1 期。

念？这是任何一种分层理论和实践——作为社会建设理论和实践的一个方面——都不能回避的问题。

需要指出的是，分层的现实状况和分层的价值观必然联系分层的机制，也即各种有价值而稀缺的资源在社会成员中的分配方式。在特定价值观下试图维持或营造某种特定的社会分层形态，必然需要确立某种相应的社会资源分配方式。因此，在社会资源的分配中，是强调市场的作用，还是突出国家权力的再分配，抑或重视社会团体在分配中的作用，这同样也是关于社会分层的理论和研究所必须面对的问题。而这也表明了社会建设之制度层面与结构层面的关联性。

当然，最后还要回到中国的具体语境中来。陆学艺先生认为，当前中国社会分层结构的问题，在于"农业劳动者阶层所占规模过大，社会中产阶层所占规模过小，整个社会阶层结构还没有形成现代社会阶层结构所呈现的两头小中间大的'橄榄形'特征，这使当前经济社会发展缺乏强有力的结构性支撑"。[1] 也就是说，当前中国社会阶层结构的问题，主要在于依旧呈现为一个两极分化的"金字塔"型结构，因此，调整和优化社会结构的根本，就是要促进广大底层成员向上流动，进入中等收入者阶层，从而推动我国社会阶层结构向"橄榄型"结构转型。但问题在于，有迹象表明，今天，那些处于底层的成员，包括他们的子女，向上流动的可能性和希望相比于20世纪90年代之前正在变小。而究其原因，一方面固然与我国社会中各类资产的集中化从而隐隐形成了某种总体性资本有关[2]，另一方面则与当前世界经济社会发展的一个普遍趋势有关。20世纪90年代中期，法国著名社会学家图海纳

---

[1] 陆学艺：《在"中国社会建设与社会管理学术研讨会"上的讲话》，载陆学艺主编《中国社会建设与社会管理：对话·争鸣》，社会科学文献出版社，2011，第7页。

[2] 王小章：《"富二代"的特权与"穷二代"的权利》，《人民论坛》2009年8月号（下）。

指出，法国的社会结构在过去十年中经历了一个从"金字塔"式
到"马拉松"式的演变过程。这种"马拉松"式的社会结构构成
相比于传统"金字塔"式的社会结构有两个根本性的特征：其一，
在金字塔式的结构中，社会成员的地位虽然高低不同，但是都处
在同一结构之中，而在马拉松赛中那些掉队而被甩出去的人，则
已经不再是社会有机结构中的成分，而是处于社会结构之外；其
二，在传统金字塔结构中处于底层的社会成员还有望改变自己的
地位，但在"马拉松赛"中被淘汰出局的人则基本上无望东山再
起。也即，随着社会经济本身的发展，随着科学技术进步并越来
越成为经济发展的决定性因素之一，人们进入市场、进入社会经
济竞技场的门槛已变得越来越高。这种门槛的提高既表现在资本
上，也表现在知识文化上。当年的鲁冠球们可以凭 4000 元的资金
起家，甚至完全白手起家，这在今天听来就像是天方夜谭；当年
的无知者可以凭无畏的精神打出一片天下，并且在打天下的过程
中边干边学，从而变无知为有知，而今天那些无知者的无畏举动
恐怕只能带来头破血流，如若一开始没有必要的知识积累、文凭
学历，社会根本就不给你所谓边干边学的机会。这样，一方面是
进入社会经济竞技场的各种资本门槛越来越高；另一方面则是社
会底层分享获得各类资本的机会越来越小，由此造成的结果就是，
一旦你落入了社会底层，你就很难再"咸鱼翻身"。

需要指出的是，两极分化的"金字塔"型社会结构以及垂直
流动渠道的堵塞（或者如图海纳所说的"马拉松"）所造成的
"断裂"问题，所显示的还主要是社会结构的相对分化问题，与此
相联系，在社会结构方面还有一个维持社会正常运行、生活正常
继续所必须保证的绝对底线问题。

所谓底线，是一个绝对的标准或者说限度，越过了这个标准
或限度，事物的性质就发生了根本性的变化，就不再能够维持其
原先的存在状态。对人以及由人组成的社会来说，底线就是维持、

保障人作为有别于其他动物的人而存在、社会作为有别于自然界"丛林"的人类社会而存在的最低必要条件或前提。就此而言，底线，既有客观规律性的意义，又有伦理规范性的意义。底线的客观规律性意义在于，它揭示肯定了人与社会正常地存在、生活、运行所必需的、不以人的主观意志为转移的前提条件。"全部人类历史的第一个前提无疑是有生命的个人的存在。""我们首先应当确定一切人类生存的第一个前提，也就是一切历史的第一个前提，这个前提是：人们为了能够'创造历史'，必须能够生活。但是为了生活，首先就需要吃喝住穿以及其他一些东西。"① 当马克思、恩格斯如此说的时候，实际上就表达了一种客观规律意义上的底线观念。底线的伦理规范性意义在于，作为人与动物、社会与"丛林"的分界线，它包含着对人的生存状态"应该"区别于动物，社会的运行法则"应该"有别于"丛林"的肯定。换言之，它体现了对于人作为马克思所说的"类存在物"应在其生活、工作、交往中维持其作为人之应有的基本尊严、体面的承认与尊重。自称在政治上是"自由主义者"、在文化上是"保守主义者"，而在经济上是"社会主义者"的美国社会学家丹尼尔·贝尔在解释他的"社会主义"时曾指出，他的"社会主义"所涉及的是经济政策的优先权问题，即"所有的社会资源应该优先用来建立'社会最低限度'，以便使每个人都能自尊地生活，成为群体的一分子。这意味着应有一套劳动者优先的雇佣制度，有对付市场危机的一定安全保障，以及足够的医疗条件和防范疾病的措施"。② 也就是说，必须在最低限度上保障每一个人作为人类群体的一分子能"像人"那样有尊严地活着。实际上，马克思主义的经典作家

---

① 马克思、恩格斯：《德意志意识形态》，载《马克思恩格斯选集》（第1卷），人民出版社，2012，第158页。
② 丹尼尔·贝尔：《资本主义文化矛盾》，赵一凡等译，三联书店，1989，第21~22页。

不仅在规律性的意义上指出了作为社会存在和发展之必需前提和
条件的底线，而且，在伦理规范性的意义上，他们同样在关注社
会发展之最高目标或者说理想——这个最高目标就是："建立在个
人全面发展和他们共同的社会生产能力成为他们的社会财富这一
基础上的自由个性"①；是在"集体财富的一切源泉都充分涌流之
后"实现"各尽所能，按需分配"②——的同时，强调一个合理
的社会必须首先维持人类生存状态的底线。在《英国工人阶级状
况》中，恩格斯抨击在资本主义制度下资产阶级将贫困的无产阶
级逼入了非人状况："他们说，好吧，你们穷人有生存的权利，但
是也仅仅是生存的权利；然而你们没有繁殖的权利，也没有像人
一样生存的权利……你们可以活着，但是，你们活着只是为了对
所有那些也有可能成为多余者的人起警示作用。"③ 这是通过对践
踏人的尊严的资本主义社会的批判，从反面揭示人的生活、社会
的运行所必须维持的底线。而在《哥达纲领批判》中，马克思则
就社会财富分配的问题从正面表达了对于社会运行之底线的重视。
马克思指出，在进行社会总产品分配之前首先必须扣除："第一，
用来补偿消耗掉的生产资料的部分。第二，用来扩大生产的追加
部分。第三，用来应付不幸事故、自然灾害等的后备基金或保险
基金。"这些扣除后剩下的部分是用来作为消费资料的，但在把这
部分进行个人分配之前，还必须从中扣除：第一，同生产没有直
接关系的一般管理费用；第二，用来满足共同需要的部分，如学
校、保健设施等；第三，为丧失劳动能力的人等设立的基金。④ 显

① 马克思：《1857—1858年经济学手稿》，载《马克思恩格斯全集》（第46卷
上），1979，第104页。
② 马克思：《哥达纲领批判》，载《马克思恩格斯文集》（第3卷），人民出版社，
2009，第436页。
③ 恩格斯：《英国工人阶级状况》，载《马克思恩格斯文集》（第1卷），人民出
版社，2009，第487页。
④ 马克思：《哥达纲领批判》，载《马克思恩格斯文集》（第3卷），人民出版社，
2009，第432~433页。

然，这最后的两项扣除，是基于伦理的关怀从保障所有社会成员的基本生存底线出发而做出的。

问题当然是，该如何确立这个底线？

作为人与动物、社会与"丛林"的分界线，这个"底线"首先自然体现在人民的生活状态上，从而更直接地表现在社会资源的分配上。那么，究竟该如何来确立这条基本生活的底线呢？在这方面，丹尼尔·贝尔在解释他所说的"社会最低限度"时对于需要（needs）与欲求（wants）的区分是颇有启发意义的。贝尔指出："'需要'是所有人作为同一'物种'的成员所应有的东西。'欲求'则代表着不同个人因其趣味和癖性而产生的多种喜好。社会的首要义务是满足必需要求，否则个人便不能成为社会的完全'公民'。"① 与"欲求"之高度的主观性、个体性、变异性不同，一个人在吃穿住行、生老病死等方面的基本需要相对具有客观、普遍的标准和量度。这个标准与量度就是经济社会本身的发展水平所许可的，同时也是每个社会成员在其所置身的社会中正常生活所应有的生活水平、生活质量或生活状态。基本生活底线，应该着眼于"需要"而不是"欲求"来确立。按笔者的理解，这也正是习近平主席在谈到精准扶贫的问题时一方面强调在社会民生工作中要"坚守底线"，另一方面又指出要"引导预期"（不能让民众对于生活水平的预期随主观欲望过度膨胀）的原因所在。② 当然，这种相对具有客观、普遍的标准的"需求"本身也是随着社会本身的发展而发展的，而不是亘古不变的。这是因为，随着社会本身的发展变化，社会成员在其中"正常地生活"的条件也会变化，同时社会满足这种条件的能力也在变化。比如说，在经济社会形态都很简单的传统农业社会中，接受一定年限的正规教育

① 丹尼尔·贝尔：《资本主义文化矛盾》，赵一凡等译，三联书店，1989，第22页。
② 习近平：《在党的十八届五中全会第二次全体会议上的讲话》（节选），《求是》2016年第1期。

并不被看作每一个社会成员的基本需要，因为，在那样的社会中，一个人即使是"文盲"也并不妨碍他在其中过正常的生活，就像费孝通先生指出的那样，"乡土社会"中的生活，从根本上讲，是不需要文字的。[①] 但是，今天的社会已经大大不同了，试想，如果一个完全没有受过任何正规教育的人一头撞入一个现代大都市，他能正常适应吗？正因此，在今天这个复杂的现代社会中，接受一定年限的正规教育，变成了每一个人的基本需要。但是，无论怎样变动，我们都可以确立起一个相对客观可依的作为底线的标准，就像义务教育，可以根据适应现代社会生活的需要以及现有经济社会条件来确定基本年限。

作为人与动物、社会与"丛林"的分界线，社会的"底线"首先体现在人民的生活状态，体现在社会资源的分配上，但不仅仅体现在生活状态和社会资源的分配上，还体现在人们的工作、劳动过程中，表现在社会资源的生产上，这也就是为什么在强调过有尊严生活的同时，还必须强调体面劳动的原因。马克思指出，人类劳动应该在一种"最无愧于和最适合于他们的人类本性的条件下来进行"[②]。过去，我们控诉"万恶的旧社会"时常常说："干的是牛马活，吃的是猪狗食！"一个正常的人类社会，不仅要在"吃"也即生活消费的状态上使人与动物区别开来，还要在"干"也即工作劳动的状态上使人与动物区别开来。当然，问题依旧是，如何确立这条在工作劳动的状态上使人和动物区分开来的底线？历史最久的全球组织之一"国际劳工组织"（ILO）在其写于 1918 年而迄今未变的国际劳工组织宪章的导言中指出："既存的劳动条件对于大量的人们所造成的不公、苦难、匮乏已产生了如此严重的不安，从而威胁着世界的和平与安宁，因而迫切需要

---

① 费孝通：《乡土中国》，三联书店，1985，第 8~20 页。
② 马克思：《资本论》（第 3 卷），载《马克思恩格斯文集》（第 7 卷），人民出版社，2009，第 928~929 页。

采取措施来改善这种条件。例如，调整工作时间，包括限定日最长工作时和周最长工作时；调整劳动力供给；防止失业；提供足够维持生活的工资；保护工人免受职业病患和伤害；保护儿童、青年和妇女；提供养老金和伤残抚恤；保护受雇于外国的工人的利益；承认同工同酬的原则；承认结社自由；组织职业和技能教育；等等。"① 类似地，总部设在美国的"社会责任国际"在1997年推出的全球第一个针对企业的社会责任认证标准 SA8000 则围绕童工、强迫劳动、健康与安全、结社自由与集体谈判权、歧视、惩戒性措施、工作时间、工资报酬、管理系统九个方面，就企业的最低内部社会责任做出了具体规定。笔者以为，国际劳工组织宪章，尤其是 SA8000 在保障工人工作劳动条件方面所规定的条款，实际上可以理解为使人在工作劳动的状态上和动物区分开来的底线。而进一步体察这些相关条款，则可以发现，作为确保人之为人的体面与尊严所必须守卫的底线，它们主要——当然并非绝对——侧重于从消极的方面，即从必须杜绝某些现象发生的角度来规定、保障最基本的"人性化"的劳动条件：不得使用未满16 周岁的童工，禁止所有形式的强迫劳动，不得因工作中或由于工作而发生的事故危害健康，不得在雇佣、薪酬、培训、升迁、解雇等事务上从事或支持基于种族、阶级、国籍、宗教、残疾、性别、性别取向、工会会员资格或政治关系的歧视行为，不得对劳动者进行肉体上的惩罚、精神或肉体胁迫以及言语凌辱，不得随意延长工作时间……而从这个"消极"的角度，我们实际上也可以以"一言以蔽之"的方式来简单地归纳这条底线，那就是，消灭"血汗工厂"。

种种现象表明，今天，我国社会结构方面的问题，包括相对层面的两极分化问题和绝对层面的底线失保问题，已相当程度地

---

① Text of the Constitution of ILO, http://www.docin.com/p-288353146.html.

影响和妨碍了我国经济社会的健康运行和发展。而解决至少是缓解这个问题的关键，笔者以为，还是在于强化公民身份。稍稍具体一点说：第一，通过强化超越阶层分化的公民身份意识，可以提升包括底层社会成员在内的全体公民的国家认同，从而在一定程度上弥补上述那种底层与中上层之间的"断裂"，当然，这种超阶层的认同，需要通过包括底层成员在内的全体公民的社会政治参与来加以培育。第二，尽管由于门槛提升等原因，今天会比以前难以出现底层崛起、草根创业的传奇，难以看到贫民窟中走出百万富翁、鸡窝里飞出金凤凰的佳话，但是，对于一个社会来说，特别是对于一个政府来说，其主要责任不是要造就百万富翁，而是要减少贫困，不是要保证每一个公民的幸福，而是要尽可能地使每一个公民都免于不幸，就此而言，落实、保护和强化各项公民权利，可以通过保障社会底层成员享有基本的人格尊严和获得与今天的经济社会文化发展水平相适应的生活水准，从而化解他们各种可能的负面情感，同时遏制社会上层将自身在财富、权力等方面的优势转化为社会基本生活领域中的特权，这是缓解阶层矛盾、维持社会平衡整合的重要途径。第三，就文化资本的匮乏是当今许多人堕入社会底层的重要原因而言，强化作为基本的公民社会权利之一的义务教育，也是防止那些出生于底层的子弟在未来的"马拉松"中像他们的父辈一样再次被淘汰出局的一个基本手段。总之，通过强化公民身份，一方面可以促进社会流动和阶层结构的优化，另一方面则可以通过保障、改善底层的生活而平复化解底层的负面情感，从而促进社会的整合团结、有序运行。

三 社会心理调适

培育健康的社会心理，构成了社会建设必须关注的第三个层面。当我们在上面说到任何一种关于社会分层的价值观，总是致力于使社会成员相信既有的分层现象是合乎正义之时，当我们说到底层社会中已积蓄起了能量巨大的负面情感时，实际上已经进入了社会心理层面。社会心理涉及方方面面，比如需要（need）的满足和欲望（want）的调节，包容与排斥，区隔与认同，公共道德、公共精神和个人权益，怨恨、倦怠与幸福或不幸，信任与疑忌，等等。不过，从社会建设的角度看，社会心理大体上可以分为社会价值观和社会心态两个相互联系的层面。

有人将社会价值观也看作社会心态的一个方面，如近年来一直关注社会心态研究的杨宜音教授。在个体与宏观社会之心理关系的分析框架下，杨宜音将社会心态界定为"一段时间内弥散在整个社会或社会群体/类别中的宏观社会心境状态，是整个社会的情绪基调、社会共识和社会价值观的总和"，并认为"社会心态的实质是个人与社会相互建构的最为宏观的心理关系"[①]。应该说，杨宜音从个体与社会心理互构的角度来分析社会心态，对于我们理解社会心态的形成、实质、社会心态与个体心态及其他社会心理现象的关系，是很有启发价值的，并且，从其自身研究的需要和目的出发，对社会心态做出这样的界定也无可非议，但是，将价值观与信仰包含在社会心态之中，显然与一般大众和传媒对"社会心态"这一概念的日常使用有出入，同时也与近来官方使用这一词语时的所指不尽相同。比如说，人们一般会把"自由""民主""正义""平等"乃至"人的全面发展"等视作价值观，但是一般不会将它们理解为"社会心态"。因此，我们不妨将杨宜音等所理解的"社会心态"看作广义的社会心态[②]，而狭义的、更严格意义上的同时也是更切合社会大众和媒体对这一概念的日常使用

---

① 杨宜音：《个体与宏观社会的心理关系：社会心态概念的界定》，《社会学研究》2006年第4期。

② 周晓虹：《文化、价值观与社会心态》，载李培林、李强、马戎主编《社会学与中国社会》，社会科学文献出版社，2008，第437页。

的社会心态，应该是比"价值观"更贴近日常生活的体验和行为，从而也是更加动态的社会心理层面。苏联的许多社会心理学者曾将社会心理的内容划分为互有差异又相互影响的两个层次，一是"心理特质"，即"一种比较稳定的构成"，包括社会或民族性格、风俗、习惯、传统爱好等，二是作为"比较活动的动态构成"的"情感和思想状况"，包括需要、利益、心境等。前者乃是一个社会或民族在相对稳定的社会经济、政治、文化乃至自然环境的影响作用下逐步生长形成的深层次的思维模式、价值取向、行为定式等，后者则是人们对当下不断变化着的现实社会生活的、即时性的社会心理体验和反应，实际上也就是我们这里所说的狭义的社会心态。因此，我们可以将社会心态界定为：社会心态是弥散、浮动于社会或群体中的，具有普遍性、代表性、基调性的社会心理体验和行为反应倾向，是社会心理对当下之社会关系、社会生活的即时回应。

作为对现实社会关系、社会生活的一种即时性的社会心理回应，社会心态无疑受到社会结构、制度的制约，因为正是社会结构、制度约束着人们现实的社会关系、社会生活。有时，社会结构、制度对于社会心态的这种制约、形塑作用表现得很直接，尤其是在下面这些情形下。其一是，如果由社会结构所决定的底层成员的生活状况下坠到某种绝对的标准以下，陷入不能确保基本生存的境地，这时，则无论社会的文化价值观如何，在下层群体中都不免会产生"铤而走险"的冲动，滋生"穿鞋的不怕光脚的"的暴戾心态，也就是说，当基本的生存权得不到保证时，"顺民"即会转化为"暴民"。其二是，如果将社会成员以特定方式联系起来的社会关系形态，以及由其决定的社会生活缺乏必要的稳定性（当然必要的稳定与没有任何社会流动的僵化完全是两回事），从而，人们对未来缺乏必要的可预期性和安全感，这时，焦虑、迷茫等社会情绪就势必会在社会中弥漫；而人们越是焦虑，则想方设法不择手段地寻求保障的冲动也就越强烈。其三是，在现代社会不可避免走向个体化、个体本位的进程中①，如果社会缺乏彼此互动、沟通的有效机制和平台，那么就会出现人与人之间彼此隔绝的个体原子化、社会碎片化的状态，冷漠、疏离、疑忌的心态就必然弥散于社会之中。在这种情况下，社会心态的调适自然主要借助于社会结构、制度的改造。比如，通过切实有效的社会保障、社会救助等保护性措施，尽可能确保社会底层成员的基本生活条件，以避免当其基本生存出现危机时产生"铤而走险"的"暴民"心态；在民主和法治的基础上，缔造公平而稳定的社会资源在社会成员中的分配、流动和占有制度，形成灵活、富有弹性而又不失稳定的社会（分层）结构形态和社会生活秩序，从而使社会成员对自己的生活及未来具有必要的预期性和自我控制感，以避免在缺乏这种必要的可预期性和控制感时产生焦虑、迷茫、不安等社会情绪；同样在民主和法治的前提下，壮大各种社会组织，促进和加强社会成员之间（包括同阶层成员之间和不同阶层成员之间）的沟通、交往与联系，以避免在社会碎片化、个体原子化情形下产生彼此冷漠、疏离、疑忌的心态，进而避免托克维尔在研究法国大革命的背景时所指出的那种情形：社会各阶层在长期的彼此孤立隔绝之后重新接触时，"他们首先触到的是他们的伤痛处，他们重逢只不过是为着互相厮杀"②；等等。

不过，更多的时候，社会结构、制度对于社会心态的制约作用并不表现得那样直接。现实的社会关系、社会生活无疑依旧是特定社会心态的客观根源，但是，社会心态不是现实社会生活、社会关系的直接镜像，从社会成员的现实社会存在即他们实际的社会生活、社会关系到社会心态，要经过一个中介转换，这个中

---

① 阎云翔：《中国社会的个体化》，上海译文出版社，2012，导论；王小章：《个体为本，结社为用，民主法治立基》，载《社会学家茶座》2008年第5辑。
② 托克维尔：《旧制度与大革命》，冯棠译，商务印书馆，1992，第145页。

介转换器就是他们所持的价值观，特别是社会中通行的核心价值观。就此而言，社会心态有别于社会价值观，但又受制于社会价值观。

众所周知，在"应然"与"实然"的两个世界中，价值观属于"应然"的世界，它是人们在长期的生活、实践过程和具体的社会历史环境和文化传统下形成的关于世界与社会"应该"怎样，人的生活"应该"怎样，人"应该"追求什么等的看法、观点。而所谓核心价值观，则是一个社会中居统治地位、起支配作用的核心理念，也是一个社会必须普遍遵循的基本价值准则。有人认为，一种价值观是否占据核心地位，有四个标准维度：在地位上，决定着一个社会价值观念的性质和结构方式，展现着社会价值观念的总体特征，维护着价值观念的统一性；在作用上，规定其他价值观念的产生、消亡，规范其他价值观念的存在方式，引导其他价值观念的发展方向，保持社会价值观念结构体的稳定性；在内容上，能够真实反映广大人民群众的利益诉求，正确把握社会发展一般规律，反映社会占主导地位的生产方式的发展趋势，满足广大人民群众的精神需要；在表现形式上，更稳定、更系统，更能吻合或包容其他社会价值观念，更能得到社会制度的支持，更能得到人民群众的认同和支持。① 不可否认，现代社会是多元社会，多元价值观的并存是基本常态，但是只要是在一个存在核心价值观并且该核心价值观通行生效的正常社会中，那么，价值多元就不会变成价值紊乱，价值歧异也不必然是价值冲突。而且，即使在不同价值观的引导下人们追求的目标相互冲突，这种冲突也会受到他们共同接受的核心价值观的约束规范。而那些与核心价值观完全不相容的价值观，则根本不能堂而皇之地存在。换言

---

① 阮青：《"核心价值"与"非核心价值观念"关系之我见》，《北京日报》2012年1月9日。

之，在一个存在有活力的核心价值观的社会中，社会成员个体的价值观以及由特定社会成员构成的各类社会亚群体的价值观都将受到核心价值观的调节整塑，从而维持整个社会价值的基本整合。

而通过对社会成员个体的以及由特定社会成员构成的各类社会亚群体的价值观的调节整塑，核心价值观必然进一步对社会心态产生制约整塑作用。从逻辑上讲，作为关于世界与社会"应该"怎样，人的生活"应该"怎样，人"应该"追求什么等的看法、观点、价值观必然影响制约人们对于作为"事实是怎样"的现实社会、现实生活的体验、感受以及相应的行为反应倾向。对于社会个体成员来说，由于每个人的追求和理想不尽相同，他们对于个人与个人、个人与社会（群体）、群体与群体乃至人类与自然环境、今日与历史及未来的关系应该怎样的看法不尽相同，因此，即使他们实际所处的社会环境、实际拥有的生活境遇彼此相同，他们各人的生活体验、感受、情感和行为反应倾向也会不尽相同。因此，只要这些社会成员的个人价值观以及由特定社会成员构成的社会亚群体的价值观不可避免地要受到社会通行的核心价值观的引导调节，其心态也就不可能脱离这种核心价值观的影响制约，而在由个体、亚群体的心态经过复杂的相互作用、影响、渗透、融合而汇聚整合成具有整体结构和效应的社会心态的过程中，也就不可避免地要受到通行的核心价值观的过滤、引导、规范和整塑。

因此，一个社会的核心价值观的状况与这个社会的社会心态的状况密切相关。在一个存在有活力的核心价值观的社会中，核心价值观是从社会成员的现实社会生活、社会关系到社会心态的中介转换器。在不同的历史时代或社会中，由于这个中介转换器的不同，即使社会成员所置身于其中的现实社会关系、所面对的实际社会生活基本类似或相同，其社会心态也常常迥然有别。举例来说，在欧洲传统的贵族制社会中和在现代社会中，同样面对社会不平等，但由于社会成员的基本价值观不同，他们的社会心态也就相当不同。在贵族制社会中，正如托克维尔所描绘的那样："人民从未奢想享有非分的社会地位，也绝没有想过自己能与首领平等，觉得自己直接受首领的恩惠，根本不去争取自己的权利……由于贵族根本没有想过有谁要剥夺他们自认为合法的特权，而奴隶又认为他们的卑下地位是不可更改的自然秩序所使然，所以人们以为在命运如此悬殊的两个阶级之间可以建立起某种相互照顾的关系。因此，社会上虽有不平等和苦难，但双方的心灵都没有堕落。"①也就是说，在这样的贵族制社会中，尽管人与人之间在身份地位上存在巨大的不平等，但是由于"上帝"或"天命"的信仰使得每一个人都觉得自己在既定社会结构中的位置是天经地义地"安置好的"，他们并不认为自己"应该"与处于其他位置上的人"平等"，因而也就不太会与别人进行攀比。所以，在那样的社会中，虽然在客观上人们的身份地位是不平等的，但是在社会心态上，"怨恨"情绪却并不普遍。但是，进入现代社会以后，同样面对事实上的地位不平等，人们的社会心态却迥然不同了。这是因为，在现代社会，一方面天赋人权、人人生而平等的观念不胫而走，每个人都觉得自己应该生活得跟别人一样好、一样风光，但另一方面，事实上却总有人看到别人比自己生活得更好、更风光；人人都觉得自己有"权利"与别人相比，然而"事实上又不能相比"。②于是怨恨，作为一种如舍勒、尼采等所说的现代性社会情感或心态，就在"平等的价值理念"和"不平等的现实社会结构"的紧张中产生了。

上述分析表明，在一个存在有活力的核心价值观的社会中，人们的动机、欲望、追求以及与之联系的对于现实生活境遇的体

① 托克维尔：《论美国的民主》（上册），董果良译，商务印书馆，1991，第10页。
② 舍勒：《道德建构中的怨恨》，载《舍勒全集》（上），刘小枫选编，上海三联书店，1999，第406页。

验、感受、情绪、行为反应倾向等，不仅受到各自价值观的引导、制约，而且还要受到他们共同认可接受的核心价值准则的直接和间接的规范调节，也就是说，社会心态会受到共同标准的调节整塑。自现代社会理论诞生以来，从孔德到涂尔干、从帕森斯到哈贝马斯，面对日益分化、日益多元的现代世界，一代代的思想者之所以以不同的方式表达了对于社会核心价值共识的共同关注，究其原因，事实上多少都与核心价值观的这种功能作用有关。

改革开放三十多年过去了，中国社会无论在制度（体制）层面、结构层面，还是在社会心理层面，都已发生了天翻地覆的变化。社会心理层面的变化既包括较稳定、较深层次的思维模式、价值取向等的转化，也包括社会心态的波动起伏。而特别引人注目、惹人关切的是，近年来，一些不理性、不健康、妨碍社会和谐、干扰人们正常生活的消极社会心态日益凸显。自 2011 年 4 月 21 日起，《人民日报》在前后一个月的时间中连发了《希望杜绝一切非理性言行是不现实的》《用公平正义消解"弱势心态"》《执政者当以包容心对待"异质思维"》《"心态培育"，执政者的一道考题》《倾听那些"沉没的声音"》五篇讨论当前我国消极社会心态问题的系列评论文章。为什么各种消极负面的社会心态在今天成为凸显的社会现象？原因固然与现实"社会生态"即现实社会生活、社会关系中的客观问题密切相关，但同时也与社会心理变迁之另一个层面，特别是我国社会核心价值观所存在的问题紧密交织在一起。

如上所述，核心价值观是一个社会中居统治地位、起支配作用的核心理念，也是一个社会必须普遍遵循的基本价值准则。一个社会要有相对健康良好的社会心态，社会成员至少必须在以下三个方面接受核心价值观的有效规范和约束：第一，什么是应该、可以以及可能追求到的正当目标？由此形成对社会成员的欲望约束。有了这种约束，社会成员就不太会轻易屈服于各种诱惑而放纵自己的欲望，更不会在这些欲望得不到满足时就充满怨愤，觉得自己是受剥夺的"弱势"。第二，什么是实现正当目标应该、可以采用的正当手段？由此形成社会基本的规则意识。有了这种规则意识，就不太会产生"马无夜草不肥，人无横财不富"的浮躁、投机、蛮横、暴戾。第三，在以正当手段追求正当目标的过程中，必然会遭遇人与人之间（包括个人与个人、个人与社会或群体、群体与群体等）的关系问题，什么是认识、理解和处理这种关系应持的正当理念和态度？由此形成基本的人伦意识和社会情感。有了这种意识和情感，就相对不太容易产生嫉恨、疑忌、冷漠等情感，即使有了，也相对容易得到化解与克服。而在与上述三个方面相关的心态都相对平和、理性的情况下，人们对于未来也会持相对理性的期待，从而也就会少却一些焦虑和迷茫。但是，中国社会目前的状况恰恰是，在上述三个方面，社会核心价值观似乎未能施加十分有效的引导、规范和约束。有学者在讨论当代浙江人应当具有什么样的价值观时指出，我们所要建立的价值观应该包含三种基本要素，即竞争性价值观、规范性价值观和超越性价值观，但当今浙江社会的现实情况是，超越性价值观基本缺失、规范性价值观相对缺乏，只有"追求成就的动机、热情和意志，敢试敢闯敢冒的精神，即竞争性价值观念"，从传统主义的束缚中摆脱了出来。① 这里所说的虽然是浙江，但这种情形却不仅仅限于浙江，而是社会中相当一部分人的情形。在失去了超越性价值观对人生目标的引导，脱离了规范性价值观对竞争手段、行为方式的约束的情况下，所谓"竞争性价值观"就很容易滑向"为达目的，不择手段"式的急功近利，由此催生的社会心态，也就往往是消极负面甚至乖张的，而不可能是健康、平和、理性的。

美国著名社会学家、结构功能主义的巨子罗伯特·默顿指出，在现代社会中，一个社会中通行的文化价值观（默顿称为"文化

① 陈立旭：《我们需要什么样的价值观》，《观察与思考》2012 年第 4 期。

结构")一方面为社会各界成员提供了一个普遍适用的"抱负参考框架",也即人们应该为之奋斗的正当目标;另一方面,则规定、限制了实现这些目标可以接受的正当方式:"每一个社会群体总是将自己的文化目标同植根于习俗或制度的规则、同实现这些目标所允许的程序的规则联系起来……许多从特定个体的角度看来是保证获得所渴求的价值的最有效的方法——使用暴力、欺骗及权术——都被排除在制度所允许的行为之外。"① 但有时,社会中通行的文化价值观不是平衡地、同程度地指出和强调什么是人们应该为之奋斗的抱负目标,什么是实现此目标可以采取的正当手段,而是一味地突出前者,却对实现目标的规范化、制度化手段未给予相应的重视和强调。默顿曾指出,20 世纪的美国文化就接近于这种状况。②

① 罗伯特·默顿:《社会理论和社会结构》,唐少杰等译,凤凰出版传播集团、译林出版社,2008,第 225 页。
② 罗伯特·默顿:《社会理论和社会结构》,唐少杰等译,凤凰出版传播集团、译林出版社,2008,第 227~229 页。需要说明的是,尽管文化价值观平衡地、同程度地强调正当的抱负目标和制度化的正当手段,但在现实中,目标和手段的脱节由于社会结构的问题也同样会出现。这是因为,在通行的文化价值观为社会成员提供普遍的奋斗目标和实现目标可以被接受的方式的同时,社会的阶级或阶层结构却在很大程度上限制了通向目标的正当手段和途径在社会成员中的实际分布。对于处于社会结构底层的人来说,社会资源的缺乏使得他们很难真正拥有和掌握达到正当目标的那些被认可的手段与途径,于是他们获得成功的机会就被严格限制,甚至被彻底堵死。默顿认为,所谓"失范",就是文化结构的瓦解,即文化目标和规范化手段之间联系的断裂,而导致这种断裂的重要原因,是文化规范及目标与社会结构赋予社会成员以规范化手段实现这些目标的能力之间的脱节:"社会结构歪曲了文化价值标准,使得符合这些标准的行动对社会中有一定地位的人极为容易,而对其他人则相当困难或根本就不可能。"在这种情况下,对于后者来说,试图以规范化手段之外的途径来实现目标的倾向就会更为强烈。而从社会心态的角度来说,诸如怨恨、疏离、投机、弱势感,乃至"马无夜草不肥,人无横财不富"式的狂躁等情绪、体验、意向就容易在后者那里产生、弥漫,并进而向全社会影响渗透。换句话说,在一个社会中,人们越是普遍地认同接受文化价值观所提供的抱负目标,同时,被社会结构限制而无法掌握实现抱负目标的正当手段,因而被剥夺了"成功"机会的社会下层成员越广泛,消极负面的社会心态就越有可能滋生泛滥。

　　中国社会目前出现的那些不理性、不健康的社会心态，同样既有中国社会制度、结构层面的原因，也有社会价值观方面的问题。因此，要想遏制社会心态的继续恶化，消除不良社会心态，培育理性平和、积极向上的社会心态，我们必须双管齐下，既要通过进一步的制度改革，调整优化社会结构，促进社会公平公正；也要顺应现代化进程中社会结构的变化，重塑社会核心价值观。

　　需要说明的是，之所以说当今我国社会核心价值观在某种程度上缺席，主要并不是指我们缺乏对某些美好的价值理念的正式表达，而是指这种美好的价值理念没有真正进入全体社会成员的心灵，从而对他们缺乏内在的有效性。缺席，乃是核心价值观在一些社会成员心灵上的缺席，就像涂尔干说"失范"，并不是指缺乏外在的道德规范，而是指作为道德精神力量的集体意识在人们心灵中的不在场，或者说，这些规范只剩下物质性的外壳。① 我们上面也曾提到，有人认为，核心价值观有四个标准维度，实际上，前两个维度说明的是核心价值观的地位功能，对于核心价值观本身而言，后两者才是关键。真正的核心价值观必须是广大社会成员普遍认同、支持和接受的价值观，同时也只有为社会成员普遍认同接受，真正进入每个社会成员的心灵，核心价值观才能真正生效，才能真正起到引导、规范、调节和约束社会心态的作用。而要核心价值观真正为社会成员所普遍接受认同，成为共识价值观，成为被自觉践行的价值观，则核心价值观的内涵本身首先必须符合某些基本要求，如必须正确把握社会发展一般规律，反映社会中占主导地位的生产方式的发展趋势，反映社会制度的本质特征，契合有活力的文化传统，符合全球化时代的世界基本潮流等，而最重要的，则是，这种价值观必须要能够切实地、最大限

---

　　① 王小章：《经典社会理论与现代性》，社会科学文献出版社，2006，第 161 ~ 162 页。

度地反映全体社会成员之共同、共通的利益。

共同、共通的利益源于特定社会结构下社会成员共同或类似的社会生活或存在形态。在传统社会，由于社会分工程度低、社会流动性小等原因，社会成员的生存形态基本类似，成员之间的同质性高，从而也就比较容易在相对显著的共同利益关系之上形成基本的价值共识或道德操守。但是，在现代化进程所带来的社会结构变迁以及相应的社会利益关系的分化重组中，某些传统的道德因素"不可补救地动摇了……祖先留给我们的那些对自身责任的传统解释已经丧失了自己的现实基础，它们相互之间的纽带已经松弛了"①，因此，我们必须顺应这种变化的社会结构和相应的利益关系，重塑人们心中基本的或者说核心的价值共识。

问题是，在今天这个越来越分化、越来越多元的时代中，什么是共同、共通利益的现实基础，也即在分化中维系着整合、在彼此的殊异中保留着一致和认同的共同社会存在形态？在此，笔者认为，我们不得不再一次回到"公民权"这个概念：这个共同的基本社会存在形态，就是职业、阶层、教育程度、性别等都可能互不相同的人们所共同持有的公民身份。因此，核心价值观要想真正为社会成员所普遍认同接受，真正进入人们的心灵，进而，真正起到引导、规范、调节和约束社会心态的作用，它就必须联系于人们共同的公民身份，必须建基在与这种公民身份相联系的"公民权责"之上。

不妨再以"怨恨"这种社会心态为例。前文曾指出，作为一种典型的现代性社会情感或心态，"怨恨"产生于平等的价值理念和不平等的现实社会结构之间的紧张。但是，在今天一些发达国家中，"怨恨"这种情绪虽然不能说已经完全消失，但至少可以说得到了很好的控制。而这种控制，则与这些社会中逐步发展成熟起来的建基于公民身份之上的公民权利以及相应的义务和责任的

---

① 涂尔干：《社会分工论》，渠东译，三联书店，2000，第367页。

价值共识密切相关。这种以公民身份为基础的价值理念，由于融合了形式性平等（如马歇尔所说的 civil rights 和 political rights）和实质性平等（如马歇尔所说的 social rights），既最大限度地保障了社会整体之实质性的"底线公平"，也肯定了个体、群体的自由和与之相连的差异，因此，这种公民权利体系和观念共识，对于社会下层来说，一方面通过实质性的底线平等，保障了其具有基本的、有尊严的生活，从而一定程度上缓解了可能产生的怨恨；另一方面，也使他们认识到并承认，平等乃是建基在公民身份之上的公民权利和相应义务上的平等，而不是所有人之间的无差异，因而，它在赋予追求平等之正当性的同时，也给了这种追求以限制和约束，从而在一定程度上控制了那种追求"普世无差异"之平等状态的激情以及与之相伴随的怨恨；而对于社会上层来说，这种权利体系和观念共识则使他们在"公民身份"的基础上走出特权意识，不再从特权者的立场高高在上地看待自己与社会下层成员的关系，而是从平等的公民的立场来理解这种关系，进而也能容忍、接受、承认下层基于公民身份而提出的平等诉求的正当性，而不致产生对对方的负面的、敌意的情感。换言之，建基在共同的公民身份之上的横跨不同阶层的权利和义务共识，作为现代社会的"集体意识"，约束、调节了处于不同阶层的社会成员的欲求，也规范了他们之间的情感，防范了敌意和怨恨的泛滥。对此，笔者以为，在今天我们建设社会主义核心价值观、培育健康良好的社会心态的努力中，在社会心理层面的社会建设实践中，是值得重视和借鉴的。

进一步具体一点说，在重塑我国社会的基本价值共识时，我们必须因应现代社会的基本特征，针对当今我国社会之文化价值观的状况，在强化以公民身份为基础的权利和相应义务意识的基础上，还要注意以下几点。

第一，我们要建设塑造的文化价值观，应该把人性能力、人性情感、善恶观念的培育①，以及以基本权利来表达的人性尊严，放在优先于竞争性的所谓"成功"之上，这样的价值观可以对人们的欲望目标施加有效的约束，进而调节人们对于客观现实生活的体验感受。

第二，这种文化价值观必须扭转当今中国社会一些人那种只问目标不问手段，或者说"以目标证明手段正确"的倾向，而要将它所提供的参考抱负目标和实现这种目标的正当手段给予同等程度的强调，重建两者之间的平衡。

第三，在上述两者基础上，这种文化价值观还应该尽可能为不同社会成员提供多元的成功目标。当然，这并不是说要效仿传统上一些等级制社会为不同等级的成员提供不同的人生追求，从而使他们各安其位，而是说，我们的文化价值观应该为不同领域中的社会成员提供不同的成功标准——衡量一个政治家的标准不同于衡量一个企业家的标准，衡量一个学者的标准也不同于衡量一个艺术家的标准。多元目标可以减轻成员之间的对抗、冲突和争斗，进而也有利于社会结构与抱负目标和规范性手段的平衡与衔接。

第四，这种文化价值观还应顺应现代社会多元化、异质化、陌生化的基本特征，强化现代公民公德意识的培育与规训。需要特别指出的是，现代公德意识主要是一种以对差异性的容忍为基础的道德意识，它与传统社会中主要维系熟人间私人关系的道德在内涵侧重上是有所不同的。可以这样说，维系熟人间私人关系的道德在从反面对人的品行提出要求（如不能做对不起父母、配偶、朋友的事等）的同时，甚至更加突出正面的、积极的要求，即要求行为者针对特定的对象积极地去"做"点什么，"奉献"一点什么，以帮助对方，成就对方，愉悦对方，满足对方，无论这

---

① 李泽厚语。见李泽厚、刘绪源《该中国哲学登场了?》，上海译文出版社，2011，第110页。

个特定的"对方"是父母、兄弟、配偶、朋友还是其他什么熟人。也就是说，它重视处于特定私人关系中之人们彼此之间的积极"义务"。但，现代公德不同，它的主旨在协调陌生人社会中陌生人之间的关系，它首先不是从正面、积极的角度去引导、激励社会成员的行为，而是从反面、消极的角度来提出要求，来规范、约束社会成员的行为。也即，它首先并主要要求的，并不是你应该为那些与你共处在同一个场所、领域的陌生人做些什么，而是要求你不能够做什么，以免影响别人，妨碍别人。现代公德首先并主要措意的，是对人们不受别人干扰之"权利"的尊重。这样一种公德意识的培育，主要不是通过正面示范、树立正面的榜样来实现的（你怎么从正面来"示范"那"不能做"的事情呢？）。你也许能够通过树立、宣扬一个孝子的典范而使孩子们懂得如何孝顺父母，但你很难通过树立、宣扬一个遵纪守法、诚信经营的标兵企业而来改变那些制假售假、偷排偷放的企业的行为。换言之，公德意识，只能更多地依赖于通过惩罚那些做了不该做的事情的行为者，通过树立"反面教材"，来慢慢培育。[1] 这样一种公德意识的确立，可以大大减少社会生活中的摩擦、隙嫌、冲突、厌烦、恼怒，利于人与人之间的和谐相处，至少是平和相处。

当然，最后还必须指出，对于任何一个社会来说，其文化价值观再合理，与社会结构、制度衔接得再好，也不能确保其社会心态始终不出现失调。因此，着眼于"培育自尊自信、理性平和、积极向上的社会心态"，作为社会建设、社会治理的一个重要方面，现代社会还应该在尽可能拓展理性而负责的公共表达空间的前提下，建立和健全各种社会心理的疏导和宣泄机制，从而使各种可能的消极体验、情绪、意向能得到及时有效的、制度化的化解和释放。

---

① 参见王小章《陌生人社会、公德与公共精神》，《观察与思考》2016 年第 1 期。

附 录

附录 1　现代性视域下的社区与社团[*]

　　"社区"与"社团"都是人们非常熟悉的概念。但唯对其熟悉，才更需要在此对它们做明确的界定，因为有时候，熟悉往往带来不求甚解的模糊含混。笔者将社区界定为"地域性的社会生活共同体"。当然，这并不是说，作为社区主体的社会成员之间除了居住生活地域上的邻近之外没有任何其他的社会联系，真正完全互不相干，甚至互不相识的人们，即使生活在同一个地方，也不过是互不相关的邻里，而不可能成为生活的"共同体"。笔者之所以强调社区是"地域性的社会生活共同体"，无非是想突出它的地域性特征。当然，这也不是没有理由的。如芝加哥城市社会学学派的著名代表帕克（R. E. Park）在《人文生态学》一文中就把"社区"（community）看作：①以区域组织起来的人群；②人们程度不同地深深扎根于居住的地盘；③生活在多种多样的依赖关系之中，这种相互依存关系与其说是社会的，不如说是共生的。有人还对美国社会学界关于"社区"的 94 种定义进行了比较，结果发现有 69 种与帕克一样都包含了地域、共同联系和社会互动三个

＊　本文曾作为"导论"发表于作为本课题阶段性成果之一的专著《社区与社团——国家、市场与个人之间》（冯婷，浙江大学出版社，2014），部分内容也曾以《国家、市场与个人之间：当代社会理论中的社区与社团》为题发表于《浙江学刊》2014 年第 3 期，《人大报刊复印资料·社会学》2014 年第 9 期转载。

因素。① 而我国由中共中央办公厅、国务院办公厅转发的《民政部关于在全国推进城市社区建设的意见》更是明确规定了我国目前城市社区的地域范围，即"一般是指经过社区体制改革后做了规模调整的居民委员会辖区"。"地域性"显然是社区的突出特征。

笔者之所以要特别强调社区的"地域性"特征，目的是凸显它与另一种社会生活共同体即"社团"的对比。笔者将社团看作"脱域的共同体"（disembeded community）。之所以这样看，主要不是因为许多社团是超越于特定地域的，而是因为，形成这些社团的纽带，并不是地域上的邻近，而是诸如共同的兴趣、共同的利益、某种共同的经历或共同的社会关怀等其他因素。在一个特定的地域如社区之内，具有这些纽带的人固然可以形成社团，但借助发达的通信、交通手段，那些以上述这些共同特征为纽带而形成的社会组织在今天已摆脱了地域的限制。在有关社团（对此有许多不同的名称如"志愿结社""公民组织""民间组织""社会中介组织""非营利组织""非政府组织"等）的许多研究中，研究者们提出过或宽泛或严格的各种不同的界定，宽泛的界定如吉纳和萨拉萨（Giner and Sarasa）认为的："'志愿性的利他主义结社'可以被界定为这样一些群体，它们部分地或完全地存在于私人领域（市民社会），它们所明确宣称的主要目的之一，是要为他人的利益或共同的利益工作，而不以赢利为念。"严格的定义如萨拉蒙和安海尔（Salamon and Anheier）所指出的，志愿结社至少具有五个特征，即组织化的（正式的）、私人性的、非营利性的、自治的和志愿的。② 但无论是宽泛的界定还是严格的界定，都没有将"地域性"作为社团的基本要素。英国社会学家阿尔布劳曾经

---

① Hillery, G. A., "Definitions of Community: Areas of Agreement," in *Rural Sociology*, 1955, Vol. 2.

② 参见柯文·M. 布朗、苏珊·珂尼、布赖恩·特纳、约翰·K. 普林斯《福利的措辞：不确定性、选择和志愿结社》，王小章、范晓光译，浙江大学出版社，2010，第 53 页。

指出，在当今的全球时代中，社会生活已经被"非领土化"（de-territorialized）了，地区性已不再具有任何明确无误的意义，现代社会的团体，主要是一些"脱域的共同体"，正是这些"脱域的共同体"构成了"个人切身社会环境"，因此，对于那些为获得选票而大谈时代潮流的政客们也许听从这么一种参谋意见会更好些，"即：他们应当在增加人们对个人周围切身情境方面的满意感上做文章，而不是在增强人们已经失去的社区感上做文章"①。也许，阿尔布劳的话中所包含的"社区终结"的意涵是经不起进一步推敲的——尽管如许多研究者指出的那样，现代社会不断增长的流动性、不断拓展的社会联系，正在"导致大家都生活在一种来路不明的社会里，在这种社会里，每个个体几乎不从属于某个特定的地方或邻里共同体"②，因而，相比于传统社会，作为地域性社会生活共同体的社区今天在人们生活中的功能和重要性无疑是下降了，但是这种下降的程度并没有达到社区在人们生活中完全无足轻重的地步。这是因为，其一，虽然今天是一个高度流动性的时代，但是这种流动性并没有使所有人失去与特定地方的联系：据英国的一项研究资料，大约有40%的人，始终在他们出生地范围不大的区域内生活着。③ 其二，尽管在今天，人们的社会活动、社会联系不断突破地域限制，但是，人们与他们除了工作时间之外大部分时间都生活于其中的家所在的地方（包括同样生活于该地的其他人）毕竟还有一些特殊的联系、特殊的利益关联。④ 其三，从人的生命周期来说，随着老年期的来临，绝大多数人都会

---

① 马丁·阿尔布劳：《全球时代：超越现代性之外的国家与社会》，高湘泽、冯玲译，商务印书馆，2001，第245~252页。

② 保罗·霍普：《个人主义时代之共同体重建》，沈毅译，浙江大学出版社，2010，"前言"第5页。

③ 保罗·霍普：《个人主义时代之共同体重建》，沈毅译，浙江大学出版社，2010，"前言"第5页。

④ 王小章：《何谓社区与社区何为》，《浙江学刊》2002年第2期。

逐步从外部世界的各种社会活动、社会联系中慢慢退出，相应地，其居住的社区则将慢慢成为他们最主要的活动空间——但是，阿尔布劳认为作为"脱域的共同体"的各种社团在今天人们的社会生活中越来越重要，则无疑是真实的。

社区与社团，前者作为地域性的社会生活共同体，后者作为"脱域的共同体"，在笔者看来，它们构成了当今社会系统中既有别于国家，又有别于市场的第三部门的核心要素，或者说，它们既有别于政府组织，又有别于市场组织，当然也有别于个人行动者的"社会"这个行动主体的主要承当者。

说到"社会"，我们常常笼统地说，我们生活在"社会"中，我们是"社会"人，我们从事着各种各样的"社会"活动，我们要改造"社会"等。在这些笼统的说法中，"社会"的含义是含混的，所指是模糊的。而回顾近代以来社会政治思想和理论中对于"社会"的意象表述，则可以发现，用于表征"社会"之整体意象的核心概念，大体经历了一个从原先的一元到多元，或者说，从总体性单一概念到分化的概念家族的演变过程。之前，在亚里士多德那里，"社会"的概念就是城邦国家的概念，不存在独立于城邦国家的"社会"，也不存在现代意义上的"个人"，所谓人就是"公民"，个人不可能在城邦政治之外发展出自己的公民性格，甚至属人的性格，因此，"人天生是政治的动物"。到中古时代，在壮丽的宗教政治外观下，同样不存在相对独立的"社会"或现代意义上的个人的概念。一直到文艺复兴，原先一直由单一的国家（政治体）概念来表征的社会的整体意象，发展为由国家（政治体）与个人（家庭）两个方面来表征，而此后的自由主义政治哲学基本上就围绕着这两者的关系来构想社会的整体运行。到 18 世纪后半叶，特别是经苏格兰启蒙运动思想家（如亚当·斯密、弗格森）以及稍后的黑格尔、托克维尔、马克思等之后，表征整体社会及其运行之意象的概念，在国家（政治体）与个人（家庭）

之外，又增加了"社会"或"市民社会"这个概念，这些思想家
们意识到："不能或再也不能仅依靠区别政治组织与家庭、或以现
代自由主义形式区分政治组织与个人来理解社会世界的构成要
素。"① 不过，在亚当·斯密、弗格森、黑格尔等人（也许托克维
尔应该除外）那里，"市民社会"是包括"市场"在内的，而且
是以"市场"为核心的。到了20世纪，特别是经过葛兰西、波兰
尼、阿伦特、哈贝马斯等思想家，"社会"的范畴进一步与"市
场"的范畴相分离，于是，被用于表征整体社会及其运行之意象
的，就有了四个核心概念，即国家、市场、社会与个人。表征社
会及其运行之概念的这种分化演变，一方面折射出了近代以来社
会结构和运行本身所发生的变化；另一方面，也体现出了作为现
代社会之代言人的社会思想家和研究者们关于"社会应该如何"
的规范性理念的变化。正如有研究者指出的那样，今天来看那些
试图解释、理解，甚或建构改造现代社会的社会理论，则"我们
可以将社会理论理解为是围绕四个基本概念组织起来的，并且也
是以这四个基本概念来表述的，这四个概念就是，国家、市场、
个体与社群，它们经常处于两相对分的关系中。我们完全可以将
这些概念看作所有社会理论的主要建筑材料。也就是说，任何一
种社会理论都将或明确或含蓄地对这四种要素之间之经验性的和
规范性的关系表达出自己的观点立场"② 。而事实上，鉴于引文中
的"社群"（community）在所引文献中既包括那些情感性的、紧
密团结的"共同体"（即德国社会学家滕尼斯的 gemeinschaft），又
包括结社、社会运动等异质集合（a differentiated collection），因
而，完全可以改换成从"市民社会"中剥离了"市场"的"社

---

① Wagner, P. , *A History and Theory of Social Science*, London: Sage, 2001, p. 131,
转引自威廉·乌思怀特《社会的未来》，沈晖、田蓉译，浙江大学出版社，
2011，第75页。

② 柯文·M. 布朗等：《福利的措辞：不确定性、选择和志愿结社》，王小章等译，
浙江大学出版社，2010，第8页。

会"。质言之，社区与社团乃是如今剥离了"市场"的"社会"
的基本要素，而对于这两个基本要素在现代社会系统中的地位角
色和功能，需要从国家、市场、社会与个人四者的关系中来分析
和考察。而实际上，从经典社会理论到当今的有关研究，凡在现
代性视阈下展开并论及这两个社会的根本要素的，基本上都或明
确或含蓄地在这四者的关系中展开运思，尽管不同的理论家和理
论所持的立场、所侧重的方面互有不同。

一　经典社会理论中的社区与社团

在经典社会理论涉及社区与社团的有关讨论中，最值得关注
的是托克维尔、马克思和涂尔干的有关论述，他们的分析向我们
呈现了现代性问题的一些基本的方面同社区和社团这两个因素的
关系。

1. 托克维尔：乡镇自治、结社与个人的独立自由

托克维尔最为珍视的价值是个人的独立自由，也就是个人
"在上帝和法律的唯一统治下，能无拘无束地言论、行动、呼吸"
的权利[1]，而他所面临的一个重大的客观历史趋势，就是民主的社
会状态，也就是身份平等在全世界范围内无可阻挡地到来。托克
维尔发现，民主化即身份平等化的趋势潜在地包含着对于自由的
诸多威胁，而其中最显著的是：个人自由之存在和保持的一个重
要前提，是专横权力（包括在民主的社会状态下极容易形成的
"多数"对少数或个人的权力）的任意扩张必须受到有效的约束限
制，但民主的社会状态却倾向于掏空抵御专制权力扩张的社会力
量。[2] 托克维尔指出，一方面，平等化缩小了人与人之间的差别，

---

[1]　托克维尔：《旧制度与大革命》，冯棠译，商务印书馆，1992，第 203 页。
[2]　王小章：《经典社会理论与现代性》，社会科学文献出版社，2006，第 68～74 页。

"随着身份在一个国家实现平等，个人便显得日益弱小，而社会却显得日益强大。或者说，每个公民都变得与其他一切公民相同，消失在人群之中，除了人民本身的高大宏伟的形象之外，什么也见不到了。"① 这时，也就没有任何特别有影响力的人物能够像以前的贵族那样起来有效地反抗当局对他们的自由独立的可能侵犯。另一方面，托克维尔还指出，在民主的社会状下，社会成员易于陷入一种彼此隔绝或者说"原子化"的状态之中，并相应地产生以自己为中心的个人主义情感。确实，尽管托克维尔有时也提到地方自由、社区自由等，但他肯定自由的最终承担者无疑是个人。不过，托克维尔这里所说的个人主义乃是"一种只顾自己而又心安理得的情感，它使每个公民同其同胞大众隔离，同亲属和朋友疏远。因此，当公民各自建立了自己的小社会后，他们就不管大社会而任其自行发展了"②。这种个人主义情感恰恰潜伏着对个人自由独立的威胁，因为这种个人主义情感的另一面是对公共事务的冷漠，是公共精神的失落。无论在何时何地，公民对公共事务的冷漠、公共精神的失落都是专制权力肆意扩张的极好机会。托克维尔进而还指出，当平等化缩小了人与人之间的差别，当社会陷于原子化状态和"以自己为中心的个人主义情感"之后，社会成员作为个体就陷于一种普遍的软弱之中，这种软弱往往会促使他们去仰仗当局的干预："在平等时代，人人都没有援助他人的义务，人人也没有要求他人支援的权利，所以每个人都既是独立的又是软弱无援的……他们的软弱无力有时使他们感到需要他人的支援，但他们却不能指望任何人给予他们援助，因为大家都是软弱的和冷漠的。迫于这种困境，他们自然将视线转向那个在这种普遍感到软弱无力的情况下唯一能够超然屹立的伟大存在。他

---

① 托克维尔：《论美国的民主》（下卷），董果良译，商务印书馆，1991，第841页。
② 托克维尔：《论美国的民主》（下卷），董果良译，商务印书馆，1991，第625页。

们的需要，尤其是他们的欲求，不断地把他们引向这个伟大存在；最后，他们终于把这个存在视为补救个人弱点的唯一的和必要的靠山。"①

如上所述，平等化是一个无可阻挡的客观趋势，那么，有没有什么办法，可以克服在越来越平等的社会状态下抵御国家（当局）权力肆意扩张之社会力量的虚弱化呢？可以说，这正是托克维尔关注和考察美国社会之乡镇自治（社区）和政治结社（社团）的问题意识。他发现，美国社会是平等的，同时也是自由的。这当然有多方面的原因，而结社与乡镇自治则是其中两个非常重要的因素。

在考察分析美国的乡镇自治时，托克维尔首先指出，乡镇自由很容易受到国家政权的侵犯，因为全靠自身维持的乡镇组织，绝对斗不过庞然大物的中央政府。但是在美国，乡镇自由却是"民情"的重要部分，"乡镇组织之于自由，犹如小学之于授课。乡镇组织将自由带给人民，教导人民安享自由和学会让自由为他们服务"②。托克维尔关于已成为美国民情的乡镇自治对于平等的美国社会之自由的作用的分析考察，大体可以分为三个层面。第一，在乡镇与上级政府当局的关系上，乡镇是"独立和有权"的，从而能够有效地防御上级当局对当地事务的干预和权力渗透。美国的各州都或多或少地承认乡镇的独立，乡镇只在"公益"上，即在各乡镇共享的利益上服从于州，但在只与本乡镇有关的一切事务上都是独立的，"新英格兰的居民没有一个人会承认州有权干预纯属于乡镇的利益"，"乡镇的活动有其不可逾越的范围，但在这个范围内，乡镇的活动是自由的"。这与欧洲的状况明显不同，"在欧洲，统治者……只承认乡镇精神是维持安定的公共秩序的一

---

① 托克维尔：《论美国的民主》（下卷），董果良译，商务印书馆，1991，第845页。
② 托克维尔：《论美国的民主》（上卷），董果良译，商务印书馆，1991，第67页。

个重要因素,但却不知道怎么去培养它。他们害怕乡镇强大和独立以后,会篡夺中央的权力,使国家处于无政府状态。但是,你不让乡镇强大和独立,你从那里只会得到顺民,而绝不会得到公民"①。第二,在乡镇组织与居民个人的关系上,乡镇并不全面地凌驾于个人之上,个人并不完全从属于乡镇,而是独立的、自主的。个人只在"同公民相互应负的义务有关的一切事务上,他必须服从;而在仅与他本身有关的一切义务上,他却是自主的。也就是说,他是自由的,其行为只对上帝负责。因此产生了如下的名言:个人是本身利益的最好的和唯一的裁判者。除非社会感到自己被个人的行为侵害或必须要求个人协助,社会无权干涉个人的行动"②。第三,在乡镇公共事务的治理上,是通过居民普遍而直接的参与展开的,从而既形成了他们做主人的自豪感、认同感,也培育了他们的公共精神。"在新英格兰,公民通过代表参与州的公共事务。不这样办不行,因为无法直接参与。但在乡镇一级,由于立法和行政工作都是就近在被治者的面前完成的,所以没有采用代议制。""对于交付乡镇政权处理的一切事务,行政委员是人民意志的执行者……他们(指行政委员——笔者注)如想对既定的事项做任何更改,或拟办一项新的事业,那就必须请示他们的权力的给予者。""如果有十名选民想提出一项新的计划并要求乡镇支持,他们就可以请求行政委员会召开乡镇居民大会。这时,行政委员会必须答应他们的要求。""在美国的乡镇,人们试图以巧妙的方法打碎权力,以使最大多数人参与公共事务。"正是由于这种广泛的参与,一方面,即使乡镇的管理有缺点,"人们也不耿耿于怀,因为管理的根据实际上来自被治理的人,不论管理得好

---

① 托克维尔:《论美国的民主》(上卷),董果良译,商务印书馆,1991,第72~74页。

② 托克维尔:《论美国的民主》(上卷),董果良译,商务印书馆,1991,第72页。

坏，他们都满意，以此来表示做主人的自豪感"①；另一方面，也正是通过这种广泛的参与，才培育、养成了人们的公共意识、公民精神，"公民精神是与政治权利的行使不可分的……每个人为什么像关心自己的事业那样关心本乡、本县和本州的事业呢？这是因为每个人都通过自己的活动积极参加了社会的管理"②。而这种对于社会管理、社会公共事务之参与的最好的开始点，正是在其中人们比较容易切身地体会到公共事务与自己之休戚相关的乡镇（以及结社），因为，"很难使一个人放弃自我去关心整个国家的命运，因为他不太理解国家的命运会对他个人的境遇发生影响。但是，如果要修筑一条公路通到他的家园，他马上就会知道这件小公事与他的大私事之间的关系，而且不必告诉他，他就会发现个人利益和全体利益之间存在紧密联系"③。

托克维尔关于结社的论述在今天受到了比乡镇自治的论述更多的关注。托克维尔认为："人们把自己的力量同自己的同志的力量联合起来共同活动的自由，是仅次于自己活动自由的最自然的自由。因此……结社权在性质上几乎与个人自由一样是不能转让的。一个立法者要想破坏结社权，他就得损害社会本身。"④"在贵族制社会，大多数群众本身没什么作为，而少数几个人却非常强大和富有，他们每个人都能独自做出一番大事业。"而"在民主国家，应当代替被身份平等所消灭的个别能人的，正是结社"⑤。在美国，结社权是公认的，公民可以用各种不同方式去行使，并同乡镇自治一样已成为民情的一部分："在法国，凡是创办新的事

---

① 托克维尔：《论美国的民主》（上卷），董果良译，商务印书馆，1991，第68、69、70、75、76页。
② 托克维尔：《论美国的民主》（上卷），董果良译，商务印书馆，1991，第270页。
③ 托克维尔：《论美国的民主》（下卷），董果良译，商务印书馆，1991，第632页。
④ 托克维尔：《论美国的民主》（上卷），董果良译，商务印书馆，1991，第218页。
⑤ 托克维尔：《论美国的民主》（下卷），董果良译，商务印书馆，1991，第636、639页。

业，都由政府出面；在英国，则由当地的权贵带头；在美国，你会看到人们一定组织社团。"① 作为民情的一部分，结社在美国不仅更加普遍、常见，而且有着自身鲜明的特点。第一，美国人特别重视政治结社。美国之外的各国政府也不是一概禁止结社，而且还"对一般社团持有天生的好感，因为……一般社团不是指导公民去关心国家大事，而是把公民的注意力从这方面拉走，使公民逐渐埋头于自己的全靠国家安定才能实现的活动，从而可以阻止公民发动革命"。但是，它们"从本能上就对政治社团有一种恐怖感，一有机会就打击它们"②。但是，托克维尔指出，如果以为结社的精神只在某一点上受到限制（如在政治结社上）而不会影响它在其他方面的发展，那是空想，只要政治结社被查禁，那么，人们就会对一切结社采取敬而远之的态度。而在美国，"以政治为目的的结社自由是无限的"③，而且，"使美国人逐日形成不问地位、思想和年龄而结社的普遍爱好和养成利用结社的习惯的，正是政治结社。通过政治结社，他们可以多数人彼此相识，交换意见，倾听对方的意见，共同去做各种事业。随后，他们又把由此获得的观念带到日常生活中去，并在各个方面加以运用"。政治结社犹如"一所免费的大学，每个公民都可以在那里去学习结社的一般原理"④。第二，美国的社团尊重和承认成员的个人独立。大多数欧洲人把社团看作战斗的组织，其主要目的是行动、战斗而不是说服，因此其内部往往形成军事生活的习惯和准则："这些社团的成员，要像战场上的士兵一样服从命令。他们信奉盲目服从

① 托克维尔：《论美国的民主》（下卷），董果良译，商务印书馆，1991，第635~636页。
② 托克维尔：《论美国的民主》（下卷），董果良译，商务印书馆，1991，第648~649、648页。
③ 托克维尔：《论美国的民主》（上卷），董果良译，商务印书馆，1991，第215页。
④ 托克维尔：《论美国的民主》（下卷），董果良译，商务印书馆，1991，第649、647页。

的理论，或者更确切地说，他们一旦联合起来，就立刻放弃了自己的判断和自由意志。因此这些社团内部实行的专横统治，往往比它们所攻击的政府对社会实行的专横统治还要令人难以忍受。"①但是，美国人不是这样理解结社，在普选制已使多数显而易见的情况下，各种特定的少数之所以结社，首先是为了显示自己的力量和削弱多数的道义力量，其次是为了联合起来进行竞争，找出最适合于感动多数的论据，从而把多数拉进自己的阵营。因此，美国的社团是和平的组织。"在社团中，承认个人的独立，每个人就像在社会里一样，同时朝着一个目标前进，但并非都要循着同一条路走不可。没有放弃自己的意志和理性，但要用自己的意志和理性去成就共同的事业。"② 第三，在美国，结社是防止多数专制或暴政的重要力量。"在欧洲，几乎没有一个社团不自充或自信自己是多数意志的代表"③，而在实行普选制的美国，多数从来都是显而易见的，因而，特定的结社只代表特定的少数，并且，如上所述，这些少数之所以结社，就是为了抗衡多数或争取多数。因此，在美国，"结社自由已成为反对多数专制的一项必要保障"④。作为关于结社在平等化的现代社会中之地位角色的总结性的结论，托克维尔在《论美国的民主》（下卷）的最后处指出："在贵族时代保障个人独立的最大原因，是君主不独揽治理公民的任务，他把这项任务部分地交给贵族成员……不仅君主不独揽一切，而且代理他的大部分官员也不总是受他的控制，因为他们的权力并非来自君主，而是来自他们的家庭出身。君主任何时候都不能任意设置或废除这些官职，也不能强迫他们一律服从他的随

---

① 托克维尔：《论美国的民主》（上卷），董果良译，商务印书馆，1991，第 220 页。

② 托克维尔：《论美国的民主》（下卷），董果良译，商务印书馆，1991，第 220～221 页。

③ 托克维尔：《论美国的民主》（下卷），董果良译，商务印书馆，1991，第 219～220 页。

④ 托克维尔：《论美国的民主》（下卷），董果良译，商务印书馆，1991，第 216 页。

意支使。这对保障个人的独立也起了作用。""我深信，世界上不会再建立新的贵族制度；但我认为，普通的公民联合起来，也可能建立非常富裕、非常有影响、非常强大的社团，简而言之，即建立贵族性质的法人。这样，他们就可以获得若干贵族性质的重大政治好处，而又不会有贵族制度的不公正性和危险。政治的、工业的和商业的社团，甚至科学和文艺的社团，都像是一个不能随意限制或暗中加以迫害的既有知识又有力量的公民，它们在维护自己的权益而反对政府的无理要求的时候，也保护了公民全体的自由。"①

2. 马克思：工人组织的双重意义

马克思的理想是迈向"人类解放"的"自由王国"，而迈向这个"自由王国"的社会性前提则是要同传统的所有制关系实行最彻底的决裂，彻底消灭作为阶级剥削和压迫之根源的私有制，从而消灭阶级本身（另一个前提是生产力的高度发展）。这场革命，也即"最后的革命"，只能由无产阶级（工人阶级）来完成，只能是无产阶级的历史使命。② 而要使无产阶级现实地担当起人类解放的历史使命，它自身必须由"自在的阶级"（class in itself）成长转变为"自为的阶级"（class fo itself）。也就是说，"彻底革命的意识，即共产主义意识"并不是无产阶级与生俱来的，而是在实际运动中，在革命实践中逐步形成的。工人（无产阶级）运动（如罢工等）和与工人运动紧密联系的工人组织（社团、工会、工人同盟等），伴随着并推动着无产阶级从"自在的阶级"向"自为的阶级"的成长过渡。马克思指出：

---

① 托克维尔：《论美国的民主》（下卷），董果良译，商务印书馆，1991，第874、875页。
② 马克思：《〈黑格尔法哲学批判〉导言》，载《马克思恩格斯选集》（第1卷），人民出版社，1995，第14~15页。

　　劳动者最初企图联合时总是采取同盟的形式。

　　大工业把大批互不相识的人们聚集在一个地方。竞争使他们的利害分裂。但是维护工资这一对付老板的共同利益，使他们在一个共同的思想（反抗、组织同盟）下联合起来。因此，同盟总是具有双重目的：消灭工人之间的竞争，以便同心协力地同资本家竞争。反抗的最初目的只是为了维护工资，后来，随着资本家为了压制工人而逐渐联合起来，原来孤立的同盟就组成为集团，而且在经常联合的资本面前，对于工人来说，维护自己的联盟，就比维护工资更为重要……达到这一点，联盟就具有政治性质。

　　经济条件首先把大批的居民变为劳动者。资本的统治为这批人创造了同等的地位和共同的利害关系。所以，这批人对资本说来已经形成一个阶级，但还不是自为的阶级。在斗争（我们仅仅谈到它的某些阶段）中，这批人联合起来，形成一个自为的阶级。他们所维护的利益变成阶级的利益。而阶级同阶级的斗争就是政治斗争。①

　　正是在与资本家的斗争中，工人阶级逐步成长为一个"自为的阶级"，而由于斗争的需要而形成和发展的工人组织，则既伴随、推动着工人阶级由"自在的阶级"成长为"自为的阶级"，同时也表征着工人阶级的阶级团结和阶级自觉。不过，在此，笔者特别注意，也要特别指出的是，马克思在这里向我们揭示了工人组织（和工人运动）所具有的双重性质或者说双重意义，即经济社会意义（马克思的"市民社会"概念和黑格尔一样是包含"市场"这个因素的）和政治意义。这当然是由于资产阶级对于工人阶级所实施的既是经济上的剥削，也是通过作为其代理机构的国

---

　　① 《马克思恩格斯全集》（第 1 卷），人民出版社，2012，第 273 页。

家而施加的政治上的压迫，因此，任何工人阶级作为"阶级"而与资产阶级的斗争，就必然既是经济斗争，也是政治斗争，而作为工人阶级之阶级存在形态之表征形式的工人组织，也就必然既有经济意义，也有政治意义。对此，马克思后来在分别写给拉萨尔派的代表人物施韦泽和美国工人运动活动家波尔特的两封信中说得更加明确："社团以及由社团成长起来的工会，不仅作为组织工人阶级对资产阶级进行斗争的手段，是极其重要的——这种重要性，例如，表现在下面这件事实上：甚至有选举权和共和国的美国工人，也还是少不了工会……而且在普鲁士和整个德国，联合权除此而外还是警察统治和官僚制度的一个缺口，它可以摧毁奴仆规约和贵族对农村的控制；总之，这是使'臣民'变为享有充分权利的公民的一种手段。"① "任何运动，只要工人阶级在其中作为一个阶级与统治阶级相对抗，并试图从外部用压力对统治阶级实行强制，就都是政治运动。例如，在某个工厂中，甚至在某个行业中试图用罢工等等来迫使个别资本家限制工时，这是纯粹的经济运动；而强迫颁布八小时工作日等等法律的运动则是政治运动。这样，到处都从工人的零散的经济运动中产生出政治运动，即目的在于用一种普遍的形式，一种具有普遍的社会强制力量的形式来实现本阶级利益的阶级运动。如果说，这种运动以某种预先的组织为前提，那末它们本身也同样是这种组织发展的手段。"②

该如何来认识和理解马克思在此所揭示的工人组织和工人运动所具有的这双重性质或意义？从马克思本人那宏大而立意高远的理论脉络中来理解，工人组织和工人运动的双重性质实际上告诉我们，为营造迈向"人类解放"的社会性前提，工人阶级（无

---

① 马克思：《马克思致约·巴·施韦泽》，载《马克思恩格斯全集》（第31卷下），人民出版社，1972，第450页。
② 马克思：《马克思致弗·波尔特》，载《马克思恩格斯全集》（第33卷），人民出版社，1973，第337页。

产阶级）需要在两个领域或战线上同时展开斗争。在经济领域，必须抗击在形式上通常表现为市场自发力量的资本权力和统治，其最终目标就是"联合起来的生产者，将合理地调节他们与自然之间的物质变换……消耗最小的力量，在最无愧于和最适合于他们的人类本性的条件下来进行这种物质变换"①，并使"社会生产能力成为他们的社会财富"②；在政治领域，必须抗击作为资产阶级代理人、作为"总资本家"的资产阶级国家的统治和压迫，最终实现"社会把国家政权重新收回，把它从统治社会、压制社会的力量变成社会本身的生命力"③。马克思所揭示的工人组织和工人运动具有双重意义，实际上已包含着这样的意涵，即以非政府、非营利的社会组织和社会运动来表征的"社会"，必须在既针对"国家"又针对"市场"这样两个方向上来展开自我保卫，也就是分别经葛兰西和波兰尼阐述，而又经布洛维诠释综合的"市民社会"（civil society）和"能动社会"（active society）的思想。④

3. 涂尔干：个人、市场和国家之间的法团

涂尔干研究社会学的目的，正如他自己在给友人的一封信中明确表示的那样，"就是要确定捍卫社会的条件"⑤。也就是说，涂尔干社会学的核心关注，就是个体如何被吸纳进社会，即社会集体生活的形成与形态，或者从反面来说，其核心关注是，在分工越来越发达、越来越突出个体的现时代，社会如何保持其"团结"

① 马克思：《资本论》（第 3 卷），载《马克思恩格斯全集》（第 25 卷下），人民出版社，1974，第 926 ~ 927 页。
② 马克思：《1857 - 1858 年经济学手稿》，载《马克思恩格斯全集》（第 46 卷上），1979，第 104 页。
③ 《马克思恩格斯全集》（第 3 卷），人民出版社，1995，第 95 页。
④ 麦克·布洛维：《走向社会学马克思主义：安东尼·葛兰西和卡尔·波兰尼的互补合一》，载《麦克·布洛维论文精选：公共社会学》，沈原等译，社会科学文献出版社，2007，第 188 ~ 287 页。
⑤ Steven Lukes, *Emile Durkheim: His Life and Work*, Stanford University Press, 1985, p. 139。

"整合"而不致陷入"原子化"的状态而走向解体？而作为位于个体、市场和国家之间之职业团体的"法团"（corporation），则是在其论述这个主题的理路中所涉及的重要因素。

实际上，尽管立场取向不同，但与涂尔干同时代的德国社会学家滕尼斯所关注的同样也是社会集体生活的形成与形式。众所周知，滕尼斯提出了 Gemeinschaft 和 Gesellschaft 这两个概念。对于这两个概念，英语通常译为"community and society"，而中文则有多种译法，目前最常见的则有两种，即"共同体与社会""社区与社会"。关于这后一种译法，有人指出，"社区"这个词于此在意义表达上是不完全确切的，因为，滕尼斯的 Gemeinschaft 是本身并没有具有特定边界的、相对狭小的地域性的内涵。① 确实，滕尼斯用"Gemeinschaft"一词所要表示的，是一种由本质的意志或者说自然的意志（Wesenwille）所产生的，以所有成员的共同理解（Verständniss），以情感、依恋、内心倾向等自然情感的一致为基础的人类集体生活形态。"Gemeinschaft"一词本身确实没有地域性的内涵。不过，滕尼斯明确指出，"Gemeinschaft"的主要形式包括亲属关系、邻里、友谊关系（其中家庭是典范），"Gemeinschaft"下社会成员的互动主要发生在本地网络，"Gemeinschaft"下成员的生活范围主要是家庭、乡村、城镇。就此而言，从作为地域性生活共同体的"社区"的角度，特别是从出入相友、守望相助、富有人情味的传统社区的角度来理解滕尼斯的"Gemeinschaft"，在精神实质上是相合的。滕尼斯认为，"Gemeinschaft"是一种"持久的和真正的共同生活"，是"一种生机勃勃的有机体"②，在此，个体之被吸纳进社会，社会集体生活之形成，既不是靠"市场"，也不许"国家权力"这种外来的强制力，而全靠全体成

① 王小章：《何谓社区与社区何为》，《浙江学刊》2002 年第 2 期。
② 斐迪南·滕尼斯：《共同体与社会》，林荣远译，商务印书馆，1999，第 54 页。

员那先于所有的一致和分歧的、不证自明的、不言而喻的、自然而然的"共同理解"。不过，滕尼斯引用亨利·梅因的话指出，现代社会进步运动的普遍方向是，家庭联系普遍瓦解，代之而起的是不断增长的个人责任，个人越来越取代家庭而成为民法的基本单位。① 在这个过程中，"Gesellschaft"即"社会"越来越成为主导性的社会联系形态。"社会"是由"理性的意志"或"任意的意志"（Kurwille）形成的、建立在外在利益合理基础上的"机械"结合的共同生活形态。在"社会"中，人与人之间的关系主要是契约、交换与计算的关系，在这种关系下，成员之间尽管有各种联系，但依然是彼此分离的。"在这里，人人为己，人人都处于同一切其他人的紧张状况之中。他们的活动和权力的领域相互之间有严格的界限，任何人都抗拒着他人的触动和进入，触动和进入立即引起敌意。"② 由于个人之间的利益冲突不可避免，滕尼斯认为，"社会"这种"机械的"结合必须依赖于国家的强制性约束。而且国家的强制作用也只能暂时压制分裂社会的所有内在矛盾和张力，"社会"本身所掩盖的战争状态，终有一天会表现出来，社会关系的破裂和社会有机体的解体是自然的后果。

作为有着共同关注或问题意识的同时代人，涂尔干在为滕尼斯的《社区与社会》所写的书评中给了这本书较高的评价，但是涂尔干明确指出：

> 我与他的不同之处，在于他有关 Gesellschaft 的理论。如果我确切地理解了他的思想，那么，社会的特征就应该是个人主义的进步发展及其所带来的分散作用，人们只能通过国家行为这种人为的手段，暂时杜绝这样的作用。这必然是一

---

① 斐迪南·滕尼斯：《共同体与社会》，林荣远译，商务印书馆，1999，第 262 页。
② 斐迪南·滕尼斯：《共同体与社会》，林荣远译，商务印书馆，1999，第 95 页。

种机械的集合体；其中，真正的集体生活所遗留下来的一切，并非源于内在的自发性，而是源于国家完全外在的强制作用。概言之，如上所述，它与边沁想象的社会差不多。可是，我却认为，所有大规模的社会集群生活，同小规模的集合体一样，任何地方都是自然的。它既非不是有机的，也不是不独立的。除了纯粹的个人活动之外，在我们当代社会中还存在着真正意义上的集体活动，这种活动同以前范围不大的社会集体活动一样，都是自然的。当然这种集体活动也有所差别，构成另一种类型。①

涂尔干不同意滕尼斯认为现代社会只能靠国家的强制才能勉强而暂时地维持集体生活的观点，认为当代社会还存在另一种类型的"真正意义上的集体活动"，那么，这是否意味着他与斯宾塞一样，认为通过"市场"中的自由竞争，能够自然地达成社会生活的秩序、整合与和谐？当然不是。事实上，涂尔干的《社会分工论》可以说主要就是围绕着这个问题与斯宾塞展开对话的。涂尔干明确指出：

> 每个社会都是道德社会……有人总喜欢把以共同信仰为基础的社会和以合作为基础的社会对立起来看，认为前者是一种道德特征，而后者只是一种经济群体，这是大错特错的。实际上，任何合作都有其固有的道德。我们完全有理由相信，在现代社会里，这种道德还没有发展到我们所需要的程度。②
>
> 倘若没有相应的道德纪律，任何社会活动形式都不会存在。③

---

① 斐迪南·滕尼斯：《共同体与社会》，载《乱伦禁忌及其起源》，汲哲、付德根、渠东译，上海人民出版社，2003，第335页。
② 涂尔干：《社会分工论》，渠东译，三联书店，2000，第185页。
③ 涂尔干：《职业伦理与公民道德》，渠东、付德根译，上海人民出版社，2001，第16页。

　　于是，问题就成为，如何才能确立这种与现代社会结构相应的道德纪律？或者说，到哪里去寻求这种道德？正是在这里，涂尔干将目光投向了介于个人、市场、国家之间的职业团体即法团。[①] 他分析指出，不断推进的社会分工固然使得人与人之间的异质性越来越强，也推动了个人利己主义的膨胀，但是，在分工所形成的职业群体内部，成员之间成还存在着相当程度的同质性，这为现代社会中各种职业法团的滋生、发育、成长提供了现实的土壤。职业法团具有两个明显的特征。其一，贴近具体的社会生活，能随职业生活领域的变化而变化；其二，成员共同的职业活动以及相互之间相对频繁的沟通使得它能为人们提供最直接、最广泛、最持久的道德生活环境。在职业法团里，群体成员能够从中获得相互认同和沟通的关系纽带，培植他们团结互助的热情，从而遏制个人利己主义的膨胀。法团的生活，"归根结底就是一种共同的道德生活"[②]。这种道德生活为公共意识、公共规范和公共道德的萌发奠定了基础。要想去除导致现代社会混乱和崩溃的因素，产生并存在于职业群体即法团中的这种职业伦理是首先可以仰仗和依靠的精神资源。在为《社会分工论》所写的颇具总结性的"第二版序言"中，涂尔干指出，随着历史不断伸展，建立在地方集团基础上的组织，一步步走向穷途末路，地方精神和充满"地方观念"的爱国精神烟消云散、一去不返。于是，国家与个人之间的距离变得越来越远，两者之间的关系也越来越流于表面，越来越时断时续，国家已经无法切入到个人的意识深处，无法把他们结合在一起。因此，国家在造就了适合于人们共同生活的唯一环境的同时，人们却不可避免地要"脱离"这个环境，甚至人们之间也会互相脱离，社会也相应地解体了。如果在政府和个人

① 王小章：《经典社会理论于现代性》，社会科学文献出版社，2006，第 272～274 页。
② 涂尔干：《社会分工论》，渠东译，三联书店，2000，"第二版序言"，第 27 页。

之间没有一系列次级群体的存在，那么国家也就不可能存在下去。如果这些次级群体与个人的联系非常紧密，那么它们就会强劲地把个人吸收进群体活动里，并以此把个人纳入社会生活的主流……职业群体是适合扮演这个角色的，而且所有一切都在促使它去完成这一角色。①

这就是涂尔干对作为职业团体的法团在现代社会中的功能角色的基本定位。当代研究志愿结社的学者认为，涂尔干提出了"关于中介群体的最有影响的理论"，经济领域已经变得混乱无序，如果想要遏制个人的极端利己主义，必须要由职业群体或者说结社来调节经济交易领域："中介群体介于个人和国家之间，它们提供道德训练，调节市场，控制失范。它们维系团结，控制占有性个人主义（功利主义和享乐主义）。""对于认为自愿结社是个体和社会之间的必要纽带这种理论，涂尔干作出了重要贡献。"②

二　当代语境中的社区与社团

1. "发展"话语下的"市民社会"

托克维尔、马克思、涂尔干这些经典社会理论家分别向我们展示了社区和社团在因应他们从各自的关怀和视阈出发所诊断的现代性问题中可以扮演的角色与具有的功能。但是，在接下来的现代时期，也就是从两次世界大战到20世纪70年代的现代社会理论中，特别是在社会学理论和研究中，对于既有别于政府组织，又有别于市场组织的"社会"这个行动主体的主要承当者的社区和社团，关注是比较少的（当然，也不是绝对没有，如前面提到

---

① 涂尔干：《社会分工论》，渠东译，三联书店，2000，"第二版序言"，第40页。
② 柯文·M.布朗、苏珊·珂尼、布赖恩·特纳、约翰·K.普林斯：《福利的措辞：不确定性、选择和志愿结社》，王小章等译，浙江大学出版社，2010，第46、13页。

的葛兰西和波兰尼）。而之所以如此，与"发展"成为社会各方所关注的主角是分不开的。① 按照马克思主义的帝国主义理论，两次世界大战可以被理解为西方列强对于发展（现代化）机会的争夺。而二战结束后，随着美国政府提出的马歇尔计划在西欧经济恢复中的成功实施，以及以帕森斯的结构功能主义为主要理论基础的狭义现代化理论将西方资本主义现代化模式向所谓的"第三世界"——资本主义和社会主义两大阵营之外的国家和地区——兜售推销，"发展"这一概念更是风行于国际舞台。在对"发展"这一概念的理解中，一直有两个基本维度：一是从宏观经济活动理解"发展"问题，二是在"发展"的定义和目标设定上突出精英和专业人士的参与和追求。由此，如世界银行的年度发展报告所显示的那样，一方面，经济增长的关键指标往往被看作一个民族/国家发展状况的标准，而社会发展指标则被忽视；另一方面，政府往往被突出为推动一个国家经济发展的主角。在这样一种观念氛围下，"发展"经常被简单化为政策制定的一个特定目标，以及为实现这种目标而采用的一些机制。在 20 世纪 50 年代中期，这种观念不仅被广泛应用于西欧重建，也被广泛应用于战后新独立的一些亚非国家的政策制定。"国际社会主导观点认为，只要那些尚未'发展'起来的国家通过从外部输入资本和技术，就能改变它们的处境，通过这些外部资源的输入，'现代性'就在这些国家产生了。当时人们深信，在这个过程中政府是推动'发展'的唯一发动机……当时任何人都没有真正注意到我们现在所说的'公民社会'的问题，尽管在这些较为贫穷的国家里有着种类繁多的志愿者组织，但是，为了有利于由政府机构单独制定的'全面发展计划'的实施，这些自治的志愿者组织的作用被人们忽略——甚

---

① 戈兰·海登：《公民社会发展面临的挑战及其前景》，载刘明珍选编《公民社会与治理转型——发展中国家的视角》，中央编译出版社，2008，第 5～7 页。

至在某些情况下被取缔了。"①确实，在当时的"发展"话语中，"社区"依旧是一个被经常提到的概念，甚至被提到的频率可能比以前更加频繁。但是，需要指出的是，在那时"社区"在被提到时通常并不是作为一个行动的主体，而是作为各种"社区发展规划"的对象。"发展规划"则由来自远方的、对于将要实施干预的社区状况、能力、需要一无所知的项目官员制定，而"社区"只是规划和项目的被动接受者，而非积极的行动者。②

到20世纪70年代，由于按上述思路展开的发展实践并没有带来人们所期望的成果，甚至可以说令人大失所望，政府主导的发展计划终于慢慢寿终正寝。80年代，"发展"概念被重新定义，新自由主义逐渐成为主流观点。新自由主义发展观首先带来了"市场"的回归，进而又促使"市民社会"再次引起关注。这是因为，新自由主义推动的私有化进程削弱了政府在提供公共服务、公共福利方面的地位功能，迫使公众做出自己的选择和反应。一些"草根"（Grassroots）组织于是开始在城市和农村出现，以处理、应对一些涉及本区域地方层面社会事务的管理问题；慢慢地，非政府组织在南北半球的影响日渐加大。许多发展机构也开始认识到，规模小、运作灵活、项目所在地人们参与程度高以及其工作的可借鉴与可重复性，都使得非政府组织有着特殊的能力，它们能够更有效地分配资源与服务，与政府机构相比，它们有更强的责任心和积极性，能和民众建立更密切良好的关系。有鉴于这些，针对"第三世界"的许多援助机构越来越多地将资金投向非政府组织。与此相对应，"社区发展"依然受到重视，但"社区"不再仅仅是规划和项目的被动接受者，而是积极的参与者和行动的主

---

① 戈兰·海登：《公民社会发展面临的挑战及其前景》，载刘明珍选编《公民社会与治理转型——发展中国家的视角》，中央编译出版社，2008，第6页。

② 凯蒂·加德纳、大卫·刘易斯：《人类学、发展与后现代挑战》，张有春译，中国人民大学出版社，2008，第63～64页。

体，社区发展的目标也越来越重视作为行动主体的这个"共同体"的复兴和重塑，越来越重视社区自我行动能力的培育。到 20 世纪的最后十年，人们对"发展"的看法再一次发生变化，不是经济问题，而是"治理问题"，越来越成为关注的焦点。在这个关注焦点下，非政府组织，包括社区组织，在人们的心目中日益成为沟通社会基层与国家管理最高层之间的理想调解者，在社会层面的一端，是为了从微观层面取得进展而付出的努力；在国家管理层面的另一端，则是政府在发展方针的确定和实施上应该考虑到社会需求。[①]

在这样的语境下，社区与社团，作为公民社会的担纲者，重新进入了社会理论的视野。

2. 从"福利国家"到"福利社会"：福利供给的"第三条道路"

如上所述，在 20 世纪 80 年代，非政府组织影响的日渐增大在一定程度上是对于被新自由主义的私有化进程所削弱的政府公共服务和福利的一种反应。也就是说，非政府组织在某些方面一定程度地开始提供一直以来由国家（政府）所提供的公共福利和服务。在西方发达国家，自 19 世纪末开始，特别是从 1942 年英国社会改革家贝弗里奇（William Henry Beveridge）在《社会保险及相关服务报告》（即通常所说《贝弗里奇报告书》）中提出要建立免费的国家卫生服务、家庭津贴、社会保险、社会援助和政府保障充分就业的社会政策，以向贫困、疾病、无知、肮脏、懒散开战以后，逐步地建立了俗称"从摇篮到坟墓"的福利国家体制（当然，不同国家之间，福利体制还是有明显区别的[②]）。到 20 世纪 80

---

① 戈兰·海登：《公民社会发展面临的挑战及其前景》，载刘明珍选编《公民社会与治理转型——发展中国家的视角》，中央编译出版社，2008，第 6 ~ 8 页；凯蒂·加德纳、大卫·刘易斯：《人类学、发展与后现代挑战》，张有春译，中国人民大学出版社，第 99 ~ 103、113 页。

② 诺尔曼·金斯伯格：《福利分化：比较社会政策批判导论》，姚俊、张丽译，浙江人民出版社，2010。

年代，这种福利国家体制已备受来自左右两个方面的批评与诟病。来自左翼的批评主要把这种福利体制看作资本主义国家招安工人、诱使工人放弃反抗既有秩序的一种手段。① 而来自右翼的批评则主要集中这种福利体制的无效率。这种无效率一方面体现在福利国家体制对于市场效率的损害："福利国家机构强加于资本之上的管理（regulation）和税收负担等于是抑制了资本的投资动力；同时，福利国家所认可的要求、权利以及工人和工会所拥有的集体权力，等于是抑制了工人工作的动力，或者至少不能迫使他们像在完全市场经济条件下那样努力而有效地工作。"② 另一方面也体现在福利国家体制本身在提供福利服务、满足公民需求方面的低效不敏——福利国家机构常常具有官僚化的倾向，容易变得高高在上，既不能敏感地了解公众需求，更难以做出敏捷的反应。以"撒切尔主义""里根经济学"的面目出现的新自由主义所推动的市场化、私有化正是从右翼对福利国家体制做出的反应。但是，国家从公共事业、福利服务领域的撤退，公共事业、福利分配之私有化、市场化的结果却带来了另一方面的问题，那就是，市场化的福利供给无法确保和维持福利供给的普遍性，因而必然导致不公平的加剧："市场的力量足以破坏家庭生活，离间年轻人，并产生一个由老人、移民和病患者所组成的新的'底层社会'。"③ 在"用者付费"的原则下，那些社会中的贫弱者越来越难以获取福利服务，在市场中能力各不相同的社会成员在获取福利和服务方面的差距越来越大。而与此同时，社会的个体化、全球风险社会的来临（见下面论述），更加剧了社会成员，特别是那些贫弱者在各种不可预期的风险、危机面前的脆弱性。

---

① 奥菲：《福利国家的矛盾》，郭忠华等译，吉林人民出版社，2006，第8~11页。
② 克劳斯·奥菲：《福利国家的矛盾》，郭忠华等译，吉林人民出版社，2006，第3页。
③ 柯文·M. 布朗、苏珊·珂尼、布赖恩·特纳、约翰·K. 普林斯：《福利的措辞：不确定性、选择和志愿结社》，王小章等译，浙江大学出版社，第50页。

正是在这种背景之下，人们越来越清楚地认识到，在福利和服务的供给方面，既要反对"保姆式的国家"（nanny state），又要反对"不受规制的市场"。而也正是在这里，介于国家和市场之间的志愿结社和地方共同体（社区）在福利供给方面所扮演的角色越来越引起人们的重视。人们发现，志愿结社和地方共同体在福利供给方面具有一系列优势，它们既可以通过自助助人的行动自行生产福利服务和福利资源，也可以通过政府购买服务（即通过社会性的市场机制或准市场机制）而向"用户"提供福利和服务。它们可以在国家的介入和监管下保障福利供给的普遍性和基本公平，同时兼有市场的效率和灵活性：它们比"福利国家"的官僚机构更贴近民众，更了解民众的需要，反应也更灵敏；而借助于准市场机制（如政府购买服务时引入竞标制、政府向福利用户发放可以在不同的福利服务提供者那里使用的服务券等），则可以促进它们服务质量的提升，同时也确保了福利用户的选择权。于是逐步地，在关于福利问题的文献中，用"福利社会"取代"福利国家"成了一个约定的基调。①

显然，用"福利社会"取代"福利国家"不是要否定国家（政府）的责任，没有人否认，在确保每一个公民都能获得如丹尼尔·贝尔所说的"能满足基本生活要求"、足以维持"自尊的生活"的最低限度的收入方面（也即贝尔所说的经济上的"社会主义"）②，在确保福利供给的普遍性和基本公平方面，国家（政府）的作用是必不可少的，因此，即使像"结社民主论"者（associative democracy）保罗·赫斯特（Paul Hirst，下文还将论及）这样坚定地认为志愿结社有潜力成为当代社会中提供公共福利的最主

---

① 安东尼·吉登斯：《第三条道路：社会民主主义的复兴》，郑戈译，北京大学出版社、三联书店，2000，第 122 页。
② 丹尼尔·贝尔：《资本主义文化矛盾》，赵一凡等译，三联书店，1989，第 21～23 页。

要的组织化力量的学者，也承认，一方面，国家必须通过诸如提供经济补助、营造有利于分散福利和公共服务的法律环境等手段，来审慎地但又主动地扶持结社组织；另一方面，则要维持共同的最低标准和应享权利。在提供一个有活力的环境方面——在这种环境下，一个生机勃勃的市民社会能够从撒切尔主义之经济自由化政策的消极后果中恢复起来——国家的作用非常重要。① 因此，从"福利国家"到"福利社会"实际上乃是意味着：第一，应该调整（不是削弱，更不是取消）国家（政府）在福利供给方面的角色扮演，如改变全方位的直接供给福利服务强化底线保障，注重政策制定，加强监管服务，尽可能地加强人力资本的投资，在财政保底的前提下注重服务提供的多样化等。第二，要更加注重国家（政府）之外的福利供给主体，如志愿结社、社区、家庭等。

　　早在 20 世纪 80 年代中期，罗斯（R. Rose）就提出了福利多元组合理论，认为，社会的福利来源于三个部门：家庭、市场和国家，三方提供的福利整合，形成了一个社会的福利整体。不久，约翰逊（N. Johnson）在罗斯的福利多元部门中加进了志愿机构，从而将提供社会福利的部门分为四个，即第一，国家部门提供的直接和间接福利；第二，商业部门提供的职工福利和向市场提供的有营利性质的福利；第三，志愿部门，如自助互助组织、非营利机构、压力团体、小区组织等提供的福利；第四，非正规部门如亲属、朋友、邻里提供的福利。和约翰逊不一样，伊瓦思（A. Evers）在表述上没有给罗斯的福利多元组合增加新的供给主体，而是将罗斯的观点演绎为家庭、（市场）经济和国家共同组成的福利整体，并称之为"福利三角"。伊瓦思将福利三角中的三方

① Hirst, P. Q., *Associative Democracy*: *New Forms of Economic and Social Governance*, Cambridge: Polity Press, 1994；柯文·M. 布朗等：《福利的措辞：不确定性、选择和志愿结社》，王小章等译，浙江人民大学出版社，第 16、46、58 ~ 59 页。

具体化为对应的组织、价值和社会成员关系。（市场）经济对应的是正式组织，体现的价值是选择和自主，社会成员作为行动者建立的是与（市场）经济的关系；国家对应的是公共组织，体现的是平等和保障的价值，社会成员作为行动者建立的是与国家的关系；家庭对应的是非正式/私人的组织，在微观层面上体现的是团结和共有的价值，社会成员作为行动者建立的是与社会的关系。福利三角展示了三方的互动关系：（市场）经济提供着就业福利；个人努力、家庭保障和小区互助是非正规福利的核心；国家透过正规的社会福利制度将社会资源进行再分配。① 虽然表述的方式不一样，但显然，无论是约翰逊还是伊瓦思，甚至包括罗斯，都是在个人（家庭）、市场、社会（志愿结社、社区）、国家的多元主体关系中来分析福利供给的，都既重视国家的角色，又针对传统福利国家的问题而强调"社会"和家庭在福利供给上的作用。20世纪 90 年代后期，英国著名社会学家吉登斯提出了"第三条道路"的思想，作为"第三条道路"思想的重要组成部分，吉登斯着眼于福利服务与风险控制之间的联系，提出了"积极的福利社会"（positive welfare society）的观念。他指出，今天，人们面临的风险正越来越多地从传统上那些相对可预见的、有一定时间规律的"外部风险"（external risk）转向难以预见的、全球化背景下"人为风险"（manufactured risk）。面对全球化背景下的这些人为风险，"福利改革应当认识到……有效的风险管理（不论是个人性质的还是集体性质的管理），并不仅仅意味着减小风险或者保护人们免受风险影响；它还意味着利用风险的积极而富有活力的方面，并为风险承担提供必要的资源……今天，我们需要倡导一种积极的福利，公民个人和政府以外的其他机构也应当为这种福利做出

① 彭华民：《福利三角：一个社会政策分析的范式》，《社会学研究》2006 年第 4 期。

贡献，而且它还有助于财富的创造……在最近的管理福利问题的文献中，用'福利社会'取代'福利国家'已经成为一个约定的基调。在第三部门的机构还没有充分发挥作用的地方，它们应当在提供福利服务上发挥更大的作用。自上而下分配福利资金的做法应当让位于更加地方化的分配体制。"①

3. "风险"应对的政治与"结社民主"：政治或治理的再造

在吉登斯这里，第三条道路的福利供给或者说积极的福利社会，乃是第三条道路政治的一个方面——当然是一个非常重要的方面。而如果进一步从"风险社会"理论的角度来看（如上所述，吉登斯就是着眼于福利服务与风险控制之间的联系而提出"积极的福利社会"的），则所谓第三条道路的政治，从某种意义上讲实际上意味着，"政治"需要从过去主要针对敌人（"满怀敌意的竞争对手"）的政治，转向在"没有了敌人的国家"② 的情况下主要应对全球蔓延的"风险"的政治。1986 年，德国社会学家乌尔里希·贝克（Ulrich Beck）出版了《风险社会》（Risk Society）一书，率先提出了风险社会理论，此后，吉登斯、斯科特（Alan Scott）、拉什（Scott Lash）、卢普顿（Deborah Lupton）等都加入了对"风险社会"的讨论与阐释。从社会学的角度概括地说，"风险社会"有两个主要特点③，其一，是它的"自反性"（reflexivity），即"风险社会"中的那些风险，是现代化进程中那些企图给人类带来福祉的、理性设计的现代社会工程自身的产物："风险社会格局的产生是由于工业社会的自信……主导着工业社会中人民和制度的思想和行动……它出现在对其自身的影响和威胁视而不见、充耳

---

① 安东尼·吉登斯：《第三条道路：社会民主主义的复兴》，郑戈译，北京大学出版社、三联书店，2000，第 121~122 页。

② 安东尼·吉登斯：《第三条道路：社会民主主义的复兴》，郑戈译，北京大学出版社、三联书店，2000，第 75~80 页。

③ 王小章、冯婷：《风险、个体化与社会治理》，《贵州民族大学学报》（哲学社会科学版）2014 年第 5 期。

不闻的自主性现代化过程的延续性中。后者暗中累积并产生威胁，对现代社会的根基产生异议并最终破坏现代社会的根基。"一方面，"工业社会、民众的社会秩序，特别是福利国家和保险国家必须能够使人类的生存状况可由工具理性控制并使之可制造、可获取、（单个地、合法地）可解释。另一方面，风险社会中难以预见的一面以及控制的需求的滞后效应反过来又引出了原以为业已克服的不确定的领域、矛盾的领域——总而言之是异化的领域。"①"不确定性以自律的现代化之胜利的不可控制的（副）作用的形式回归了。"②用吉登斯的话来说，"风险社会"的风险，主要不是那些来自外部的、因传统或自然的不确定和固定性所带来的外部风险，如有一定时间规律的、一定程度上可预见的风险（生育、衰老等）、自然发生的概率性事件（工伤、失业、疾病等），而是由我们不断发展的知识对这个世界的影响所产生的人为风险，是我们在没有多少历史经验的情况下所产生的风险。③"风险社会"的另一个基本特征是它的"全球性"。"风险社会"之风险，是现代化所带来的不可控制的意外后果或副作用。因此，现代性的全球扩张必然带来风险的全球弥散。吉登斯指出，现代性的扩张有三个动力机制或者说三个动力来源，即"时-空伸延、脱域机制和自反特性"。④"时-空伸延"指的是时间的标准化而导致的时间和空间的分离以及它们在形式上的重新组合，由此进而导致"场所完全被远离它们的社会影响所穿透并据其建构而成"，造成不在场的东西日益决定在场的东西。"脱域机制"指的是"社会关

①　贝克：《再造政治：自反性现代化理论初探》，载贝克等《自反性现代化》，赵文书译，商务印书馆，2001，第9~10、15页。
②　贝克：《何谓工业社会的自我消解和自我威胁》，载贝克等《自反性现代化》，赵文书译，商务印书馆，2001，第232页。
③　吉登斯：《失控的世界》，周红云译，江西人民出版社，2001，第22页。
④　吉登斯：《现代性的后果》，田禾译，译林出版社，2000，第56页。"Reflexivity"原译"反思性"，此处改为"自反性"。事实上，"自反性"和"反思"（reflection）是有重要区别的。

系从彼此互动的地域性关联中，从通过对不确定的时间的无限穿越而被重构的关联中'脱离出来'"①。全面的自反性不可预测地改变着我们行动的环境，从而将我们置于一种普遍的不确定感中。正是在这三个动力来源构成的动力机制的推动牵引下，现代性得以向全球扩张，同时也导致风险向全球弥散渗透。因此，"风险社会"必然是全球风险社会。在这种意义上，在当今"风险社会"中，没有哪个地方、哪个民族、哪个群体、哪个个体能确定地脱离于风险之外。

诚如吉登斯所言，"没有了敌人的国家的合法性，越来越取决于它们管理风险的能力"②。但吊诡的是，在自反性现代化的今天，在这个具有上述特征的"风险社会"中，风险的应对处理已再不可能交托给某单一的力量如国家（政府）了；在任何一个行动、一项政策都可能出现不可预料的"副作用"的情况下，国家（政府）的任何决策和举措都应该接受尽可能多的方面的质询和监控。换言之，为了有效应对"风险社会"的风险，必须"再造政治"，必须扭转"把政治等同于国家，把政治等同于政治体系"的"范畴错误"。③ 在此，即在为了有效应对和管理风险社会之风险而对政治进行重塑再造上，贝克将希望寄托在"亚政治"（sub‐politics）的启动兴起上。贝克指出，一直以来，人们习惯于在为政治规定好的舞台上发现政治，并希望由适当的权威代理者如议会、政党、工会等来发现政治。但是，随着全球风险社会的来临，政治冲开并越出了刑事责任和等级制度的界限，再也不能将政治简单地等同于国家、政治体系、刑事责任和专职政治生涯了。工业资本主义中受政治保护的那些决策领域——私营部门、商业、科

---

① 吉登斯：《现代性的后果》，田禾译，译林出版社，2000，第16、18页。
② 安东尼·吉登斯：《第三条道路：社会民主主义的复兴》，郑戈译，北京大学出版社、三联书店，2000，第80页。
③ 贝克：《再造政治：自反性现代化理论初探》，载贝克等《自反性现代化》，赵文书译，商务印书馆，2001，第23页。

学、小城镇、日常生活等——在自反性现代化中卷入了政治冲突的风暴。80 年代最引人注目的现象就是制度内外之政治主体性以外的复兴。"从这个意义上，可以毫不夸张地说，公民自发团体已经在政治上取得了权力……他们把世界受到威胁这个问题摆上议事日程，对抗着根深蒂固的老党派的抵制。"①"亚政治"区别于"政治"主要表现在，政治体系之外的代理人也可以出现在社会设计的舞台上，而且，不但社会和集体代理人而且个人也可以参与争夺新兴的政治塑形权。"亚政治意味着从下方塑形社会。从上方看下来，这导致了执行权（implementation power）的丧失以及政治的收缩和缩微化。作为亚政治地热后果，从前未卷入实质性的技术化和工业化过程的团体有了越来越多的机会在社会安排中取得发言权和参与权，这些团体包括公民、公众领域、社会运动、在岗工人；勇敢的个人甚至有机会在发展的神经中枢'移动大山'。"②显而易见，贝克所寄情的"亚政治"在风险社会或者说自反性现代化的背景下赋予了各种基层社区（如小城镇）、各种社团乃至个人在"从下方塑形社会"的运动中前所未有的重要性。

　　尽管在对国家与政府的看法上，吉登斯与贝克并不完全相同。吉登斯并不认为贝克所说的"亚政治"完全能够在政府失灵的情况下接替后者的作用："虽然民族-国家和中央政府可能正在改变它们自己的形式，但两者在当今的世界中均有着确凿无疑的重要性。"③但是，在这一前提下，吉登斯并不否认贝克所说的"亚政治"在自反性现代化条件下的重要意义，他明确肯定："贝克正确地提出，对于政党和议会政治的兴趣的降低与非政治化并不是一

① 贝克：《再造政治：自反性现代化理论初探》，载贝克等《自反性现代化》，赵文书译，商务印书馆，2001，第 25 页。
② 贝克：《再造政治：自反性现代化理论初探》，载贝克等《自反性现代化》，赵文书译，商务印书馆，2001，第 30 页。
③ 安东尼·吉登斯：《第三条道路：社会民主主义的复兴》，郑戈译，北京大学出版社、三联书店，2000，第 56 页。

回事。社会运动、单一问题团体、非政府组织以及其他公民联合组织必定将在一个连续的基础之上，从地方政治直到世界政治中扮演重要角色。政府必须作好向它们学习、对它们提出的问题作出反应，以及与它们进行谈判的准备，而公司与其他商业机构也将会照此行动。"① 在吉登斯勾画的第三条道路的政治中，培育积极的市民社会是一个基本的组成部分。这是因为，如上所述，在自反性现代化的今天，在到处都可能出现不可预料的"副作用"的情况下，我们再不可能把处理应对与这种现代性相连的一系列风险交托给某种单一的力量如政府了，相反，任何产生影响的决策和举措都应该接受尽可能多的方面的质询和监控。而在市民社会这一方，社区共同体和各种自治的公民组织是关键因素。"'社区'不仅意味着重新找回已经失去的地方团结形式，它还是一种促进街道、城镇和更大范围的地方区域的社会和物质复苏的可行办法。"② 而"一个越来越具有反思性的社会必定是一个以高度的自治组织为标志的社会。在美国、英国以及世界上其他地方的研究表明，至少在某些地区和某些背景中，一个公民的领域正在迅速兴起。某些老式的公民组织和公民活动可能已经失去了吸引力，但是，其他类型的社会共同力量正在取代它们"③。

无论是贝克还是吉登斯，实际上都表达了要适应新的时代背景（全球风险社会或自反性现代性）而再造政治或治理、促进民主制度的民主化的旨意。在这个意义上，英国学者赫斯特的"结社民主论"可谓与其殊途同归。殊途，是因为赫斯特切入的视角路径不同；同归，是因为赫斯特同样表示了要再造民主、重塑治

---

① 安东尼·吉登斯：《第三条道路：社会民主主义的复兴》，郑戈译，北京大学出版社、三联书店，2000，第56页。

② 安东尼·吉登斯：《第三条道路：社会民主主义的复兴》，郑戈译，北京大学出版社、三联书店，2000，第83页。

③ 安东尼·吉登斯：《第三条道路：社会民主主义的复兴》，郑戈译，北京大学出版社、三联书店，2000，第84页。

理的意向。

20 世纪 90 年代，赫斯特从科勒（G. D. H. Cole）、菲吉斯（J. N. Figgis）和拉斯基（H. J. Laski）的工作中汲取营养，先后出版了《代议制民主及其局限》（1990）、《国家的多元主义理论》（1993）、《结社民主：经济和社会治理的新形式》（1994）和《从国家主义到多元主义：民主、公民社会和全球政治》（1997）四部有影响的著作，提出了其结社民主理论。赫斯特认为，20 世纪晚期出现的一系列社会政治变革已经使战后确立起来的以自由市场经济为基础、以公共领域与私人领域的清晰分野为前提，以福利国家和代议制民主政府为基本构架的自由民主制归于失效。① 这些社会政治变革包括，第一，公域与私域、民主与市场、公共选择与私人选择之间的清晰分野如今已不复存在，当代社会在公私双方都受到一系列非常相似的大型组织的支配，如商业公司、大型公共官僚机构、半官方机构（quangos）以及各种各样的中介组织，这些组织很难受到它们的服务对象的有效问责和控制。今天我们面临的是这样一种后自由主义的组织化社会，在这个社会中，一方面，一系列的公共代理机构在私人领域中获得了越来越大、越来越广泛的"政策"权力；另一方面，大型私人公司摆脱了公众的控制却有能力以其决策在越来越多的社会生活领域中施加其统治影响，并将其意志施加于国家机构；而与此同时，在国际市场力量面前，国家已无法对其领土内的各种活动拥有排他性的控制权，政府不得不与私人组织分享权力。② 总之，在这个后自由主义的社会中，

---

① Hirst, P. Q., *From Statism to Pluralism*：Democracy, *Civil Society and Global Politics*, London：UCL Press Limited, pp. 11 – 17.

② 需要指出的是，赫斯特虽然承认国际市场力量对民族国家权力的影响，但并不认为"全球化"这个概念是对国际经济的精确描述，也不认为民族国家的政府行动已被削弱到像许多"全球化"理论家所通常宣称的那样。参见 Hirst, P. Q., *From Statism to Pluralism*, ：*Democracy, Civil Society and Global Politics*, London：UCL Press Limited, pp. 206 – 215。

无论公域还是私域中的基本关系都是一种服务提供者和失去选择权、控制权的顾客之间的关系,传统自由主义理念中的公民与代议制政府、主权消费者和中立的市场的关系已越来越没有意义了。第二,后福特主义、全球化、地方化、个体化等因素已使当今这个社会变得越来越多元、社会成员越来越分殊异质,从而使得标准化、普遍化的公共服务和保障越来越难,于是,与现代代议制民主紧密相连的福利国家体制已难以为继;而80年代由所谓撒切尔主义或里根经济学所代表的私有化、市场化则回避了公共治理的难题,从而大大降低了公共服务供给上的公平性。第三,立足于英国的语境(有人指出,结社民主理论"具有鲜明的英国传统"),这些社会政治变革还应特别提到"选举专制"(electoral dictatorship)。"选举专制"的问题同样产生于撒切尔执政的年代,那时,对于一个在下议院中获得不稳定的多数支持的铁腕领导人所做出的社会和经济政策,似乎找不到任何有效的政治抵制,常规的议会民主无法控制或约束一个受意识形态驱使的内阁,无法保护社群免受一个决意施行一系列有争议的政策(如"国家撤退"、市场自由化等)的当选政府的压制。① 正是基于对以上这些社会政治变化的认识,赫斯特认为,必须重塑政治经济和社会的治理,促进民主制度的民主化。他指出,面对上述这样一种后自由主义的社会情势,重塑民主和治理的改革必须突破"市民社会"(civil society)和国家之间的藩篱,必须直面一切组织的"治理权力"而不仅仅局限于政府和国家。市民社会需要"公共化",它的组织应该和政府组织一样作为治理权力来对待,对于这种治理权力,公民应该按照其被卷入的程度、所担利益风险的程度而拥有相应的话语权;所有国家的和非国家的组织都应该视作是政治性

---

① 柯文·M. 布朗、苏珊·珂尼、布赖恩·特纳、约翰·K. 普林斯:《福利的措辞:不确定性、选择和志愿结社》,王小章等译,浙江大学出版社,2010,第16~17页。

的，而不仅仅是行政的或私人的，而相关的公众作为组织的"公
民"（organizational citizens）则都应该被赋予更直接的角色。① 也
就是说，重塑民主和治理的改革必须真正确保和强化传统代议制
民主所声称的保障公民权利和利益、保障公民参与和对有关方面
（国家的和非国家的）有效问责的功能。此外，赫斯特认为，重塑
民主和治理的改革还必须能够将公民的选择权与国家的公共福利
结合起来。而结社民主理论所提供的正是这样一种选择，它在一
个公私部门受到垂直控制的大型组织支配的后自由主义环境下提
供了一种重建民主理念和自由价值、兼顾社会公平和公民选择权
的方式。结社民主的关键要素包括："要有大量存在于国家之外的
自治的社团、志愿结社和公共群体；要有辅助原则（the principle
of subsidiarity）的发展，按照这种原则，领导权和福利行动应该运
作在层次尽可能低的社群组织；还要在文化和社会目标方面有意
识地培育多元主义。此外，为了这些多种多样的社团的存在，必
须要有一种法律架构来调节它们的行为。"② 换言之，结社民主的
要旨，就是要在文化和社会目标的多元主义和治理理念的辅助原
则之下，通过自治的、成员和服务对象能对其施加有效控制的合
法志愿结社，来促进真正的民主治理，同时将国家保障的公民基
本应享权利与可以选择的、由志愿结社提供的灵活服务结合起来：
"代议体制继续提供基本的规则，确定财政框架，但由志愿社团负
责为其成员提供服务……志愿社团之间会参照对应其承担的公共
目标而在提供服务和获取财政资助方面相互展开竞争。由于大部
分事务只涉及到社团为其成员提供服务，因而，市民社会中的这
些治理事务一般只与社团有关，而不直接涉及到公共权力。志愿

---

① Hirst, P. Q., *From Statism to Pluralism: Democracy, Civil Society and Global Poli-
tics*, London: UCL Press Limited, pp. 12 – 13.

② 柯文·M. 布朗、苏珊·珂尼、布赖恩·特纳、约翰·K. 普林斯：《福利的措
辞：不确定性、选择和志愿结社》，王小章等译，浙江大学出版社，2010，第
46 ~ 47 页。

结社自行制定自己的规则，各有其自己的问责形式。只有当严重损害到其他社团或个人的权利时，才需要公共权力的介入。结社，由于是志愿的，因而可以少受规制，而作为成员个体，一旦觉得社团提供的服务不令人满意，也可以自由地选择退出。"① 总之，志愿结社因其相对于国家的组织自治特征，潜在地更具民主性，并比现有的制度安排更能促进普遍而灵活的福利，因而成为深化和拓展民主、重塑治理的一条有希望的路径。科恩（J. Cohen）和罗格斯（J. Rogers）总结了志愿结社在重塑民主和治理方面的四项功能，即：以其对变迁和需求的敏感性为政策制定者提供信息；矫正当政治以物质为基础时存在的政治不平等；充当民主的学校；提供替代市场和政府等级制的治理方式，这种治理方式能够使社会大大地获益于公民之间的合作。②

4. 在个体化时代重建"共同体"：社会资本的重塑

说到"公民之间的合作"，从"社会资本"的角度讲，乃是一种重要的，甚至可以说最根本的社会资本，但是，这种社会资本近来却正在社会个体化、原子化的趋势中渐趋流失。

无论是从社会结构、制度安排来看还是从文化心理来看，现代化的进程都是一个伴随着个体化的进程。③ 在社会结构上，个体越来越从传统的诸如宗族、村落、等级等共同体中脱离出来而获得自我独立；从制度安排来看，现代社会的各种法律、制度设计、政策等都越来越以个人为执行对象；从文化心理来看，现代社会也越来越强调和突出个人的自我利益和自我责任（个人主义）。对于这一个体化现象，托克维尔、齐美尔、涂尔干、韦伯这些经典

---

① Hirst, P. Q., *From Statism to Pluralism: Democracy, Civil Society and Global Politics*, London: UCL Press Limited, p. 18.

② Cohen, J. and Rogers, J., *Associations and Democracy*, London: Verso, 1995, pp. 1 – 44.

③ 王小章：《论以积极公民权为核心的社会建设》，《浙江学刊》2013 年第 4 期。

社会理论家们都已有所论及。最近，随着后福特主义、反传统性、全球化等给个体化进程带来了新的动力①，贝克、鲍曼、吉登斯等又提出了"社会的个体化"或"个体化社会"的命题，分析指出了当今社会个体化的一系列新的机制和特征，包括：去传统化或"传统的丧失"，制度性的抽离与再嵌入，因为被迫追求"自己的生活"而导致缺乏真正的个性，个人面临的不可靠的自由与不确定性导致风险的内化或心理化等。②

无疑，社会的个体化具有多方面的内容和可能的后果。而此处要特别指出的一个重要的可能后果，就是越来越个体化的人们日益切断了彼此之间有机的、实质性的联系，而沦为"孤独的人群"，陷于一种彼此隔绝的"原子化"状态之中，并相应地产生以自己为中心的个人主义情感，一种托克维尔所说的"只顾自己而又心安理得的情感"③，从而导致合作精神、公共意识的失落，换言之，导致"社会资本"的流失。

较早提出和阐释"社会资本"这一概念的是法国社会学家皮埃尔·布迪厄（P. Bourdieu）和美国社会学家詹姆斯·科尔曼（J. S. Coleman），而真正使"社会资本"概念引起广泛关注的则是哈佛大学社会学教授罗伯特·D. 普特南（R. D. Putnam）。普特南将"社会资本"界定为"社会组织的特征，例如信任、规范和网络，它们能够通过推动协调和行动来提高社会效率"。"社会资本是一种'公共品'，即它不是从中获益的那些人的私有财产。和清洁的空气、安全的街道这样的公共品一样，社会资本不能由私人

---

① 保罗·霍普：《个人主义时代之共同体重建》，沈毅译，浙江大学出版社，2010，第 5~49 页。
② 阎云翔：《中国社会的个体化》，陆洋等译，上海译文出版社，2012，第 326~330 页；乌尔里希·贝克、伊丽莎白·贝克-格恩斯海姆：《个体化》，李荣山等译，北京大学出版社，2011。
③ 托克维尔：《论美国的民主》（下卷），董果良译，商务印书馆，1991，第 625 页。

部门提供。"① 也就是说，在普特南这里，社会资本的拥有者是作为整体的社会。② 基于他和他的同事们对意大利行政区政府前后长达 20 年的考察研究，普特南虽然不否认社会资本有可能带来消极的影响③，但他显然认为，其积极效应是主要的：社会资本能够提高投资于物质资本和人力资本的收益，促进经济的繁荣，在一个拥有丰富的社会资本存量的社群中生活和工作会更加容易，社会资本是使民主真正有效运转的重要条件。而之所以社会资本有如此功能，普特南指出："首先，公民参与的网络孕育了一般性交流的牢固准则，促进了社会信任的产生。这种网络有利于协调和交流，扩大声誉，因而也有利于解决集体运动的困境。当政治和经济谈判是在社会互动的密集网络中进行的时候，机会主义的动机减少了。同时，公民参与的网络体现了过去的合作成果，这一成果可以充当未来合作的文化样板。最后，由于把'我'发展成'我们'，或者（用理性选择的理论家们的语言）提高参与者对集体利益的'兴趣'，互动的密集网络有可能扩大参与者对自我的认识。"④ 参照托克维尔研究美国公民结社（和乡镇生活）的理路，结合其意大利经验研究，普特南肯定，充分的社群生活——包括非地域性的社团，也包括社区邻里活动——是社会资本的主要源泉（事实上，普特南在解释社会资本的功能时对于互动的"密集网

---

① 罗伯特·D. 普特南：《繁荣的社群——社会资本与公共生活》，载李惠斌、杨雪冬主编《社会资本与社会发展》，社会科学文献出版社，2000，第155~156、160页。

② 关于社会资本的界定、拥有主体等，迄今尚未形成一致的理解，有关分歧参见李惠斌《什么是社会资本》和杨雪冬《社会资本：对一种新解释范式的探索》，均载李惠斌、杨雪冬主编《社会资本与社会发展》，社会科学文献出版社，2000。

③ 罗伯特·D. 普特南：《繁荣的社群——社会资本与公共生活》，载李惠斌、杨雪冬主编《社会资本与社会发展》，社会科学文献出版社，2000，第164页。

④ 罗伯特·D. 普特南：《独自打保龄球：美国下降的社会资本》，载李惠斌、杨雪冬主编《社会资本与社会发展》，社会科学文献出版社，2000，第167~168页。

络"的强调已充分地显示了这一点）。他对意大利各地的研究所提供的许多实例表明：结社培育了成员们合作、团结和热心公益的习惯，促进了有效的社会合作和有效的自治，在社区中互动和参与网络越密集，公民们就越能进行互利的合作。此外，普特南还指出，具有充分的社群生活的成员政治上更成熟老练，更具社会信任感，政治参与度也更高。总之，由于这种社群生活表征的是水平、互惠的互动，能够以一种垂直网络所不能的方式维护社会信任和合作，因此，对于社会资本的生产/再生产来说，它们是必不可少的。

　　但是，自20世纪70年代末以来，至少在美国，人们对于社群生活的参与程度出现了明显的下降，社会日渐变成了"独自打保龄球"的社会，这导致了社会资本日渐流失。由于在《公民美国的奇怪消失》一文中，普特南特别分析指出了电视的普及对于人们参与社群活动的影响（电视将人们拉出了社群公共生活），故导致一些批评者将电视看作"一切罪恶的根源"。但普特南在回应中一方面承认这是一个"遗憾"，同时明确指出："我确信，电视在美国对社区的凝聚力有着极其消极的影响，但是，我不相信（并且我也不会认为）它就是罪魁祸首……我在《公民社会美国的奇怪消失》中提到第二次世界大战的时代精神、美国妇女正在变化的角色、改变了的家庭结构等，或许并非转瞬即逝。更重要的是，我赞同所有这三位批评家的说法，我们研究这一复杂的问题应该更系统地考察斯考波尔所说的'结构的'（structural）影响、瓦莱利所说的'组织的背景'（organizational context）以及舒德森恰当地表述的'中间分子'（spark plugs）的论据。"[①] 由此，我们可以不无道理地认为，普特南实际上是在结构、制度、文化和心理的个体化、（自我）封闭化走势中来分析社会资本的流失的：是"个

---

　　① 罗伯特·D. 普特南：《罗伯特·D. 普特南的回应》，载李惠斌、杨雪冬主编《社会资本与社会发展》，社会科学文献出版社，2000，第204页。

人主义社会带来的以自我为中心的个人行为特征，（使）组织社会性的、集体性的行动变得越发困难"①。

那么，对于社会资本的流失，我们能做些什么？换言之，如何重塑社会资本？如果充分的社群生活是社会资本的主要源泉，那么重塑社会资本的根本无疑也就在于要重建这种繁荣的社群生活，包括地域性的和非地域性的。在这方面，普特南的批评者斯考波尔也许是正确的："离开积极的政府和包罗万象的民主政治，有组织的公民社会从来就不会繁荣……如果我们想修复公民社会，我们必须和首先要做的就是重新赋予政治民主以生命力……仅仅重建地方志愿社团是不够的。"② 普特南在回应中也明确承认这一点，同时还强调：社会资本不是有效的公共政策的替代品，而是它的先决条件，在某种程度上也是它的结果。但在承认肯定这一点的前提下，普特南认为，"自上而下"或政府推动的解决办法并非灵丹妙药。③ 他显然更加关注也更钟情于各类地方性和非地方性的自发志愿结社和社群活动的复苏。人们在社群活动中的相互沟通与交往，可以激发人际的相互信任、合作和友情关系，也即促成各种社会资本的形成。社会资本的复苏，从根本上讲，是建立在繁荣的社群生活的基础之上的。

三　结论

迄此为止，我们花了近三万字的笔墨，回顾介绍了几位重要的经典社会理论家以及当代一些有影响的研究者关于社区和社团

① 保罗·霍普：《个人主义时代之共同体重建》，沈毅译，浙江大学出版社，2010，第144页。

② 锡德·斯考波尔：《自上而下的拆散》，载李惠斌、杨雪冬主编《社会资本与社会发展》，社会科学文献出版社，2000，第200页。

③ 罗伯特·D.普特南：《罗伯特·D.普特南的回应》，载李惠斌、杨雪冬主编《社会资本与社会发展》，社会科学文献出版社，2000，第205～206页。

的基本论述和观点。在此，我们不妨做一简单的总结，看看从这些论述和观点中能概括出哪些基本的结论或启发。

第一，在已非总体性一元化社会的现代性条件下，必须从个人、市场、社会、国家这四维多元关系中来认识和把握整体社会的运行，而作为这四维之一的"社会"的基本要素，对于作为地域性共同体的社区和非地域性的"脱域的共同体"的社团，也必须从这种多元关系中来认识和把握其角色。关于这一点，在我们上面所介绍的从经典社会理论到当今的有关研究中都体现得很明显，尽管不同视角、不同立场、不同背景的理论家和研究者在对个人、市场、社会、国家的价值偏向上或有不同，对于社区与社团的关注度或有侧重。

第二，与第一点相联系，从个人、市场、社会、国家这种多维视野中来认识和把握作为"社会"之基本要素的社区与社团的角色，就不能将社区与社团局限在单一功能上，而必须要（也必然会）承认和肯定其多重功能。它们可以帮助克服个体的软弱，凝聚个体的力量，保护个体的独立，也一定程度地防范和克制个体的"任性"和冲动；可以防范和克服社会的原子化，促进社会整合与秩序，培育公共精神，促进社会信任，积聚社会资本；可以在一定程度上平衡国家（政府）权力，提升政府效率，弥补政府失灵（包括反应的迟钝），促进民主而自由的治理；可以节省交易成本，促进市场效率，同时平衡市场的分化效应，保护市场弱者，弥补市场失灵；可以帮助应对当代社会中各种难以预期的风险；等等。

第三，同样与第一点相联系，从个人、市场、社会、国家这种多维视野中来认识和把握社区与社团的角色，必须要（同样也必然会）看到以社区和社团为基本要素之"社会"的运行机制，特别是相对于国家和市场的独特运行机制。如果说现代国家的运行机制是民主和法治基础上的权力控制和调节，市场的运行机制是产权明晰基础上的自由竞争，那么，以社区和社团为基本主体的社会的运行机制就是以互惠利他为原则的志愿合作，志愿性确保了其合作的平等性和灵活性。

第四，要真正发挥和实现社区和社团的多重功能，要切实表现出互惠利他的志愿合作，必须在坚持个体本位性的前提下将社区和社团看作行动的主体，而不仅仅是被动的"建设"或"培育"的对象。个体本位性是近代以来确立起来的一条根本性的价值原则，即个人是自由的真正主体，是各种权利和责任的最终承载者，任何团体、组织都不能成为凌驾于个人之上的异己的力量。只有坚持这一前提，人们在社团或社区中才能如托克维尔所说不放弃自己的意志和理性，而"用自己的意志和理性去成就共同的事业"，才能实现真正互惠利他的志愿合作。而因为社区、社团是社会成员之间志愿合作的共同体，因而不能仅仅简单被看作某种力量或机构（主要是政府）的某种建设规划（如社区建设）的被动对象，或被工具性地看作协助政府完成某项任务、达成某个特定功能、替政府拾遗补阙的工具，而必须被看作具有自身相对独立的意志的自治、自主、自为的行动主体，也只有如此，社区和社团的多重功能才能被充分地发挥出来。而为了保障社区和社团成为相对独立而自为的行动主体，应该重视赫斯特所强调的"辅助原则"：个人首先要对自己负责，在个人无法解决的时候，可以通过自愿合作来解决共同的问题；在自愿合作无法解决的时候，才需要公权力的介入；而就公权力的介入而言，也应当首先由较基层公权力承担解决问题的责任；只有在下层需要更高一层支持的时候，更高一层才能予以干预，个人、社会、国家乃至国家内部各级政府之间形成递升的辅助关系。①

---

① 柯文·M. 布朗、苏珊·珂尼、布赖恩·特纳、约翰·K. 普林斯：《福利的措辞：不确定性、选择和志愿结社》，王小章等译，浙江大学出版社，2010，第16页"译者注"。

第五，重视辅助原则并不意味着忽视国家（政府）的作用，恰恰相反，就像赫斯特、吉登斯、普特南，乃至托克维尔、涂尔干等或直接肯定或间接承认与启示的那样，一个民主法制的国家（政府）的正常作用，对于一个生机勃勃的市民社会是必不可少的。国家（政府）必须负责保障公民共同的最低标准和应享权利，必须为作为行动主体的社区与社团的行动提供有效的规范和引导，还应该通过诸如提供经济补助，营造有利于社区、社团发展的法律和政策环境，来审慎地但又主动地扶持社区和社团。无论是从消极的角度（规范、约束社区、社团的行动）看还是从积极的角度（扶持社区和社团的发展和行动）看，国家（政府）都是"社会"健康运行的最后保障。实际上，要从个人、市场、社会和国家四维多元关系来认识、把握社区与社团的角色，这本身就意味着其余三者，要充分而正常地履行自身的角色。

以上五点，是我们从前面所介绍阐释的自经典社会理论以降有关社区和社团的研究论述中所概括得出的基本结论或者说启示。在此需要特别指出的是，笔者以为，这些基本的结论或启示，同样是我们今天切实地认识和把握社区和社团在我国整体社会运行和发展中的地位、角色、功能时所必须认真对待的。随着 20 世纪 90 年代国有、集体企业改革导致"单位制"的渐趋解体，社区、社团开始日益受到社会各界，特别是党和政府的关注与重视。首先是社区。2000 年，中共中央办公厅、国务院办公厅转发了《民政部关于在全国推进城市社区建设的意见》，提出"要在总结 26 个城市社区建设实验区一年多来试点经验的基础上，在全国范围内积极推进城市社区建设"。到 2006 年，在中国共产党第十六届中央委员会第六次全体会议通过的《中共中央关于构建社会主义和谐社会若干重大问题的决定》中又进一步明确提出要"全面开展城市社区建设"，"积极推进农村社区建设"，要"完善社区公共服务，开展社区群众性自助和互助服务，发展社区服务业"，要

"健全新型社区管理和服务体制，把社区建设成为管理有序、服务完善、文明祥和的社会生活共同体"。经过十余年的努力，到今天，我国城乡社区已初步形成了大体完整的社会保障、社会福利、社会救助、社会服务和社会管理的平台和机制。在展开社区建设的同时，社会组织（社团）的建设和培育也逐渐进入党和政府关注的视野，特别是自提出要加强和创新社会管理以后，作为"社会协同"的主体，社会组织（社团）的重要性开始受到了越来越多的重视。2013年中国共产党第十八届中央委员会第三次全体会议通过的《中共中央关于全面深化改革若干重大问题的决定》更着眼于"创新社会治理体制"而明确指出：要"激发社会组织活力。正确处理政府和社会关系，加快实施政社分开，推进社会组织明确权责、依法自治、发挥作用。适合由社会组织提供的公共服务和解决的事项，交由社会组织承担。支持和发展志愿服务组织……重点培育和优先发展行业协会商会类、科技类、公益慈善类、城乡社区服务类社会组织，成立时直接依法申请登记。加强对社会组织和在华境外非政府组织的管理，引导它们依法开展活动。"党和政府的关注与重视，为作为"社会"之基本要素的社区与社团在中国的健康发展和扮演积极的角色、发挥正常的功能提供了一个重要的条件或者说动力。无疑，在中国展开社区建设，发展社会组织（社团），或许，要切实地认识、把握社区与社团在中国社会中的生长、发展、地位、角色、功能，必须联系中国在文化、社会、政治等方面的具体而特殊的条件，这一点在"建设中国特色社会主义"的官方话语下已得到充分的表达，在学界的许多研究和讨论中也已得到充分的肯定。实际上，当我们在上面说"党和政府的关注和重视"为社区与社团在中国的发展和健康运行提供了重要动力时，即已从一个侧面表达了对社区与社团的发展运行之特定的中国语境的肯定。不过，也正是鉴于这一点，即社区与社团之发展和运行的特定中国语境已得到官方和学界的充分认识，因而，在这里，笔者要着意强调的恰恰是，自改革开放以来，中国社会已越来越成为日益一体化的现代世界的一员，从而在其整体的运行上也越来越和世界绝大多数国家（除了个别自外于现代世界之经济、政治、文化的国家）趋同而面临大体一致的情势。有研究者概括指出，改革开放以来，我国社会发生了一系列变化：第一，随着经济体制的市场化转型，市场越来越成为我国经济运行的核心机制，同时市场的社会影响（如对人的分化以及对弱者的排斥）、文化心理效应（如集体主义的消解、个人利益的觉醒、以自我为中心的功利主义等）也越来越明显；第二，市场的渗透、给个体"松绑"的各种改革以及随之而来的流动性的增加，使得传统上对个体既有束缚作用又有保护作用的各种共同体（如村落共同体、亲族共同体等）和组织制度渐趋解体，社会已变得越来越个体化，这在给个体带来更多自由的同时，也带来个体脆弱化、社会原子化和公共精神、社会资本流失的危机；第三，随着社会关系的复杂化，社会流动性的加剧，我国社会已由一个阶级、阶层结构单纯，社会关系简单，生活方式、价值观念趋同，社会运行模式静态重复的社会转变为利益主体、社会阶层多元，生活方式、价值观念多样，社会关系、矛盾冲突日趋复杂的社会，已由一个类似于涂尔干所描述的"机械团结"的简单同质的社会演变为复杂异质的社会；第四，全球化进程同样将我国社会带进全球风险社会，没有哪个社会成员可以确定无疑保证自己能够免受全球流动的各种难以预期的风险的威胁；第五，我国公民的权利意识已经觉醒，权利诉求不断提高。[①] 所有这些变化，不正表明了我国的政治、经济、社会，一言以蔽之，整体社会运行，正日益面临着与现代绝大多数国家大体相似的情势吗？

---

① 王小章：《社会转型与民政转型：走向"现代大民政"》，《浙江学刊》2013 年第 6 期。

这种情势，不也正是前述有关社区和社团的那些论述和观点所产生于其中的基本语境或背景吗？正是基于这种情势或语境的基本类似性，笔者才坚定地认为，若要切实地认识和把握社区和社团在我国的成长发展及其在整体社会运行和发展中的地位、角色、功能，那么，就应该认真地对待经典社会理论以降有关社区和社团的研究和论述所给予我们的启示。

附录 2 论怨恨：生成机制、反应及其疏解[*]

作为一种弥散、浮动于社会或群体中的社会心态，一种具有普遍性、代表性、基调性的负面社会心理体验和行为反应倾向，"怨恨"正如同病毒一般流布弥散于当今中国社会各个阶层或群体之中，毒害着我们的社会机体及其运行。本文的宗旨即是要对这种具有"社会毒性"的社会心态从社会学、社会心理学的角度做一点考察研究，以揭示这种社会心态的性质及根源，进而再分析探讨一下这种社会心态的治理疏解问题。不过在考察解释作为流布弥散于现实社会中的这种现实社会心态之前，我们不妨先对"怨恨"这个词做一点考释。

许慎《说文解字》对于"怨"的解释是："怨，恚也。从心夗声，于愿切。"对于作为"怨"的同义词的"恚"的解释是："恚，恨也，从心圭声，于避切。"而对于"恨"的解释则是："恨，怨也，从心艮声，胡艮切。""怨""恨"两字组成一词，其出现最迟不晚于战国。《墨子·兼爱中》："凡天下祸篡怨恨，其所以起者，以不相爱生也。"按照《说文解字》的解释，"怨""恨"之组成一词，显然属于同义叠加。不过，仔细体味则可以发现，"怨恨"所表达的情感与一般的"恨"或"仇恨"又有所不同，

---

* 本文曾发表于《浙江社会科学》2015 年第 7 期（作者：王小章、冯婷），收入本书时略有删改。

关于这一点，只要回顾一下我们的文字记载中那些最常见的心怀怨恨者的处境特点就可以看出。无论是仕途碰壁的官宦，生不逢时的文人，还是闺房独居的少妇，惨遭遗弃的妇女，寂寞凄凉的宫女，甚或被孔子斥为最为难养、近之则不逊、远之则怨的"女子与小人"，其共同特点都是，他们心怀某种渴望，但又都处于一种被动无力的身份处境之中，因此，他们一方面对己身的遭遇处境感到不满不平不忿，但其身处的被动地位和无力感又使其无法以实际的行为或语言来（向被他们认为造成其不幸的人）直截了当地宣泄或表达这种不满不平不忿，更遑论改变其现实的处境。因此，准确地说，"怨恨"所表达的是一种（对被认为造成自身之劣境的他人的）潜藏心中隐忍未发的不满情绪和怒意。这个意思，和马克斯·舍勒（Max Scheler）对于法语"ressentiment"一词之含义的解释是一致的。舍勒指出，法语"ressentiment"的词义有两个要点：其一，在怨恨中涉及的是对他人做出的一种确定的情绪性反应的感受和咀嚼，这种咀嚼加深那一确定的情绪，这种情绪的反复咀嚼和感受是对情绪本身的一次再体验，一种回味；其二，这种情绪之品质是消极的，即包含一种敌意的动态，与德语"Groll"（恼恨）的意指类似，是一种隐隐穿透心灵、隐忍未发、不受自我行为控制的愤懑。舍勒于是将"怨恨"描述为"是一种有明确的前因后果的心灵的自我毒害，这种自我毒害有一种持久的心态，它是因强抑某种情感波动和情绪激动，使其不得发泄而产生的情态"，这种被强抑的情感波动和激动情绪包括报复感和报复冲动、仇恨、恶意、羡慕、忌妒、阴毒等。[①] 在英语中，很难找到一个能完全表达舍勒所描述的"怨恨"的词语，"resentment"可能是在意义上最接近的。

---

① 舍勒：《道德建构中的怨恨》，刘小枫选编《舍勒选集》（上），上海三联书店，1999，第 398、401 页。

作为一种个体层面的心态或情态，怨恨的存在或许和人类本身的历史一样长远，并且久已成为中外文学史和诗学中的一个重大主题。但是作为一种发生在社会层面的社会心态，怨恨在社会或群体中的广泛弥散则主要是现代以来的现象，是一种现代性社会现象，也正因此，怨恨在今天必须被作为一个社会学问题来对待。

一　怨恨的生成机制或作为现代性现象的怨恨：从托克维尔到舍勒

一般认为，在现代思想家中，最早将"怨恨"作为专门术语引入学术文本的是尼采，而马克斯·舍勒则进一步在社会学意义上做了申发。[①] 实际上，就触及作为现代性社会心理现象的怨恨心态而言，我们至少可以追溯到尼采之前的托克维尔，甚至，在某种意义上，舍勒后来围绕怨恨的论述可以说是对托克维尔有关民主和革命时代之社会心态的观点的引申与发挥，虽然托克维尔并没有使"怨恨"成为一个核心概念，而是经常将妒忌、憎恨、对差异的不容忍等这些表述夹在一起使用。

托克维尔指出，民主的社会状态，也就是身份平等在全世界范围内无可阻挡地到来，是现时代的基本特征，这也是他对于现代性的基本诊断。而这种向民主的社会状态也即身份平等状态的迈进，必然伴随或者说必然带来一系列社会心理紊乱，其中最引人注目的三个现象是：第一，个人日益严重的精神孤独，由此导致社会想象力的贫乏和普遍的社会冷漠；第二，对无政府、无秩序状态的恐惧，由此导致对秩序的强迫性企求；第三，作为不稳

---

① 罗伯特·K. 默顿：《社会理论与社会结构》，唐少杰等译，凤凰出版传媒集团，2008，第 252 页。

定的平等"社会状态"中所感到的认同性焦虑和不确定性的结果，对于差异的日益加剧缺乏容忍性特别表现为对"他者"的畏惧和妒忌，以及近乎反常的压抑感。① 这第三种社会心理紊乱或者说病症，显然联系着我们此处讨论的怨恨心态。在这方面，特别是围绕平等或对平等的追求与妒忌、对特权的憎恨厌恶、对差异的不容忍这些心态的关系，托克维尔提出或提示了一系列极具洞察力的观点。首先，他指出，普遍蔓延的妒忌、对差异或"他者"的不容忍或憎恨，与对平等的追求或价值观念紧密相关，这乃是"平等"时代的一种基本社会心态。他认为，现代社会日趋强烈的对平等的追求，造成人们，特别是市民阶层，对区别地位的符号的密切关注，进而也必然带来在他看来是民主社会状态下之核心情感的妒忌，以及对于地位差异的越来越多的不满和不容忍。在传统的贵族制社会中，"人民从不未奢想享有非分的社会地位，也绝没有想过自己能与首领平等，觉得自己是直接受首领的恩惠，根本不去争取自己的权利。当首领是宽宏而公正的人时，他们爱首领，并对服从首领的严厉统治没有怨言，不感到卑下，好像这是在接受上帝给予的不可抗拒的惩罚……由于贵族根本没有想过有谁要剥夺他们自认为合法的特权，而奴隶又认为他们的卑下地位是不可更改的自然秩序所使然，所以人们以为在命运如此悬殊的两个阶级之间可以建立起某种互相照顾的关系。因此，社会上虽有不平等和苦难，但双方的心灵都没有堕落。"② 但是，在民主时代，当对平等的追求成为社会上一种压倒性的普遍激情，情形就改变了，这是因为："一个民族不论如何努力，都不可能在内部建立起完全平等的社会条件……当不平等是社会的通则的时候，

① 阿瑟·卡勒丁：《托克维尔启示录：〈论美国的民主〉中的文化、政治与自由》，载雷蒙·阿隆等《托克维尔与民主精神》，陆象淦、金烨译，社会科学文献出版社，2008，第25页。

② 托克维尔：《论美国的民主》（上卷），董果良译，商务印书馆，1991，第10页。

最显眼的不平等也不会被人注意；而当所有人都处于几乎相等的水平时，最小一点不平等也会使人难以容忍。"① 也就是说，普遍蔓延的妒忌、对不平等的不容忍或怨愤憎恨，乃是近代以来被大力宣扬并为广大民众所普遍接受的平等原则或者说价值观念，与不可能真正完全平等的现实社会状态之间的紧张冲突的产物。换言之，是关于平等的"应然"观念，引发了人们对于不平等的"实然"状态的不满和憎恨。② 而人们对于"应然"的期待追求越是执着迫切，他们对于与之不符的"实然"的不满、憎恨就越强烈，这也就是为什么"随着特权逐渐减少和缩小，人们对特权的憎恶反而日益加强"③ 的原因，因为，特权的减少和缩小恰恰提升了人们对于彻底消除特权的热切期望。而这也正是托克维尔对于革命为什么常发生在人们的处境开始变好而不是越来越坏的时候的社会心理学解释：在一个坏制度下，"人们耐心忍受着苦难，以为这是不可避免的，但一旦有人出主意想消除苦难时，它就变得无法忍受了。当时被消除的所有流弊似乎更容易使人觉察到尚有其他流弊存在，于是人们的情绪便更激烈：痛苦的确已经减轻，但是感觉更加敏锐。封建制度在行将灭亡时比其盛期更激起法国人心中的仇恨。"④

就诸如嫉妒、对现实社会状况或"他者"的不满、憎恨等负面情绪或心态，是关于平等的应然原则或价值观念与不平等的现实社会状态之间张力的产物而言，则这种负面情绪或心态无疑将

① 托克维尔：《论美国的民主》（下卷），董果良译，商务印书馆，1991，第 669 ~ 670 页。
② 在《回忆录》中，托克维尔也这样理解 1848 年群众的"革命激情"，他认为，正是宣扬鼓吹财富平等的那些"社会主义理论"，激发了民众的嫉妒心，进而燃起了阶级仇恨和争斗（参见托克维尔《托克维尔回忆录》，董果良译，商务印书馆，2004，第 107 ~ 109、179 ~ 180 页）。
③ 托克维尔：《论美国的民主》（下卷），董果良译，商务印书馆，1991，第 846 页。
④ 托克维尔：《旧制度与大革命》，冯棠译，商务印书馆，1992，第 210 页，关于引文最后一句译法稍有改动。

主要集中在社会下层阶层之中，这当然也是现代社会的基本事实。不过，情形也并不绝对。这是因为，"平等"固然是现代社会的主流价值观念，但它并不一定同等程度地分布、存在于不同的阶层阶级。也就是说，在是否应该平等、应该消除一切特权方面，在不同阶级、阶层中间可能存在观念或期待的"错位"，特别是在社会的转型过渡时期。托克维尔即指出分析了存在于大革命前夕法国社会中的这种"错位机制"。各式贵族、资产阶级、富裕农民或地主、知识分子等对于社会的应然状态并不真正持有价值共识，它们各自的自我定位、实际处境以及其他阶级或阶层对它们的认识之间均存在着差距和错位。① 在这种情形下，上述那种负面情绪，那种隐蓄着敌意的情态，就有可能不再局限于下等阶级而是蔓延到社会的各个阶级阶层中，即使是上层阶级，比如贵族，也可能因其自我期许与其现实处境之间的落差而产生对现实的不满和怨愤，以及被认为损害或威胁了自身地位的其他阶级阶层的憎恨。在这里，平等的价值原则与不平等的现实社会状态之间的紧张；实际上已过渡转化为更为一般的"应然"期待与"实然"状态之间的紧张，从而，托克维尔的相关论述实际上隐含着或者说提示了一种一般的相对剥夺论，即诸如嫉妒、对现实社会状况或"他者"的不满、憎恨等负面情绪或心态，在更为一般的意义上，乃根源于人们没有达成的期望。② 而一个社会中，如果没有一种基本的价值共识来对社会成员的期望施加正当的引导约束，则妒忌、怨愤等情绪就有可能泛滥。

确实，如前面所指出，托克维尔没有使"怨恨"正式成为一个核心概念，但是，从后面的叙述，特别是关于舍勒的怨恨理论

---

① 穆罕默德·谢尔科伊：《国家与革命——托克维尔〈旧制度与大革命〉中的垄断权力与社会机制》，载雷蒙·阿隆等《托克维尔与民主精神》，陆象淦、金烨译，社会科学文献出版社，2008，第298~299页。

② 这和现代汉语对"怨"字的解释一致，《现代汉语字典》对"怨"的解释是："某种应该能够满足的愿望却没有满足。"

的叙述中将看到，托克维尔的上述有关思想，实际上可以说是日后关于怨恨之社会学理论的滥觞。值得一提的是，托克维尔还指出，在一个社会中，如果相互嫉恨、彼此怨怼的集团、阶级之间缺乏互动沟通的自由渠道，从而长久地陷于彼此孤立和隔绝的境地，那么，这种彼此之间的消极情绪就因没有疏解而越积越深，成为社会的一个隐疾。大革命之前的法国社会就是这种状况，其结果是，到 18 世纪末，"当使旧法国分裂的不同阶级在被重重障碍长期隔绝之后彼此重新接触时，他们首先触到的是他们的伤痛处，他们的重逢只不过是为着互相厮杀"①。

最早将"怨恨"作为专门术语引入学术文本的是尼采。在《道德的谱系》中，尼采指出："怨恨发自一些人，他们不能通过采取行动做出直接的反应，而只能以一种想象中的报复得到补偿。"而基督教的道德，也即尼采认为的奴隶的道德，即源自无能报复的怨恨，为那些无能报复者提供了一种想象的满足或者说心理补偿（若用弗洛伊德的术语，也可以说基督教的道德乃是被压抑的报复冲动的"升华"）："不报复的无能应被称为'善良'，卑贱的怯懦应改为'谦卑'，向仇恨的对象屈服应改为'顺从'（根据他们对一个人顺从，这个人吩咐他们屈服，他们称这个人为上帝）。弱者的无害，他特有的怯懦，他倚门而立的态度，他无可奈何的等待，在这儿都被冠上好的名称，被称为'忍耐'，甚至还意味着美德；无能报复被称为不愿报复，甚至还可能被称为宽恕……他们还在议论'爱自己的敌人'——而且边说边淌汗。"②

就其聚焦于怨恨与基督教道德之间的关系而言，尼采主要关注的是从心理学的角度来分析怨恨的道德效应，而不是对作为社会心态的怨恨做社会学的分析。舍勒接过了尼采的论题，但是在

---

① 托克维尔：《旧制度与大革命》，冯棠译，商务印书馆，1992，第 145 页。
② 尼采：《道德的谱系》，周红译，三联书店，1992，第 21、30 页。

继续探讨怨恨的道德效应的同时，大大丰富了对怨恨的现象学、社会学的分析和考察。而就其关于怨恨的社会学观念而言，与其说舍勒承续的是尼采，不如说是托克维尔。

如前所述，舍勒首先将怨恨的性质界定为因"强抑某种情感波动和情绪激动"、使其不得发泄而产生的一种具有自我毒害性的持久心态或情态，这些被强抑住的情感、情绪包括报复感和报复冲动、仇恨、恶意、羡慕、忌妒、阴毒等。① 接着，舍勒分析了怨恨形成的两种心理动力或者说情感起点，正是在对这两种心理动力的分析中，他为我们揭示了怨恨形成的社会学原理。报复冲动是怨恨形成的第一种也是最主要的出发点；妒忌、醋意和争风则是怨恨形成的第二个起点。② 而从舍勒的分析中可以看出，这两种情感起点事实上有着共同的至少是相通的起因，它们都源自因进行某种价值的比较或攀比而产生心理失衡：或者是与别人进行价值攀比，或者是将自身与他所认同的某种应然价值相比，总之，都是因为"我本来应该如此，但事实上我却没能如此"。舍勒指出："本身就是一种奴性或自感、自认奴才的人，在受到自己主人伤害时，不会产生任何报复感；卑躬屈膝的差人挨了责骂也不会产生报复感，孩子挨了耳光也不会。反过来，久蓄于心的强烈要求、极度的高傲与外在的社会地位不相称，特别容易激起报复感。"而一切妒忌、醋意、争风都"浸透了"与别人的价值攀比："妒忌一直在喁喁私语：'一切我都可以原谅你；只是不能原谅你是你、是你这个人，只是不能原谅你这个人不是我、竟然我不是你'。"③ 而这种比较或攀比，无论是你选择与什么人比，还是与所

---

① 舍勒：《道德建构中的怨恨》，载刘小枫选编《舍勒选集》（上），上海三联书店，1999，第401页。
② 舍勒：《道德建构中的怨恨》，载刘小枫选编《舍勒选集》（上），上海三联书店，1999，第401~402、407页。
③ 舍勒：《道德建构中的怨恨》，载刘小枫选编《舍勒选集》（上），上海三联书店，1999，第405、408页。

认同的什么价值比，显然都受到特定社会的结构形态和价值动态的影响与制约。于是，舍勒引出了关于怨恨的社会学命题。

　　群体的与宪政或"习俗"相应的法律地位及其公共效力同群体的实际权力关系之间的差异越大，怨恨的心理动力就会越聚越多。关键不在于这些因素中的单独某一种，而在于两者间的差距。在一种不仅是政治的，而且也是社会的、旨在贫富的民主制中，社会怨恨恐怕将是最小的。在一种有内在等级的社会制度下（比如印度曾有过的社会制度），或在一种等级森严的制度下，社会怨恨恐怕也会很小——事实上也很小。因而，忍无可忍、一触即发的怨恨必然储备在如下社会中：在这种社会中，比如在我们的社会中，随着实际权力、实际资产和实际修养出现极大差异，某中平等的政治权利和其他权利（确切地说是受到社会承认的、形式上的社会平等权利）却不胫而行。在这一社会中，人人都有"权利"与别人相比，然而"事实上又不能相比"。即使撇开个人的品质和经历不谈，这种社会结构也必然会集聚强烈的怨恨。①

　　舍勒进而还指出，中世纪的农夫没有与封建主攀比，手工业者也不与骑士攀比。在这样的历史时期，上帝或天命给定的"位置"使每个人都觉得自己的位置是"安置好的"，他必须在给自己安定的位置上履行自己的特别义务，这种观念支配着所有的生活关系，每个人的自我价值感和他的要求都只是在这一位置的价值的内部打转。但是，近代以来平等价值观的不胫而走带来了普遍竞争的制度，人们的自我价值感和要求不在其固有的位置内打转，

① 舍勒：《道德建构中的怨恨》，载刘小枫选编《舍勒选集》（上），上海三联书店，1999，第 405～506 页。

而转向了无界限的"奋求",无边界的、普遍的攀比或比较。① 由此带来的一个结果便是,怨恨不再只是与特定个人的品质与经历有关,而是一种弥散型的社会心态。我们可以清楚地看出,舍勒在此关于怨恨的社会学命题的表述,和上面托克维尔的观点何其相似。而且,同样也很显然,和托克维尔一样,在舍勒看来,作为一种具有普遍性的社会心态,怨恨是一种现代性现象,是有别于传统"等级制"社会的"平等"时代的产物,质言之,是获得了普遍正当性的平等观念和事实上存在的社会阶级、阶层分化之间的张力的产物。② 也正因此,他不同意尼采将基督教的道德、基督教的爱理念看作"怨恨之花",相反,现代社会的市民道德才是怨恨的产物。③

当然,按照舍勒本人的定义,诸如报复感、妒忌、醋意、争风等本身还不是怨恨,它们只是怨恨的心理动力或情绪前提:"报复感、嫉妒、忌妒、阴毒、幸灾乐祸、恶意,只有在随后既不会出现一种道德上的克制(比如报复中出现的真正的原谅),也不会出现诸如谩骂、挥舞拳头之类形之于外的举动(确切地说是起伏心潮的相应表露)的情况下,才开始转化为厌恨;之所以不会出现这类情况,是因为受一种更为强烈的无能意识的抑制……怨恨

---

① 舍勒:《道德建构中的怨恨》,载刘小枫选编《舍勒选集》(上),上海三联书店,1999,第412~413页。

② 值得一提的是,按照 J. M. 巴巴利特的诠释,阶级结构与怨恨的关系在社会学家马歇尔那里得到了明确的表述:"根据马歇尔的观点,个人的怨恨感存在于'社会层级'的形成与再生产的结构性关系中,存在于由特权所造成的机会结构中,以及'层级化社会的压迫性制度中'。它们每一种都会对身处其中的个体造成某种结果,尤其是情绪体验的结果,但没有哪种结果可以从不相关的个人特征的角度加以描述和理解。"(J. M. 巴巴利特:《公民身份、阶级不平等与怨恨》,载布赖恩·特纳编《公民身份与社会理论》,郭忠华、蒋红军译,吉林出版集团有限责任公司,2007,第54页)。但需要指出的是,阶级结构与作为社会心态的怨恨之间的关系,是以平等价值观为中介的。

③ 舍勒:《道德建构中的怨恨》,载刘小枫选编《舍勒选集》(上),上海三联书店,1999,第440页。

产生的条件只在于：这些情绪既在内心猛烈翻腾，又感到无法发泄出来，只好'咬牙强行隐忍'——这或是由于体力虚弱和精神懦弱，或是出于自己害怕和畏惧自己的情绪所针对的对象。因而，就其生长的土壤而言，怨恨首先限于仆人、被统治者、尊严被冒犯而无力自卫的人。"① 问题是，这种能够抑制住在内心起伏波动的心潮而使之不得直接表露宣泄的"无能意识"源自何处？当舍勒提到"这或是由于体力虚弱和精神懦弱，或是出于自己害怕和畏惧自己的情绪所针对的对象"时，无疑已肯定了这种"无能意识"与所涉及的人的个人资质因素有关，但不能忽视的是，它同样也与人生活于其中的社会结构、制度及价值规范等因素有关。实际上，当舍勒指出，在现代社会中，"人人都有'权利'与别人相比，然而'事实上又不能相比'"时，当他明确肯定"就其生长的土壤而言，怨恨首先限于仆人、被统治者、尊严被冒犯而无力自卫的人"时，他已经含蓄地指向了后一种结构性的因素。"权利"是应然的价值目标，"事实"是社会结构制约下的客观结果。现代社会向全体社会成员普遍承诺了可以和所有人"相比"、和所有人平起平坐的价值目标，但这不是现成的事实状态，只是需要或者说允许甚至鼓励每个社会成员去努力"奋求"的目标。而"奋求"的结果取决于每个社会成员所拥有的条件或手段——当然是指合法地拥有和掌握的正当条件或手段。但现代社会虽向全体社会成员普遍地承诺了"平等"的目标，却不保障所有社会成员都均等地拥有这些合法（正当）手段。人们对合法（正当）手段的拥有与掌握受制于他们在既有的社会结构中所处的地位。因此，作为现代社会结构的有机部分，必然有一群人被排斥在合法（正当）手段之外。可以认为，正是这种目标与手段之间的紧张，构

---

① 舍勒：《道德建构中的怨恨》，载刘小枫选编《舍勒选集》（上），上海三联书店，1999，第 403～404 页。

成了那种"无能意识"的结构性根源。对于那些被排除在合法（正当）手段之外的社会成员来说，那种无能、无力感是双重的，他们既然不能以"合法（正当）"的手段实现与别人的平起平坐，也就必然不能"合法（正当）"地来表露宣泄因不能与别人平起平坐而产生的那些消极情绪，尽管这些情绪在其内心不停地翻腾起伏。① 值得一提的是，在舍勒这里作为一种潜在的意涵存在于其相关论断中的关于怨恨者的"无能意识"与社会结构、制度及价值规范之间的这种关系，到了社会学家罗伯特·K. 默顿这里就变得明朗了。在其论述社会结构与越轨行为的著名论文中，默顿指出："大规模的越轨行为只有在下述情况下发生，一个文化价值系统将某些人人都有的共同成功目标实际上完全置于其他一切目标之上，而对其中相当一部分人来说，社会结构却严格限制了或完全堵死了达到这些目标的得到认可的途径。换言之，我们的平等主义意识意味着否认在追求金钱成功的过程中有无力竞争的个体或群体存在……目标被认为超越阶级界限，而不受其约束。然而，实际的社会组织却在实现这些目标的可行方法上有着阶级的差异。"② 只要将这段话中的"越轨行为"换成"怨恨"，即可以看成是对舍勒理论的进一步诠释和接续。而从后文默顿对于舍勒之怨恨理论的引述可以看出，实际上，默顿本人也自觉地意识到他的分析架构对于理解怨恨的意义。③

---

① 着眼于"无能意识"或无能感，舍勒肯定怨恨首先并主要会存在于下层阶级的成员中，但他同时承认，怨恨也会在其他社会成员身上表现出来，这有两个可能的原因：一是心理感染，舍勒认为怨恨有极强的感染力；二是因为那些社会成员"怀着一种强抑的欲望"（《道德建构中的怨恨》，第 404 页）。这里所谓"强抑的欲望"，其含义在笔者看来即前面在阐释托克维尔时所提到的，在存在"观念或期待的错位"的情况下，某些社会成员（如传统贵族）所持有的与现有主流价值观念不符的期望，因为与主流价值观念不符，故而只能"强抑"。

② 罗伯特·K. 默顿：《社会理论与社会结构》，唐少杰、齐心等译，凤凰出版传媒集团、译林出版社，2008，第 241 ~ 242 页。

③ 罗伯特·K. 默顿：《社会理论与社会结构》，唐少杰、齐心等译，凤凰出版传媒集团、译林出版社，2008，第 252 ~ 253 页。

二　断头术、排斥与社会泄愤：
怨恨的反应

上面指出，诸如报复感、妒忌、醋意、争风等只有在深切沉重的"无能意识"没有转化为形之于外的敌意性行动时，才转化为怨恨。但这并不是说怨恨不会产生行为反应上的后果。特别是当怨恨作为社会结构、制度和价值规范之间紧张的产物而在社会中弥散积蓄时，它会成为引发严重后果的社会心理能量（事实上，这也正是我们关注怨恨的最重要的原因）。托克维尔在探索大革命的根源时对于与怨恨相关的那些社会心理现象的分析论述已明确提示了怨恨与革命之间的联系。默顿也指出，尽管"怨恨"与"反抗"[①] 在性质上截然不同："在怨恨中，人们谴责他们私下渴望的东西；在反抗中，人们谴责渴望本身，然而……有组织的反抗在制度极为混乱时还是要利用大量心怀怨恨和不满的人。"[②] 而 J. M. 巴巴利特在诠释马歇尔的公民权理论时则指出："使结构性矛盾转化为阶级对抗的东西很大程度上正是社会阶级成员行动的怨恨感。"[③] 事实上，舍勒也明确指出了怨恨在行为反应上的后果。

[①] 默顿关于越轨行为分析模式指出，一个社会中通行的文化价值观（默顿称为"文化结构"）一方面为社会各界成员提供了一个普遍适用的"抱负参考框架"，也即人们应该为之奋斗的正当目标；另一方面，则规定、限制了实现这些目标可以接受的正当方式。对此，社会成员可以有五类"适应模式"，即"遵从""创新""仪式主义""退却主义"和"反抗"。"反抗"是指，采取此种反应的社会成员，既不认同现有的正当目标，也不遵守现有的制度化手段，同时还自行引入了新的目标和新的制度化手段（参见罗伯特·K. 默顿《社会理论与社会结构》，唐少杰、齐心等译，凤凰出版传媒集团、译林出版社，第 225~254 页）。

[②] 罗伯特·K. 默顿：《社会理论与社会结构》，唐少杰、齐心等译，凤凰出版传媒集团、译林出版社，2008，第 253 页。

[③] J. M. 巴巴利特：《公民身份、阶级不平等与怨恨》，载布赖恩·特纳编《公民身份与社会理论》，郭忠华、蒋红军译，吉林出版集团有限责任公司，2007，第 53 页。

他一方面批评一些肤浅的目光总是在罪犯一类人身上寻找怨恨；而实际上罪犯一般是没有怨恨的，因为，罪犯并没有抑制他的仇恨、报复心、嫉妒、占有欲，而是让它们在犯罪活动中释放出去。但同时，舍勒又指出，某些犯罪属于"道德的恶意犯罪"，在这种犯罪行为中，罪犯自身得不到任何好处，目的只在于伤害别人；在这种"亚型犯罪"中，怨恨是犯罪心理结构的基本特征。[①]

总之，作为社会结构、制度和价值规范之间紧张的产物、在社会中弥散积蓄的怨恨，是能够引发或孕育巨大社会行为反应后果的社会心理能量。并且，从上文还可以看出，由于怨恨的生成机制，对于现行的社会运行秩序而言，这种社会行为反应的影响基本上是破坏性的。

概括地说，由怨恨引发或孕育的具体反应大体有以下几种。

第一，断头术。舍勒说："怨恨在目睹更高价值时欢乐不起来，它将其本性隐藏到'平等'的诉求之中！实际上，怨恨只想对具有更高价值的人施行断头术！"[②] 在舍勒看来，无论涉及的是何种平等：道德平等，财产平等，抑或是社会的、政治的、宗教的平等，现代的平等论或平等诉求的背后通常隐蔽着一个愿望：将拥有更多、更高价值者贬到低下者的位置，这是一场"a baisse（拉下来）的投机"。也就是说，怨恨既是"平等"价值观作用的产物，同时，也是以"断头术"的方式追求平等的心理动因。当然，现代文化所公开正式地承认和肯定的平等价值观，是允许和鼓励所有人都可以通过奋求、竞争而变得一样好，一样"有价值"，而不是变得一样卑微，一样"没价值"，因此，那些因种种

---

① 舍勒：《道德建构中的怨恨》，载刘小枫选编《舍勒选集》（上），上海三联书店，1999，第 422 页。

② 舍勒：《道德建构中的怨恨》，载刘小枫选编《舍勒选集》（上），上海三联书店，1999，第 501 页。

原因被排斥在正当的制度化手段之外而"无力竞争的个体或群体"通过对地位更高、拥有更多更高价值者使用断头术而实现"平等"，宣泄怨恨，在伦理上是不具有正当性的，从而通常只能以阴暗隐蔽的方式暗中进行。当然，在某些特定的条件下，以"断头术"宣泄怨恨的心理冲动也会融入大规模的集体行动甚或社会运动。

第二，排斥。"断头术"主要是社会下层成员在心怀怨恨时的可能反应。作为平等的价值观念与不平等的社会结构之间张力的产物，怨恨情感无疑主要集聚于社会下层，因此，"断头术"无疑是怨恨心态所引发的最常见的反应。但是，如前面所指出的，或者因为感染，或者因为存在观念或期待的错位，怨恨也可能出现在社会其他阶层的成员身上，如法国大革命之前那些深切地感受到其自我期许与现实处境之间的落差的贵族对于那些认为损害或威胁了其地位的其他阶级阶层的怨恨。当怨恨心态出现在传统上处于优势地位而今这种优势面临逐步失去的威胁的社会成员身上时，其引发的常见反应则通常是对那些被其认为损害或威胁了其地位的其他阶层———一般是传统上的下层阶层———的排斥。排斥可以有积极和消极两种表现形态，积极的形态是明里暗里地设置羁绊、障碍，或采取某些不正当的行动，拒绝其他阶层的成员染指、进入他们认为属于他们的领地，或者对其他阶层成员加以贬损和污名化，如某些"城里人"对于进城谋生的乡下人的刁难；消极的形态则是拒绝与其他阶层的成员接触互动，在行动和心理上疏离其他阶层成员，如法国大革命前的贵族对于平民，以及当前某些官员对于民众。

第三，社会泄愤。作为怨恨所引发的社会行为后果，断头术和排斥一般还具有相对明确的行为指向性，即指向那些被怨恨者认为应该对自身所遭受的不公平或价值、优势地位的流失承担责任的社会成员。这里实际上隐含着一个"归因"的社会心理过程。① 如果财富被感觉为一无所有，则由此产生的怨恨在特定条件下往往容易引发对富有者施加断头术的反应；如果底层的要求平等被知觉为自身失去优越地位的原因，则由此导致的怨恨往往容易产生对底层的排斥反应。不过，除了这两种反应之外，怨恨还可能引发另一种没有如此相对明确指向的反应，这就是"社会泄愤"，比如舍勒所说那种目的只在于伤害别人的"道德的恶意犯罪"②。怨恨引发这种无明确指向的反应的可能原因有两个。其一，积蓄聚集于心中的怨恨太长久地得不到任何宣泄释放，即使以断头术或排斥的方式，无特定指向"道地的恶意犯罪"成为宣泄怨恨感的唯一可能的方式。其二，找不到或者说无法明确应该为自己的"不如意"承担责任的目标对象。

三 公民权与怨恨：怨恨的疏解

如上所述，怨恨是一种具有"社会毒性"的社会心态，由于怨恨的生成机制，它所引发或孕育的行为反应对于现行的社会秩序而言是破坏性的，因此，从维护社会秩序和良性运行的角度出发，怨恨的治理和疏解是现代社会治理的重要课题。事实上，即使是默顿所分析的"反抗"，虽然"在制度极为混乱时要利用大量

---

① J. M. 巴巴利特在解释阶级怨恨的形成及后果时，援引社会心理学者维纳的归因理论指出，怨恨情绪与当事者对事件因果关系的理解紧密相关："对于一个行动者来说可能产生于一种特殊类型的情境或环境的情绪，取决于行动者是否把自己或别人想象为原因，他们是否感觉到，有影响的行动者是否对事件有任何控制。"（J. M. 巴巴利特：《公民身份、阶级不平等与怨恨》，载布赖恩·特纳编《公民身份与社会理论》，郭忠华、蒋红军译，吉林出版集团有限责任公司，2007，第59页）比如说，行动者把自己在特定情境或环境中的失败归因于别人，而这个情境或环境对于这个别人而言完全是可控的，即他可以使行动者成功，也可以使行动者失败，这时，行动者就可能对这个别人感到愤怒，进而采取报复，而如果没有实施报复的行动资源，则会将这种愤怒压抑、隐匿下来而形成怨恨。这种怨恨在特定条件下所引发的反应首先就是断头术或排斥。
② 于建嵘：《底层立场》，上海三联书店，2011，第130~135、156~158页。

心怀怨恨和不满的人"，但是，通过"反抗"所要确立的新秩序却是不能建立在怨恨之上的，因此，怨恨的治理和疏解同样是个不能回避的课题。

当然，问题还在于如何治理、疏解怨恨。联系怨恨的生成机制和影响因素，我们无疑可以从现代社会治理的实践和经验中发现不少行之有效的方式手段。比如，消除社会壁垒，促进社会流动，增加社会结构的弹性，防止怨恨情绪在底层积聚；发展各种社会组织，特别是利益代表性组织，建设各种互动沟通的制度化渠道和平台，增进各阶级、阶层、利益集团之间以及政府和社会之间平时的沟通、互动和联系，防止出现托克维尔所说的那种不同集团、阶级之间长久地陷于彼此孤立和隔绝的状况；建设提供各种让社会不满情绪包括怨恨得以自由表达抒发的制度化渠道，即"社会安全阀"，使其以对社会无害的方式得到释放，而不致最终使诸如"社会泄愤"等危害社会正常秩序的反应成为释放怨恨的唯一途径；等等。不过，在肯定这些措施的效用的同时，笔者以为，相比之下，作为在近代化进程中逐步形成确立起来的现代世界中的一项根本性的政治社会制度，公民权（citizenship）制度在怨恨的治理和疏解，特别是大规模的阶级怨恨的治理和疏解上具有更为基础性或者说总体性的意义，并且，它实际上也是上述这些措施能够真正实施和生效的前提。

如前所述，作为一种弥散、浮动于社会或群体中的社会心态，大规模的怨恨一般是现代社会中已取得正当性的平等价值观念与不平等的现实社会结构之间张力的产物，由此，怨恨的治理与疏解自然最好也是从这两个方面来着手和展开，即一方面要在塑造、引导社会成员的价值共识，质言之，引导社会各阶级阶层的成员形成一种"正确理解"的平等观方面下功夫；另一方面，则要顺应现代社会的主流价值观而在社会结构的调节上做出真实的努力，从而使两者之间的紧张矛盾向两者之间的匹配契合转化。之所以

说，公民权制度在怨恨特别是大规模的阶级怨恨的治理和疏解上
具有更为基础性或者说总体性的意义，就是因为，从某种角度看，
公民权制度的确立与实践整合了这两个方面的努力。在某种意义
上甚至可以说，公民身份以及与之相联系的公民权利和义务的体
系，本身即是在一方面对抗与贵族等级制相联系的特权观念、市
场机制形成的不平等，另一方面则是在应对下层追求平等以及与
之相伴随的怨恨和革命冲动的过程中发展起来的。①

在调节社会结构方面，公民权制度融合了形式性平等和实质
性平等，通过促进和保障与公民身份相联系的各项权利，如马歇
尔所说的公民权利（civil rights）、政治权利（political rights）（这
两项更多地体现出身份上的形式平等）以及社会权利（social
rights）（体现实质性平等），从而有力地促进了阶级平等；特别是
"由过上社会通行标准的生活和享受社会遗产的权利所组成，并通
过社会服务和教育体系而得到相当程度的实现"的"社会权利"，
由于它在市场之外（即与社会成员的市场价值无关）向所有社会
成员承诺和保障都能获得一份足以维持生计的收入（失业补偿、
低收入补偿、养老金、残疾人救济金等），拥有工作，获得健康服
务，拥有能够满足基本需要的住房，享受基本的义务教育等，因
而能够"直接影响不平等的模式"，调节不平等的社会结构，故而
在马歇尔看来，在社会权利与阶级怨恨之间存在着这样一种关系：
"如果一方发展了，另一方面则将趋于衰落。"② 在引导社会各阶级
成员形成一种"正确理解"的平等观、塑造基本的社会价值共识
方面，公民权制度则比较成功地（至少在多数现代西方国家中）
将各阶级阶层成员关注的焦点引向公民身份地位以及与之相联系

---

① J. M. 巴巴利特：《公民身份、阶级不平等与怨恨》，载布赖恩·特纳编《公民
身份与社会理论》，郭忠华、蒋红军译，吉林出版集团有限责任公司，2007。

② J. M. 巴巴利特：《公民身份、阶级不平等与怨恨》，载布赖恩·特纳编《公民
身份与社会理论》，郭忠华、蒋红军译，吉林出版集团有限责任公司，2007，
第42～49页。

的权利（和相应的义务）上，而忽略其他方面实际存在的差异。在早年的一篇论述阶级冲突的论文中，马歇尔曾指出："如果你依次考察……收入、财产、教育和职业等阶级标准的话，你就会发现，在每一个阶级的内部，其成员之间的情况并不相同。但当阶级制度根据社会价值（social merit）来安排人们的次序时，它却教导他们去注意某些差异而忽视其他一些差异。总而言之，在决定社会地位（social status）方面，除非把某些不平等看作不相关的，否则社会阶级就不可能存在。"① 也就是说，"阶级"和"阶级对立"在一定意义上乃是在一定社会价值下形成的"阶级话语"进行社会建构的产物，它使社会成员关注"阶级之间"的不平等而忽视阶级内部的不平等。而公民权制度则相反，作为现代社会中与阶级制度相对的安排或话语，它反过来促使不同"阶级"的人们将关注的焦点投放在公民身份地位以及与之相连的权利待遇（和相应的义务）的平等上，而相对不去关注其他方面的不平等或差异（如阶级差别）；它促使人们形成这样一种"平等观"或者说关于平等的价值共识：公民身份地位以及与此相联系的权利（和相应的义务）上的平等是重要的，而其他方面的不平等或差异是不重要的，至少是应该和可以容忍的。由此，对于社会中的下层成员来说，公民权制度不仅通过实质性的底线平等，保障了其具有基本尊严的生活，从而一定程度缓解了可能产生的怨恨，而且通过促成上述这种关于平等的意识，也使他们认识到并承认，平等乃是公民身份和与之相连的权利（及相应义务）上的平等，而不是所有人之间的无差异，因而，它在赋予追求平等之正当性的同时，也给了这种追求以限制和约束，从而一定程度上控制了那种追求"普世无差异"之平等状态的激情以及与之相伴随的怨恨；

---

① T. H. 马歇尔：《阶级冲突的本质》，载 T. H. 马歇尔、安东尼·吉登斯等著《公民身份与社会阶级》，郭忠华、刘训练编，凤凰出版传媒集团，2008，第144 页。

而对于社会上层来说，这种观念共识则使他们在"公民身份"的
基础上走出特权意识，不再从特权者的立场高高在上地看待自己
与社会下层成员的关系，而是从"平等的公民"的立场来理解这
种关系，进而也能容忍、接受、承认下层基于公民身份而提出的
平等诉求的正当性，而不致产生对对方负面的、敌意的情感。总
而言之，围绕公民身份地位、权利（和义务）形成的平等共识，
作为法国社会学家涂尔干所说的现代社会的"集体意识"，约束、
调节了处于不同阶级、阶层的社会成员的欲求，也规范了他们之
间的情感，防范了怨恨和敌意的泛滥。

附录3　论焦虑

——不确定性时代的一种基本社会心态*

我们先来看几段话

在这个社会中，知识的发展，使我们长期以来所仰仗的经验难有立足之地，经验的传承带给我们的那种秩序和未来的可预期性也一同消失，（由此）带给我们的便是面对叵测的未来的惊恐和焦虑……我们每一个人，仿佛置身一片黑暗的森林，我们找不到前人的足迹，也没有上帝神圣的召唤，我们所能做的唯有惶恐和焦虑地向前摸索：昨天升起的太阳是红色的，而明天的太阳却可能是彩色的——这使我们如何能够不焦虑？

我身边的一些朋友，名牌大学的天之骄子，近来却总是垂头丧气……涉世越深负担越重，焦虑越难排斥，他们说到毕业出路，提起了大家耳熟能详的三条大道，考研、出国、就业。考研太难，出国太贵，就业又怕本科生这块敲门砖不够硬实……早在大二甚至大一就开始积极地思索职业生涯、展望未来本不是件坏事，但这种思索、展望如今带来的总是无穷无尽的焦虑。

我们不断地总结前人的经验，然后不断地发现经验已经

---

* 本文曾发表于《浙江学刊》2015年第1期（作者：王小章），收入本书时略有删改。

过时；我不断地努力学习，同时不断地发现自己的学习总是跟不上知识的更新。我对这样的学习深感失望，却没有任何解决的办法。我不停地担心这么一直下去总有一天会被时代淘汰……

以上三段话，均摘自大二学生的社会心理学课程作业。可以看出，焦虑，已如幽灵般潜入了当今某些年轻大学生的心头。而实际上，焦虑的何止这些前途难卜的青年大学生。《中国青年报》社会调查中心一项有 2134 人参与的调查显示，在所有受访者中，34.0% 的人经常产生焦虑情绪，62.9% 的人偶尔焦虑，只有 0.8% 的人表示从来没有焦虑过。[①] 而与此可以相印证的是一项笔者协助参与的对杭州市中产阶层社会心态的调查：在 562 名受调查者中，有 28.6% 表示在生活中"常常感到"焦虑；48.2% 表示"时有感到"焦虑；16.4% 表示"偶尔感到"焦虑；表示"极少感到"和"从没感到"焦虑的分别只有 4.6% 和 2.1%。[②] 其实，被焦虑困扰的又何止是当今中国。据不完全统计，在美国，焦虑症患者终身患病率达 28.8%，即超过 1/4 的人一生中至少会发作一次；美国也是一直以来抗焦虑药物消耗非常大的国家。在日本和韩国，从 20 世纪 70 年代以来，焦虑情绪的弥散导致了自杀率大幅度上升。[③] 在欧洲，据《自然》杂志网站 2011 年 9 月 6 日刊登的由欧洲脑科学会和欧洲神经心理药学学院共同发表的一份报告，有 38% 的欧洲人受到各种不同的精神障碍的困扰，而其中最突出的就是焦虑，

---

① 王丹阳等：《中国进入"全民焦虑"时代?》，《广州日报》2012 年 2 月 22 日，第 A9 版。

② 冯婷：《近期城市中产阶层社会心态考察——基于杭州市的调查》，《观察与思考》2015 年第 8 期。

③ 王丹阳等：《中国进入"全民焦虑"时代?》，《广州日报》2012 年 2 月 22 日，第 A9 版。

受此困扰者占到全部对象的 14%。^① 焦虑已越过国界，成为全世界挥之不去的幽灵。

但是，人类世界并不从来如此，焦虑并不从来就如今天那样与我们的生活如影随形。在今天从中走来的"昨日的世界"，人们生活从容而笃定，正如奥地利作家茨威格描述的那样："每个人都知道自己有多少钱或多少收入，能干什么或不能干什么。一切都有规范、标准和分寸。拥有财产的人能够确切算出每年盈利多少；公职人员和军官能够有把握地在日历中找到哪一年他将擢升和退休。每户人家都有自己固定的预算，知道一家人食住要开销多少，夏季旅行和社交应酬要花费多少，此外还必须留出一小笔钱，以敷生病和意外的急需。自己有住房的人都把一幢房子看作是为子孙后代留下了万无一失的家园。庭院和商号都是代代相传；当一个乳婴还躺在摇篮里时，就已经为他以后的生活在储蓄罐或储蓄所里存下第一笔钱，这是为未来准备的一笔小小的'储备金'……谁都知道（或者这样认为）……原先安排好的一切丝毫不会改变。谁也不相信会有战争、革命和天翻地覆的变化。"^② 那是一个对未来无忧无虑的世界，人们只是尽情地享受着眼前的生活。相比于茨威格笔下那昨日的欧洲人，我们先人的生活可能要贫困艰辛一些，但相差无几的是，对于未来，他们同样笃定。农人们在春夏秋冬的轮转中日复一日地重复着千百年来日出而作、日落而息的节奏；工商业者勤勤谨谨，量入为出，从不寅吃卯粮；士人在"达则兼济天下，穷则独善其身"的信条下安然出处……

那么，这一切是如何结束的？人类是如何告别那宁定的昨日世界而一步步进入今天这焦虑之门的？

---

① 杨铮：《近四成欧洲人精神有障碍》，http://fashion.ifeng.com/a/20110906/8978681_0.shtml。

② 斯蒂芬·茨威格：《昨日的世界：一个欧洲人的回忆》，舒昌善等译，三联书店，1991，第 1 ~ 2 页。

一 基本信任或本体性安全与焦虑的本质

要说明人类是如何告别那宁定的昨日世界而一步步进入今天这焦虑之门的，我们不妨先来看看生活在"昨日的世界"中的人们为何不像今天的我们那样焦虑不安。无疑，如果我自己能主宰自己的命运，掌控自己的未来，我就不会那么焦虑不安。不少人于是将面对命运、环境时的无能为力感看作焦虑的根源。按此逻辑来推，那么，生活在昨日世界中的先人们应该比今天的我们对自己的命运更具自我主宰、自我控制感。但是，这显然不是事实。事实是，在传统社会，面对自己无法驾驭的自然之力、社会之力，人们常常感到的是人生如萍飘絮飞，沉浮不由己，祸福皆在天，于是常常不是将自己的命运交托给上帝来主宰，就是让自己的生活听凭上天的安排，甚或交由贤愚善恶皆不由我的君主帝王来掌管，有多少人会觉得自己是自己的主人呢？从某种角度看，所谓"现代"，正是从人类挑战并努力摆脱自然的、社会的等外部的力量对自己的主宰，改变靠天吃饭、听天由命的状态而寻求对自身命运的自我控制起步的。可见，缺乏对生活、命运的主宰感、控制感并不必然带来深切的、难以排遣的焦虑。人们可能随波逐流甚至逆来顺受，但并不一定惶惶不安。实际上，对自身命运的自我主宰、自我控制与其说是人们不焦虑的原因，不如说是一种可以被用来应对焦虑的手段或反应（但这并不是说它一开始就只是作为应付焦虑的手段而产生和被使用的，作为"自由"的表征，人类对自身命运的自我主宰、自我控制从迈入"现代"之初以至于今，首先都是作为目的而被追求的）。而就这种对于自我主宰、自我控制的追求在世界迈向现代之门时扰动了传统上人们那么已习以为常、理所当然的权威和秩序而言，恰恰反过来也开启了人类生活的焦虑之门（见后文），因为，正如上面所引茨威格的叙述和学生们的作业从正反两个方面所提示的那样，那使得生活在昨日世界中的人们虽缺乏对自身命运的控制感却并不因此而焦虑不已的，不是别的，正是他们对于自己生活于其中的世界及其稳定性、持续性的深信不疑，换言之，是他们对生活于其中的周围环境及其与自身的关系有着一种"基本信任"。

　　"基本信任"是精神分析学家埃里克森用来描述个体对于自身与周围环境关系之基本态度的重要术语。埃里克森将弗洛伊德的心理性欲发展理论改造为心理社会发展理论，认为人格的发展从出生到死亡要经历八个阶段，第一个阶段就是"基本信任对基本不信任"。在这个阶段，儿童最为孤弱，因而对成人的依赖性非常大，如果护理人，主要是母亲，能以亲切慈爱、恒常稳定的方式来满足他的需要，那么，儿童就能在日复一日地感受、体验这种恒常稳定的关爱的过程中，慢慢懂得他可以不必担心失去母亲的照顾和关爱。即使母亲暂时离开不在身边，他也不会焦虑不安，因为以往的经验已使他本能地相信，到一定时候，或者在他恰当地表达自己要求的时候，母亲一定会来到他的身边。埃里克森认为，由此所形成的，就是"基本信任"。相反，如果儿童的护理人（母亲）拒绝他们的需要，或者以非恒常、不稳定的方式来满足他们的需要，他们就会形成基本的不信任感。① 埃里克森的"基本信任"，实际上是以儿童关于看护者对自己持续不变、稳定可靠的关爱的信任为基础，而发展形成对于周围环境及其与自身之关系（即秩序）的恒常性、稳定性，也即可预见性的内在信念。在社会学家吉登斯看来，正是这种基本信任，这种对于周围环境和秩序之恒常性、稳定性的内在信念，赋予了人们以本体性的安全感，从而防范或克服了生存性或存在性的焦虑的滋生蔓延。吉登斯认

---

　　① 赫根汉：《人格心理学导论》，何瑾、冯增俊译，海南人民出版社，1986，第155~157页。

为，所谓"本体性安全"，就是指"大多数人对其自我认同之连续性以及对他们行动的社会与物质环境之恒常性所具有的信心"。作为一种"对人与物的可靠性感受"，本体性安全是一种"植根于无意识之中"的"情感的而非认知的"现象。尽管在认知的水平上，对于诸如"我确实存在吗？""其他人真的存在吗？""我看到的在我面前的东西当我转过背以后它还在那里吗？"这样的问题，不可能不容置疑地予以回答，但是，在正常环境中，大多数人并不因此而处于高度的本体性不安状态中。为什么？原因在于，"'正常的'个人在其早期生活中所获得的基本信任的'剂量'，减弱或磨钝了他们的存在性敏感度……他们接受了一种情感疫苗，用以对抗所有人都有可能感染的本体性焦虑"。换言之，基本信任为人们提供了一个保护壳，使其免于本体性焦虑的侵袭。①

基本信任作为"对人与物的可靠性感受"，实际上是一种心理定式或者说心理惯习，它使人内在地相信世界及其与自身的关系，或者说生活——无论轻松愉快还是困苦艰辛——会按既有的模式日复一日地周而复始，会沿着历史所喻示的路线方向以可预期的方式前行，而不会受到根本性的"意外"的干扰破坏。必须指出，这种内在的信念，或者说心理惯习，是既往的生活经验造就的一种内在的人格特征或倾向，是感受、体验、应对现实和生活的一种定型化的方式，而不完全是现实生活本身："保护壳实质上是一种'非现实'的感受。"② 这种感受、体验、应对现实和生活的心理惯习，或者说这个保护壳，以及保护壳下的本体性的安全感能否得以始终维持延续，与外部世界和现实生活之客观的惯常性，与世界之基本秩序、惯例的存在和持续密切相关："本体性安全通

---

① 安东尼·吉登斯：《现代性的后果》，田禾译，译林出版社，2000，第80~82页；《现代性与自我认同》，赵旭东、方文译，三联书店，1998，第43~44页。
② 安东尼·吉登斯：《现代性与自我认同》，赵旭东、方文译，三联书店，1998，第44页。

过习惯的渗透作用与常规密切相连……能否预料到日常生活中那些（看起来是）微不足道和周而复始的东西，与心理上的安全感的关联十分密切。如果这种惯常性的东西没有了——不管是因为什么原因——焦虑就会扑面而来，即使已经牢固地建立起来的个性，也有可能丧失或改变。"① 但是，只要这种与人们在以往的生活经验中，特别是早期的生活经验中形成的作为心理惯习的"基本信任"和相应的基本惯常秩序存在，那么，即使出现"例外"——"例外"是惯常的另一种体现方式——从而由"基本信任"所提供的"保护壳可能会暂时地或更久地被偶然事件所穿透"，那也只会产生临时的心理不适，而不会威胁本体性的安全。只要"例外"是惯常秩序之外的偶然，保护壳的偶然被穿透就会在惯常秩序的恢复中马上愈合。生活在昨日之传统世界中的人们之所以虽缺乏对自身命运的控制感却并不因此而焦虑不已，就是因为他们生活在由传统延续下来的惯常秩序中。就像玛格丽特·米德指出的，那些身穿草裙的萨摩亚姑娘为什么没有像西方现代社会中的年轻人那样会经历"青春期危机"，一个主要的原因就在于萨摩亚社会只有一种代代相传的简单生活模式，所有人的生活意义都是既定的，都不必也不会为前途叵测所困扰。② 只有当这种既定的生活模式，这种惯常秩序从根本上崩解，从而由基本信任所形成的保护壳不再能够有效地应对不可捉摸的现实，或者说，随之崩溃，焦虑方成为生活之如影随形的一部分。

由上述我们也可以看出今天困扰着我们的焦虑的本质。人们在种种形式的惯例基础上发展形成了某种本体性安全的框架，焦虑的本质"必须在与个体所发展的整体安全体系的关系中得到理

---

① 安东尼·吉登斯：《现代性的后果》，田禾译，译林出版社，2000，第86页。
② 玛格丽特·米德：《萨摩亚人的成年——为西方文明所作的原始人类的青年心理研究》，周晓红、李姚军译，浙江人民出版社，1988，第154~184页。

解，而不能仅仅被看成与特定风险或危险相联结的独特性现象"①。焦虑与恐惧不同，恐惧是对特定威胁或危险的反应，因而具有确定的对象。对于这种对象，个体能够依据本体性安全框架之下的情感和行为的"程式"来加以处理与应对。但焦虑不同，它不是来自某个确定的威胁，而是源于在惯常秩序基础上发展起来的本体性安全体系本身，由于这种惯常秩序的消失而失灵或者说崩解。也正因此，我们才能理解为什么说今日困扰着我们的"焦虑"是"本体性"的（而不是对象性的），是与我们的"存在"（being）伴随始终的，或者说，就是存在的一部分，是生存的一种一般的状态。

焦虑是本体性的，源于本体性安全体系（保护壳）本身的失灵或崩解，而这个本体性安全体系之所以失灵或崩解，则是因为作为其基础的传统惯常秩序的消失。于是，要回答人类如何步入今天这焦虑之门的问题，就必须回答，这种传统惯常秩序是如何消失的？

二 理性和革命撬动传统秩序的根基：过去不再照亮未来

如上所述，从某种角度看，所谓"现代"，是从人类寻求对自身命运的自我主宰、自我控制而起步的。要从千百年来一直匍匐在社会或自然之力面前的状态转变为自我主宰、自我控制的主体，意味着人类要从长久以来代代相传、习以为常的权威体系，从一直来被认为理所当然的传统秩序的束缚中解脱出来；换言之，他必须从根本上撼动、瓦解这种权威体系或者传统秩序。只要世界

---

① 安东尼·吉登斯：《现代性与自我认同》，赵旭东、方文译，三联书店，1998，第48页。

依旧在既定的秩序下运行，生活依旧在传统的轨道上行进，那么，过去即为未来的参照，前辈即为后代的范本。而一旦千百年来认为理所当然的权威秩序崩塌解体，世界和生活以全然不同的方式展开，人们必须不断地面对陌生的事物，这时，过去的经验就不复是人们面对未来时可以借鉴的资源。正如托克维尔所说的那样："当过去不再照耀未来，人的心灵就会茫然地游荡。"① 也正是在此意义上，我们说，正是人类对于自我主宰、自我控制的追求开启了人类生活的焦虑之门。

在迈向"现代"之初，被人类恃以为追求自我主宰、自我控制的武器的，是理性，以及革命，也正是理性和革命，撬动了传统秩序的根基。

上面指出，作为一种对人与物的可靠性感受，本体性安全是一种植根于无意识之中的"情感的而非认知的"现象。换言之，人们相信人与物的可靠性，相信既有之世界秩序的稳定性，并不是对何以是这样的人与物、何以是此种秩序而不是其他等进行理性的考察、质询、思索而得出的结论，恰恰相反，这种"相信"，通常乃是对何以如此"不假思索"的结果。而反过来说，千百年来曾经代代相沿的权威体系或者传统秩序，无论是中国的天地君臣、三纲五常，还是西方宗教世界观下的世界秩序，之所以被生活于其中的人们作为理所当然的既定事实加以接受，同样也并不是理性思考的结果，而恰恰是"不假思索"的产物，也就是说，这种权威体系或秩序已成为社会无意识而存在于理性质询、思考的范围之外，并且，作为米切尔·波兰尼所说的"支援意识"（subsidiary awareness）而成为人们思考、理解、安排自己生活及其意义的既定参考架构或者说前提。② 而自从笛卡尔以一句"我思故

---

① 汉娜·阿伦特：《论革命》，陈周旺译，凤凰出版传媒集团，2007，第45页。

② Michael Polanyi, *Knowing and Being*, University of Chicago Press, 1969, p.156.

我在"揭橥了近代理性主义之后，理性，如今恰恰要唤起对这种已成为"社会无意识"或者说"支援意识"的所谓理所当然、天经地义加以质询和怀疑。在理性主义者看来，理性即思考，思考即怀疑，思想家应该怀疑一切，就像狄德罗所主张的那样，一切事物，包括行动、信仰，都必须接受人类理性的审判。他们相信："全部现实从原则上讲，都能够为人类心灵所理解，世界上不存在任何必然发生的神秘而难以理解的事物。"① 因此，那些经过理性的检验而被发现经不起怀疑的东西，就是不真实、不可靠的。正是在理性的如此观照下，许多一直来被不假思索地视为理所当然、天经地义的东西开始呈现出其可疑而非可靠的面目，相应地，一直来以此为基础的传统秩序也随之松动并慢慢瓦解。不能否认，传统秩序的松动曾经可能给人们带来脱却束缚禁锢的自由感，但同样不能否认的是，与此同时，长久以来由这种传统秩序所保障的生命的确定性（无论是生命的历程还是生命的意义）也随之发生了问题。对于西方人来说，宗教世界观曾给了他们一个关于世界的解释，给了现实社会秩序以合法性，也给了他们一种价值系统，从而给了他们生命的意义和指引。但是，随着这种宗教世界观在理性的质疑面前变得可疑而非可信，这一切也就随之发生了问题。敏感的帕斯卡尔在三个半世纪之前即洞察了这种问题对于人类生活来说意味着什么，于是建议人们即使"打赌"，也要把赌注下在上帝存在这一边。② 但问题是，这"打赌"一词，不正表明了那原先肯定无疑的东西如今已成了可疑的、不确定的东西了吗？不正显示了帕斯卡尔内心的不安和焦虑吗？实际上，我们可以认为，韦伯笔下那些新教徒在"命定观"下对于自身是不是上帝选民的焦虑，不过是帕斯卡尔之不安和焦虑的曲折表达。

---

① 迈克尔·迈主编《国际社会学百科全书》，袁亚愚等译，四川人民出版社，1989，第 556 页。
② 帕斯卡尔：《思想录》，何兆武译，商务印书馆，1995，第 109～114 页。

除了"理性"，人类用以追求自我主宰、自我控制的武器还有"革命"。就"revolution"意味着从根本上"翻转"既有的社会而言，革命既包括政治革命，也包括经济革命。当然通常所说的革命往往指政治革命，而法国大革命又往往被看作政治革命的原形。实际上，在迈向"现代"之初，对革命的景仰同对理性的景仰是紧密联系的（就此而言，"理性"是迈向"现代"之初人类用以追求自我主宰、自我控制的最基本的武器）。罗伯斯庇尔说："正是理性的力量，而不是武器的力量，将传播我们光荣的革命原则。"① 革命就是要根据普遍的理性原则彻底改造既存不合理的社会，建立全新的合乎理性的社会。按照托克维尔的描述，作为革命原形的法国大革命就是"本着对普遍理论，对完整的立法体系和精确对称的法律的同一爱好；对现存事物的同样蔑视；对理论的同样信任；对于政治机构中独特、精巧、新颖的东西的同一兴趣；遵照逻辑法则，依据统一方案，一举彻底改革结构，而不在枝节上修修补补的同一愿望而进行的"②。"凡能打倒的打倒之，不能打倒的动摇之。它完全不是一步一步地占领社会，以和平方式建立其对整个社会的统治，而是在混乱和战斗的喧嚣中不断前进。"③ 面对如此革命，人们千百年来生活于其中的传统社会秩序再也不可能按部就班地继续下去了。

由此，革命（包括经济革命）所带来的是一个全然不同于以往的全新的社会。而且，正如马克思、托克维尔等所描绘的那样，这个全新的社会必然是永不停息地变化的社会。"生产的不断变革，一切社会状况不停地动荡，永远的不安定和变动，这就是资产阶级时代不同于过去一切时代的地方。一切固定的僵化的关系

---

① 赫伯特·马尔库塞：《理性与革命》（节选），张燕译，载上海社会科学院哲学研究所外国哲学研究室编《法兰克福学派论著选辑》（上），商务印书馆，1998，第 347 页。
② 托克维尔：《旧制度与大革命》，冯棠译，商务印书馆，1992，第 182 页。
③ 托克维尔：《论美国的民主》（上），董果良译，商务印书馆，1991，第 13 页。

以及与之相适应的素被尊崇的观念和见解都被消除了，一切新形成的关系等不到固定下来就陈旧了。一切等级的和固定的东西都烟消云散了，一切神圣的东西都被亵渎了。"① 什么都不是永恒的，只有永不停歇的变化。置身于这样一个永不停息地变化的社会中，过去代代相沿的经验无可挽回地失去了其指示未来的价值，前景展现出了更多的可能性或者说希望，但同时也变得前所未有的茫不可测。人们或许会兴奋激动，但同时则不可避免地躁动，隐隐不安。就像歌德描绘的那样："我们在一片安谧中长大成人/忽然被投进这大千世界/无数波涛从四面向我们袭来/我们对一切都感兴趣/有些我们喜欢，有些我们厌烦/而且时时刻刻起伏着微微的不安。"② 人们不得不时时面对陌生的事物，随时根据新的变化调整自己、改变自己、重塑自己，但同时则总是隐隐地担心着哪个变故、哪个不期而至的浪头把自己打翻在地。托克维尔说，焦虑是民主时代——也就是革命造就的时代——的人的心灵病症："没有什么是固定不变的，每个人都苦心焦虑"③。

三　新秩序的自反和风险社会：
"选项生命史"下的焦虑

当然，应该看到，在瓦解旧体制、旧秩序的同时，人类也致力于建立新体制、新秩序，在推翻旧世界的同时，也努力创造新世界。而在迈向"现代"的进程中，人类赖以建立新秩序、创造新世界的主要武器，同样也是"理性"，或者说，是对于人类自身之理性能力的信念。人们相信，理性，只有理性，才能够建立起

① 载《马克思恩格斯选集》（第1卷），人民出版社，1995，第275页。
② 转引自斯蒂芬·茨威格《昨日的世界：一个欧洲人的回忆》，舒昌善等译，三联书店，1991，第1页。
③ 托克维尔：《旧制度与大革命》，冯棠译，商务印书馆，1992，第35页。

新的、消除以往所有的含混性、模糊性、偶然性的完美新秩序、新世界。

哈贝马斯认为，现代性作为自觉的"规划"或"方案"，在18世纪首次进入启蒙思想家的聚焦点。启蒙思想家之现代性方案的核心特征，就是对于作为人类之普遍的、永恒的特质的"理性"能力的信念，相信理性能够超越文明的衍化，能够跳出文明之外重新设计文明，能够创造出完全合乎理性的社会。"现代精神的梦想是一种完美的社会。"① 而这种"完美社会"的一个根本性的特征，就是对完善的、确定的、普遍的、合乎理性的人为秩序的设计和追求："现代性在这种秩序的征兆中诞生——秩序在这里被视为一项任务，一种同理性设计、紧密监视和首先是严格管理有关的事物……现代性力图消除偶然事件和随机事件……这种意图在意外事件和偶然事件出现的地方添加规定；这种意图使模棱两可的事物变得一清二白，使不透明的事物变得透明，使不能预测的事物变得可以预测，使不确定的事物变得可以确定；这种意图把公认的目的插入到事物中去，并因而使它们努力实现那一目的。"② 简言之，就是要以人为设计和建构的普遍理性秩序，来消除模糊性、偶然性、不确定性，确立简单易控的清晰性、可预见性和确定性；就是要以理性为世界立法。鲍曼指出："在整个现代时期，哲学家的立法理性（the legislative reason）与国家（states）的过于物性的实践非常合拍。现代国家是作为一种整治性、传教性和劝诱性势力而诞生的。这一势力决意要使被统治的全体民众接受一次彻底的检查，以使他们得到改造从而进入有序的社会（近似于理性戒律）。以理性的方式设计的社会是现代国家公然的终极因。

---

① 齐格蒙·鲍曼：《生活在碎片之中——论后现代道德》，郁建兴等译，学林出版社，2002，第227页。
② 齐格蒙·鲍曼：《被围困的社会》，郁建立译，江苏人民出版社，2005，第6~7页。

现代国家是一种造园国（gardening state）。其姿态也是造园姿态。它使全体民众当下的（即野性的、未开化的）状态去合法化，拆除了那些尚存的繁衍和自身平衡机制，并代之以精心建立的机制，旨在使变迁朝向理性设计。这种被假定为由至高无上且毋庸置疑的理性权威所规定的设计，为评价当今现实提供了标准。"① 而步入现代时期以来的各种试图改善人类状况、试图实现"美好社会、健康社会、有序社会之梦想"的宏大的"现代社会工程"，正是在这种现代精神的鼓舞下，在"造园姿态"的推动下展开的。但问题是，结果如何呢？②

不能说所有的现代社会工程都"失败"了，比如，在现代公民权，特别是社会公民权的观念下建立起来的、国家主导的全国性社会保障和社会福利体制，在提高公民应对各种生活风险的能力，从而缓解对未来之不确定性的不安方面发挥了一定程度的作用。但是，毋庸讳言，正如斯科特、鲍曼等所指出的那样，许多在现代国家之"造园姿态"下实施和展开的现代社会工程，其实际后果是不尽如人意的、失败的，甚至是灾难性的。并且，它们的"失败"，并不是由于其理性设计未能得到贯彻实施，而恰恰是其理性设计成功得到贯彻实施的产物。要么是在强行贯彻实施的过程中所产生的意外后果直接背离了设计的初衷，走向了反面；要么是所产生的副作用毁灭了其"成就"。而无论哪种情况，所表征的都是贝克、吉登斯等所阐述的今日"风险社会"之风险的首要的也是根本性的特性，也即所谓（人类理性建构、现代科学知识）的"自反性"（reflexivity）。正是那些试图以理性建构的人为普遍秩序来消除不确定性、模糊性、偶然性的努力造就了并且还

---

① 齐格蒙·鲍曼：《现代性与矛盾性》，邵迎生译，商务印书馆，2003，第 31 页。
② 齐格蒙·鲍曼：《现代性与矛盾性》，邵迎生译，商务印书馆，2003，第 44 ~ 45 页；《生活在碎片之中——论后现代道德》，郁建兴等译，学林出版社，2002，第 227 ~ 228 页。

在继续造就着巨大的不确定性和风险。① 在为其合著的《自反性现代化——现代社会秩序中的政治、传统和美学》的"前言"中，贝克、吉登斯、拉什指出："今天的社会世界和自然世界充满了自反性的人类知识，但这并不可能使我们成为自己命运的主人。正好相反：未来日益有别于过去，而且在某些基本方面变得十分具有威胁性。作为一个物种，我们的生存已不再有保证，即使是短期内也是如此，而且这是我们人类集体的自己的所作所为的后果。现在'风险'的概念成为现代文明的中心，这是因为我们的思维大多只能建立在'似乎'的基础上。在我们——无论个人还是集体——生活的很多方面，我们必须经常建构潜在的未来，但我们知道这种建构实际上可能妨碍这些未来的出现。新的不可预测领域的出现往往是由企图控制这些领域的努力所造成的。"② "不确定性以自律的现代化之胜利的不可控制的（副）作用的形式回归了。"③

在这个"未来日益有别于过去"的时代，在这个我们的思维决策"只能建立在'似乎'的基础上"的不确定性的时代，社会中每个成员的生活模式、生活状态不可避免地改变了。鲍曼分析指出：现代性已从"固体"向"流动"阶段过渡，社会形态（那些限制个体选择的结构，护卫社会规范的机构以及为社会接受的行为模式）不再能够长久保持不变，从而也不能成为人类行为和长期生活策略的参考框架，因为这些形态的预期寿命太短，短到人们来不及发展出一个有条理的、一贯的策略，遑论实现个体的"生命计划"。于是"长期性的思考、计划及行动日渐崩溃……个体生命历程断裂为一系列的短期计划和一段段小插曲……生活中

① 王小章：《风险时代的社会建设》，《浙江社会科学》2010年第3期。
② 乌尔里希·贝克、安东尼·吉登斯、斯科特·拉什：《自反性现代化——现代社会秩序中的政治、传统和美学》，赵文书译，商务印书馆，2001，第2页。
③ 贝克：《何谓工业社会的自我消解和自我威胁》，载乌尔里希·贝克、安东尼·吉登斯、斯科特·拉什《自反性现代化——现代社会秩序中的政治、传统和美学》，赵文书译，商务印书馆，2001，第232页。

即将走出的每一步都必须是对不同的机遇、不同的成败几率做出的反应，这就要求个体掌握一套不同的技能，或者对其生命资产进行不同的安置。"① 借用德国有关"生命历程"社会学研究的说法，今天，生命历程已由"标准生命史"转变为"选项生命史"：在传统社会以及"第一现代社会"，大多数的社会生活是早已"被给定的"，在各个特定的时空点上，我们会进入学校、谋职就业、结婚成家、生儿育女、晋职加薪、退休养老，等等。这种由社会所先行设定的、对个人社会行动加以强烈规范与限制的生命历程，即"标准生命史"。② 而与这种"标准生命史"相反，在今天这"第二现代社会"或者说"风险社会"中，个人的生命阶段与事件的发展不再是一个"给定"的、具有强烈规范性的集体标准历程，而是各人根据自我的性向、利益、资源、遭遇，在各种不同的选择项目中选择自己的生活形式，此种生命历程，即为"选项生命史"。③ 通常，选择权被认为意味着自主权，选择权的获得意味着"自由"的增长。但问题是，真正的自由选择是依赖于对于选择之结果的可预见性的，而选择之结果的可预见性取决于秩序的存在，取决于选择所依据和参照的规则、条件的明确性、稳定性：那些既定的"模式、规范和准则"，是"享有自由的社会个体""能够选择并作为稳定的确定方向的依据，是人们能够接下来得到指引的准绳"。但今天，"正是这些模式、规范和准绳，现在正变得日

---

① 鲍曼：《流动的时代——生活于充满不确定性的年代》，谷蕾、武媛媛译，江苏人民出版社，2012，第1~3页。
② 如上一节指出的，在马克思、托克维尔的时代，也即贝克等所谓"第一现代社会"，已经显示出"过去不再照亮未来"，因此，严格地说，只有在前现代的传统社会，才存在真正的"标准生命史"。不过在"风险社会"（也即"第二现代社会"），或者用鲍曼的说法，"流动的现代性"来临之前，个人生命历程中某些比较定型化、标准化的模式确实依旧存在，特别是在最重要的职业生涯方面（参见贝克《风险社会》，何博文译，译林出版社，2004，第169~183页）。
③ 刘维公：《布尔迪厄与生活风格社会学研究：兼论现代社会中的社会学危机》，《社会理论学报》1999年秋季号。

益缺乏起来。"① 如今，选择所依赖的参考模式和框架，不再是已知的、既定的，更不是不证自明的。于是，在今天这个时代，虽然我们可以而且也必须，经常建构或者说选择"潜在的未来"，但由于"我们的思维大多只能建立在'似乎'的基础上"，因此，每一次选择，在某种程度上都成为对自身命运的一次赌博，结局如何，无从预知。在此意义上，弗洛姆所谓"逃避自由"在今天的实质乃是逃避"无凭的选择的焦虑"。问题是，在进入了风险时代之选项生命史的今天，我们回避得了无凭的选择吗？

四　焦虑的社会和个体应对

面对永不停歇的变化，面对愈演愈烈的不确定性以及与之紧密相连的对自身命运和未来的不可预期感、失控感，一方面，现代社会中"每个人都苦心焦虑"，另一方面，作为对这种焦虑的自然反应，人们努力去寻求、去抓住能够为自己的未来提供保障的任何东西。现代人对于权力、名位的追求，特别是——对普通的芸芸众生来说——对于金钱的追求，不能仅仅从贪欲来理解，更应从寻求未来的保障、寻求安全感的心态来理解。多少人都在想：多挣一点，以备不时之需，多挣一点，将来会好过一点，多挣一点，心里就会踏实一点，手里有钱，遇事不慌。正如齐美尔所描述的那样，作为不断流动的物与物之间、人与人之间、人与物之间的公分母，作为能与一切东西直接交换的绝对中介物，金钱在现代人心目中成了"各种飞逝的现象的可靠支点"，因而成了现代人一生追求的首要目标。但问题是，人们的这种努力真能有效地消除内心的焦虑不安，真能给他们重新确立起生活和未来的安全

① 鲍曼：《流动的现代性》，欧阳景根译，上海三联书店，2002，第 10 页。

感吗？且不论齐美尔在形而上的意义上所说的："金钱为人们赢得的自由是消极意义上的自由"，这样的自由只会助长空虚感和飘浮感，导致个体随波浮沉于每一个偶然的冲动①，即使仅从形而下的、为生活和未来确立物质保障的角度来说，你能确定拥有多少钱才够在这个不确定性泛滥的时代中为你建立起一个一生无虞的安全堡垒吗？你能保证你今日在手的财富在这个不断流动的、变故层出不穷、意外时刻来袭的世界中不会有朝一日突然易手吗？因此，在焦虑感的驱动下于无休无止的变动、无休无止的不确定性中寻求安全感的每一个人，都仿佛沉浮挣扎于无边大海的汹涌波涛之中，一面不顾一切地想抓住任何可以抓住的东西，一面又深切地感到，所有抓在手中的东西都是不可靠的。

假如个人层面的努力无法真正有效地在这不确定性泛滥的时代给人们重新确立起生活和未来的安全感，那么，国家和社会能不能提供帮助呢？国家和社会能不能为个体提供一个可以信任的可靠的保障呢？前一节中我们曾指出，在现代公民权，特别是社会公民权的观念下建立起来的、国家（政府）主导的全国性社会保障和社会福利体制，在提高公民应对各种生活风险的能力从而缓解对未来之不确定性的不安方面发挥了一定程度的作用，特别是在福利国家，这种作用体现得更加明显。除此之外，国家（政府）之外的社会自我救助（自助互助的结社、慈善基金会等）也在一定程度上发挥了类似的功能。但问题是，无论是国家（政府）主导的社会保障和社会福利，还是社会的自我救助，其所针对的始终只能是基本需要（need）的范畴。虽然，基本需要的保障是确定性和安全感的一个重要来源，但是使当代人深切地感到不安和焦虑的，是向生活的所有领域全面渗透的普遍的不确定性或者

① 王小章：《经典社会理论与现代性》，社会科学文献出版社，2006，第 223 ~ 225 页。

说风险，满足基本需要的条件只是一个方面，因此，这种条件的保障，也就只能是"一定程度"地缓解不确定性所带来的不安，但不可能从根本上消除现代人心头的焦虑。

值得指出的是，即便是这种只能"一定程度"地缓解不安的由国家和社会所提供的保障，如今也开始动摇了。一方面，自 20世纪七八十年代始，俗称"从摇篮到坟墓"的福利国家体制受到了来自左右两个方面的批评与诟病。来自左翼的批评把这种福利体制看作资本主义国家招安工人、诱使工人放弃反抗既有秩序的一种手段。而来自右翼的批评则集中抨击这种福利体制的无效率：福利国家体制既伤害了市场效率，同时本身在提供福利服务、满足公民需求方面也低效不敏。以"撒切尔主义""里根经济学"的面目出现的新自由主义所推动的市场化、私有化正是从右翼对福利国家体制做出的反应：国家从公共事业、福利服务领域撤退，公共事业、福利分配纷纷私有化、市场化。另一方面，与国家从公共事业、福利保障领域的撤退相对应，贝克、鲍曼、吉登斯等指出，当代社会又经历了新一轮的个体化进程，或者说"强制个体化"的进程（enforced individualization）：现代社会中的个体不仅从诸如家庭、血缘、地缘关系等传统共同体的束缚中脱离出来，而且也从阶级阶层、性别结构、就业体系等的关系中摆脱出来，社会变得越来越个体化了。而这两个方面的进程的一个共同的结果，就是在这风险社会中，个体日益失去保护，不得不越来越直接地面对生存中的各种选择和相应的风险："在西方福利国家，反思性现代化（也即第二现代社会或风险社会——笔者注）消解了工业社会的传统参数：阶级文化和意识、性别和家庭角色。它消解了这些工业社会中的社会和政治的组织和制度所依赖和参照的集体意识的形式……整体趋势是生存的个体化形式和状况的出现，迫使人们为了自身物质生存的目的而将自己作为生活规划和指导的核心。人们逐渐开始在不同主张间……作出选择。事实上，我们也要选择并改变自己的社会认同，并接受由此而来的风险。"①
"环境总是如此变化多端，没有定势。但解决由此而产生的各种困
境之责却落到了个体头上——个体被期望成为'自由选择者'，而
且应该为自己的选择负全责。个体抉择所面对的风险是由一些超
出个体理解及行为能力的力量所致，但是个体却要为任何的风险
失误买单。"②

在泛滥的不确定性中做出各种选择的责任日益落到了个人的
肩上，个体越来越直接地暴露在四处弥散、无孔不入的风险之中，
焦虑，遂如前所述，成为与我们的"存在"（being）如影随形、
伴随始终的心态，成为"存在"的一部分，生存的一种一般的
状态。

当然，作为一种紧张不适的社会心态或者说社会心理紧张，
焦虑也可能成为在个体化的风险社会中推动社会变革、促进新社
群形成的一种新动力。贝克认为，随着"阶级社会"向个体化的
风险社会的转变，"不平等"的社会价值体系相应地被"不安全"
的社会价值体系所取代。阶级社会的驱动力可以概括为这样一句
话：我饿！风险社会的驱动力则可以表达为我害怕！"焦虑的共同
性代替了需求的共同性。在这个意义上，风险社会的形式标示着
一个社会时代，在其中产生了由焦虑得来的团结并且这种团结形
成了一种政治力量。"但是，贝克紧接着指出："焦虑的约束力量
如何起作用甚至它是否在起作用，仍是完全不明确的。在什么程
度上，焦虑社群可以对抗压力？它们使什么样的行动动机和推动
力产生作用？焦虑的社会力量真的会打破个体的功利评判吗？产
生焦虑的危险社群是如何构成的？它们以什么样的行动模式来组
织？焦虑将会使人们投入非理性主义、过激行为和狂热吗？……

---

① 乌尔里希·贝克：《风险社会》，何博闻译，译林出版社，2004，第106~107页。
② 鲍曼：《流动的时代——生活于充满不确定性的年代》，谷蕾、武媛媛译，江苏
人民出版社，2012，第4页。

焦虑——不像物质需要——或许是一种政治运动不牢固的基础?焦虑社群甚至可能因为相反信息的细微气流而被吹垮吗?"① 跟个体化风险社会的其他事物一样,所有这些,也都在巨大的不确定之中。

五 中国式焦虑

如上所述,"风险社会"之风险,是现代化所带来的不可控制的意外后果或副作用,因而,现代性的全球扩张必然带来风险的全球弥散,在今天的全球化时代,没有哪个地方、哪个民族、哪个群体、哪个个体能确定地脱离于风险之外。② 与此同时,正如有研究者指出的那样,社会个体化的进程,作为"由国家推动的追寻现代性过程中的一个自反性内容",在中国社会同样无可回避地来临了。③ 因此,作为个体化风险社会或者说不确定性时代的一种基本的社会心态,焦虑无可避免同样弥散于中国社会。

除了这种普遍的、一般性的焦虑,值得特别一提的是,中国社会还有其自身特定的社会政治状况所滋生的焦虑。④ 在分析中国社会个体化进程的特点时,有论者指出:"如果说个体化在中国也变得越来越重要,那么这种个体化既不是发生在一个受制度保障的框架内,也不是基于公民权利、政治权利和社会基本权利,而

---

① 乌尔里希·贝克:《风险社会》,何博闻译,译林出版社,2004,第56~57页。
② 王小章:《风险时代的社会建设》,《浙江社会科学》2010年第3期。
③ 阎云翔:《中国社会的个体化》,陆洋等译,上海译文出版社,2012,第1~33、351~382页;王小章、冯婷:《集体主义时代和个体化时代的集体行动》,《山东社会科学》2014年第5期。
④ 中国式焦虑实际上包含两个层面,一是国家或者说民族整体层面的族群焦虑,那就是百多年来在民族危机中对于被"开除球籍"的焦虑,这种焦虑一直伴随着我们的后发追赶型现代化努力;二是个人日常生活层面的焦虑,这里主要针对后者。

欧洲人在第一现代性下已经通过政治斗争赢得了这些权利。"① 在西方发达国家，经过几个世纪的发展，已基本形成了一套包括基本公民权利（civil rights）、政治权利（political rights）、社会权利（social rights）等在内相对完整、彼此支持的基本权利体系②，并有以民主和法治为基本特征从而基本驯服了专横任意权力的政治体制和程序为之保障。虽然自 20 世纪 80 年代在"撒切尔主义""里根经济学"下国家从公共事业、福利服务领域撤退，"社会权利"下的一些具体待遇因此受到冲击，但这个权利体系的基本结构却并没有被否认。特别是基本公民权利（civil rights，包括受法律保护的财产权、自由权、人身安全权、法律面前人人平等和可靠的适用法律裁定程序等）和政治权利（包括选举权和被选举权、结社自由、舆论自由、集会和抗议的权利等，政治权利是通往政治公开性的入场券），它们一方面限制防范了权力的任意扩张和滥用，同时也相对明确了哪些东西、哪些领域是属于公民个人而不容剥夺、不容干预的；另一方面，政治参与权的保障，则使公民在与自身相关的一系列公共问题、公共事务上有了一定程度的自主权和自我控制感——在本文开头笔者曾指出，自主权的缺失虽不是现代人焦虑的根源，但自主权本身却可以是应对不确定性下之焦虑的条件。上面我们曾引用贝克的话指出：风险社会可能标示着一个社会时代，在其中产生了由焦虑得来的团结并且这种团结形成了一种政治力量。但很显然，这种政治力量的形成是以政

---

① 乌尔里希·贝克、伊丽莎白·贝克-格恩斯海姆：《个体化》，李荣山等译，北京大学出版社，2011，"中文版序"第 8 页；阎云翔：《中国社会的个体化》，陆洋等译，上海译文出版社，2012，第 343 页。

② 参见 T. H. 马歇尔《公民身份与社会阶级》，载 T. H. 马歇尔、安东尼·吉登斯等《公民身份与社会阶级》，郭忠华、刘训练编，凤凰出版传媒集团，2008。马歇尔的公民权模式建立在对英国历史的分析之上，后来受到了不少人的批评、修正、补充，但作为一个基本模式，其基本穿透力、解释力却没有消失（参见王小章《公民权利、市场的两重性和社会保障》，《学术论坛》2007 年第 7 期）。

治结社权以及与之密切相连的更宽泛的政治自由权的存在为前提的。

　　中国的情况显然还与此有所不同。到目前为止，相对完整且互为奥援的公民权利体系还有待健全完善，而且，自开始以市场化为基本导向的改革以来，"国家还从以前的社会主义福利体系中抽身而出，用许多方式摆脱提供公共产品的责任"。[①] 而与此相应的另一面则是，由于以民主和法治为基本特征的现代国家治理体制尚处在进一步完善之中，因此，体现在诸如强拆、强征等之中的权力的任意性还没有得到彻底的改变。由此，社会成员不论其是贫是富，不论其现在状况如何，都不能不在对自身充满不确定性的命运和未来添一分无能为力感。[②] 不过，令人无不欣慰的是，在全面推进依法治国的进程中，新一届领导人，特别是习近平总书记已一再告诫权力不能"任性"，一再强调要将权力关进"笼子"！有理由期待，只要中国向这个方向切实努力，中国人应该可以有一个更加可靠、更加可预知的未来。

---

① 阎云翔：《中国社会的个体化》，陆洋等译，上海译文出版社，2012，第 343 页。
② 在本文开头提到的由笔者协助参与的对杭州市中产阶层社会心态的调查中，高达 69.6% 的受调查者表示无法预期自己五年后的生活状况；另外，觉得自己是自己生活的主人的，不到 1/3，仅 31.3%，有 38.6% 的受调查者认为自己不是自己生活的主人，另有 30.1% 对此表示说不清（冯婷：《近期城市中产阶层社会心态考察——基于杭州市的调查》，《观察与思考》2015 年第 8 期）。

后　记

　　本书基于国家社科基金项目"社会建设基本理论研究"（11BS
H005）和杭州师范大学社会建设与社会治理研究中心课题"社会
建设与公民权责"的最终成果修改而成。

　　按照马克思的观点，人类社会的历史发展，虽然不乏各种顿
挫回旋，但总体上呈现为这样一个基本进程：从个体只是"一定
的狭隘人群的附属物"、只是"共同体的财产"的"人的依赖关
系"的状况，到全面确立和肯定"以物的依赖性为基础的人的独
立性"为特征的现代资产阶级社会，进而迈向"建立在个人全面
发展和他们共同的社会生产能力成为他们的社会财富这一基础上
的自由个性"、迈向"各个人在自己的联合中并通过这种联合获得
自己的自由"的社会状况。个人通过社会力量而完成自身的解放，
这是马克思向我们揭示的社会发展方向，也应是今天社会建设所
应致力的价值目标。在这一基本观念之下，笔者联系当今世界发
展的基本趋势，结合中国社会现实，在考察分析一系列相关探索
和观点的基础上，认为，当今的社会建设须以公民身份（citizen-
ship），特别是积极的公民身份（active citizenship）为核心来展开，
须立足于社会现实，通过释放和动员作为人自身之"固有力量"
的"社会力量"来推动"抽象的公民"复归于"现实的个人"，
复归于每个人的现实社会生活。

　　记得当初在填写国家社科基金的项目申请书时，笔者曾表示，
希望本研究能够在充分吸取已有研究成果的基础上，提出一个

"兼具中国特色和国际视野的社会建设理论架构"。现在，面对交出去的小小书稿，我们只能说：我们本着书生的责任感认真地思考了，我们向着这个目标努力了。但除此之外，我们无法做出任何更加自信一点的表达。

本书的三篇附录选自先期发表的项目阶段性成果。附录 1 是围绕着"国家 – 市场 – 社会"这一三角关系中目前在我国最弱的一方"社会"而展开的。附录 2、附录 3 则分析阐述了当今社会中两种突出的心态——怨恨与焦虑，实际上对应着当今社会建设之双重任务取向所要面对的不平等性和不确定性。

最后，感谢社科文献出版社社长谢寿光先生、总编辑助理童根兴先生对本书的出版提供的帮助，感谢本书责编胡亮女士付出的辛劳。

王小章　冯　婷
2017 年 5 月于杭州

图书在版编目（CIP）数据

积极公民身份与社会建设／王小章，冯婷著． -- 北
京：社会科学文献出版社，2017.10
ISBN 978 - 7 - 5201 - 1321 - 2

Ⅰ．①积… Ⅱ．①王… ②冯… Ⅲ．①公民 - 身份 -
研究②社会发展 - 研究　Ⅳ．①D911②K02

中国版本图书馆 CIP 数据核字（2017）第 209606 号

积极公民身份与社会建设

著　　者／王小章　冯　婷

出 版 人／谢寿光
项目统筹／胡　亮
责任编辑／胡　亮

出　　版／社会科学文献出版社·社会学编辑部（010）59367159
　　　　　　地址：北京市北三环中路甲 29 号院华龙大厦　邮编：100029
　　　　　　网址：www. ssap. com. cn
发　　行／市场营销中心（010）59367081　59367018
印　　装／三河市尚艺印装有限公司

规　　格／开　本：787mm×1092mm　1/16
　　　　　　印　张：16.5　字　数：215 千字
版　　次／2017 年 10 月第 1 版　2017 年 10 月第 1 次印刷
书　　号／ISBN 978 - 7 - 5201 - 1321 - 2
定　　价／69.00 元

本书如有印装质量问题，请与读者服务中心（010 - 59367028）联系